Johannes Stockmayer · Morgenglanz der Ewigkeit

Meiner Frau Bettina
und meiner Mutter gewidmet

Johannes Stockmayer

Morgenglanz der Ewigkeit

Aus dem Leben des Erweckungspredigers Otto Stockmayer 1838-1917

Eine Spurensuche

Ernst Franz Verlag · Metzingen/Württ.

Die Deutsche Bibliothek – CIP-Einheitsaufnahme
Ein Titeldatensatz für diese Publikation ist bei
Der Deutschen Bibliothek erhältlich.

Johannes Stockmayer:
Morgenglanz der Ewigkeit
Metzingen/Württ.: Ernst Franz, 2003
ISBN 3-7722-3031-8

Umschlaggestaltung: Graphisches Atelier Arnold
Herstellung: Heinzelmann Druck-Service, Metzingen
Printed in Germany

Inhalt

Sein Bild, eines der ganz wenigen, die es gibt, läßt vieles ahnen von den bedeutenden Eigenschaften des Dargestellten:
Das schmale Gesicht strahlt etwas aus von der großen Auseinandersetzung zwischen der Passivität eines Gott ganz hingegebenen Lebens und der konzentrierten Aktivität einer Willensnatur, die ihn befähigte, die Menschen aufzurütteln und anzuspornen. Da dieser Persönlichkeit, die von fester innerer Überzeugung leidenschaftlich bewegt war, noch ein großes Rednertalent zu eigen war, wurde er 1875 dazu berufen, die von Oxford ausgehenden religiösen Ströme in weitem Rahmen zu fördern. Damit begann der Reisedienst, der ihm über 40 Jahre hinweg Evangelisten-, Propheten- und Apostelarbeit war. Sein Auftreten fand raschen Anklang. Kleine, von ihm verfaßte Broschüren gingen in den angesprochenen Kreisen von Hand zu Hand, und es öffneten sich dadurch ständig neue Türen.

Walter Amandus Stockmayer (1971)

Morgenglanz der Ewigkeit,
Licht vom unerschaffnen Lichte,
schick uns diese Morgenzeit
deine Strahlen zu Gesichte
und vertreib durch deine Macht
unsre Nacht.

Deiner Güte Morgentau
fall auf unser matt Gewissen;
laß die dürre Lebens-Au
lauter süßen Trost genießen
und erquick uns, deine Schar,
immerdar.

Gib, daß deiner Liebe Glut
unsre kalten Werke töte,
und erweck uns Herz und Mut
bei entstandner Morgenröte,
daß wir, eh wir gar vergehn,
recht aufstehn.

Ach du Aufgang aus der Höh,
gib, daß auch am Jüngsten Tage
unser Leib verklärt ersteh
und, entfernt von aller Plage,
sich auf jener Freudenbahn
freuen kann.

Leucht uns selbst in jener Welt,
du verklärte Gnadensonne;
führ uns durch das Tränenfeld
in das Land der süßen Wonne,
da die Lust, die uns erhöht,
nie vergeht.

Christian Knorr von Rosenroth *(1654)*

Vorwort

Mein Otto Stockmayer

Wenn ich mich mit dem Leben von Otto Stockmayer befasse, hat das zunächst ganz persönliche Gründe. Dieser große Mann ist ein Stockmayer so wie ich! Da liegt es nahe, daß ich herausfinden möchte, wie er gelebt hat, was ihn bewegte – und vor allem: Was machte seine Bedeutsamkeit aus? Otto Stockmayer ist – um ganz genau zu sein – mein Ururgroßonkel. Sein Vater und mein Ururgroßvater waren Brüder. Er lebte vier Generationen, also rund 100 Jahre vor mir. Und das andere, warum ich mich mit ihm beschäftige, ist: Mich interessiert seine Zeit. Ich habe den Eindruck, daß damals Gottes Wirken die Menschen ganz mächtig und unmittelbar erfaßte und die Christenheit bewegte. Erweckung lag in der Luft, etwas Neues schien zu beginnen, die Ahnung einer neuen Ausgießung des Heiligen Geistes erfüllte viele mit Hoffnungen und sehnlichsten Erwartungen. Und es war eine dichte Zeit: Auf die Oxforder Heiligungsbewegung in den siebziger Jahren des 19. Jahrhunderts folgten die Erweckung von Wales 1904 und davon inspiriert zahlreiche Aufbrüche quer durch das Deutsche Reich. Also eine Zeit, von der wir Heutigen nur träumen können! In diesen Jahren liegen die Wurzeln vieler Früchte, die wir heute genießen.

Von der Oxforder Bewegung ging die Heiligungsbewegung aus, die die Gemeinschaftskreise in Deutschland viele Jahre geprägt hat. Hier liegen die Anfänge der Moralischen Aufrüstung, der Gruppenbewegung und des Marburger Kreises. Von ihr gingen wesentliche Impulse aus für den deutschen Methodismus und die Brüderbewegung. Die Erweckung von Wales ist das Vorbild und gleichzeitig auch das Korrektiv für Erweckungen, die gegenwärtig aufbrechen.

Und die Ereignisse, die 1907 die deutsche Christenheit erschütterten, wirken sich – positiv wie negativ – bis heute aus.

Positiv, weil durch sie ein neues Verständnis für den Heiligen Geist in die Gemeinden und Gemeinschaften gepflanzt wurde, das fortan in den Pfingstkirchen lebendig erhalten wurde. Negativ in der Ablehnung und

Abwehr des pfingstlichen Impulses durch weite Teile der Christenheit, gipfelnd in der »Berliner Erklärung« von 1909. Seither geht ein Riß durch die evangelikale Welt in Deutschland und darüber hinaus. Otto Stockmayer hat in jener Umbruchszeit gelebt – mehr noch, er war an ihren Vorgängen beteiligt.

Sein großes Anliegen war, die Oxforder Impulse zur Erneuerung nach Deutschland zu bringen, er studierte die Erweckung in Wales, und durch viele Vorträge legte er die Lunte für das Feuer der Erweckung auch in Deutschland. Und er war betroffen von den Aufbrüchen in seinem Heimatland und dem teilweisen Scheitern. Er unterschrieb die »Berliner Erklärung« und trug schwer an den Folgen der Trennung. Seine Lehre prägte die Christen zu seiner Zeit, sein Leben beeinflußte die Vorgänge in diesen bewegten Jahren.

Da lag es sehr nahe, mich mit ihm zu befassen, um auch die Zeitgeschichte zu verstehen. Ich wollte die Wurzeln meines Glaubens kennenlernen und noch mehr herausfinden, was mich prägt. Und vielleicht ist es sogar möglich, aus den Fehlern der damaligen Zeit zu lernen? Auf jeden Fall wollte ich eintauchen in jene faszinierende Zeit. So habe ich mich auf den Weg gemacht, um Otto Stockmayer kennenzulernen.

Dieses Buch ist demnach keine Biografie im herkömmlichen Sinne, keine reine Beschreibung eines Lebenslaufs. Ich versuche meinen Vorfahr – im persönlichen und im geistlichen Sinne – ganz persönlich, von innen her zu verstehen. Ich gehe ihm nach, ich versetze mich in ihn hinein, ich überlege mir, wie er wohl gedacht hat. Dieses Buch ist eine Spurensuche – und immer wieder werte ich die Spuren, die ich von ihm entdecke, aus und befrage sie nach ihrer Bedeutung für *uns* heute.

Bei meiner Spurensuche wurde ich auf dreifache Weise fündig:

Zum einen habe ich viele Zeugnisse und Dokumente über ihn gesichtet, sei es im Familienarchiv meines Vaters, im Archiv des Evangelischen Oberkirchenrates in Stuttgart oder in Büchern und Schriften von Zeitzeugen. Es gab – und gibt – nicht wenige, die über Stockmayer schrieben und ihn würdigten – teilweise in sehr euphorischer Weise.

Dabei war es nicht immer ganz leicht herauszufinden, wer Otto Stockmayer wirklich war. Ich will ihn ja nicht verklären, sondern mit seinen Höhen und Tiefen darstellen. Etwas anderes hätte er selbst auch gar nicht zugelassen, er war jeder Lobhudelei abhold! Ich will so schreiben, daß er selbst damit einverstanden sein könnte.

Und deshalb habe ich mich natürlich auch mit seinen eigenen Schriften beschäftigt. Ich wollte ihn selbst hören, herausfinden, was seine Botschaft war. Das war teilweise mühsam, denn die Sprache der damaligen Zeit ist für einen Heutigen nicht ohne weiteres zugänglich.
Ich werde Otto Stockmayer trotzdem immer wieder in Originalzitaten selbst zu Wort kommen lassen und mute dem Leser dabei einiges zu. Aber es lohnt sich, seine Aussagen aufzunehmen und durchzukauen, um sie dann zu verstehen und von ihnen bereichert zu werden.
Dann entdecke ich Otto Stockmayer auch ein Stück in mir, es ist das väterliche Erbe, dem ich nachgehe. Er war ja schließlich ein Stockmayer, wie ich einer bin! Ich muß mir demnach selbst ein wenig auf die Spur kommen, um ihn zu verstehen, den stockmayerschen Kern in mir herausfinden.
Diese Spurensuche ist also ein eher persönlicher und subjektiver Beitrag zum Leben Otto Stockmayers. Ich möchte damit zum eigenen Nachdenken anregen und zugleich zu einem Leben in der Heiligung und der Nachfolge Jesu ermutigen. Und dabei den Blick weg von den Trübungen unserer Zeit in die klare Morgenluft der damaligen Zeit wenden, in der der Morgenglanz der Ewigkeit die Gesichter der Menschen erleuchtete.
Aber nicht nur zurück geht mein Blick. Mein Anliegen ist auch, daß wir uns erwartungsvoll ausstrecken zu dem kommenden Herrn und ihm als seine Gemeinde entgegengehen.
Das war auch das ganze Bestreben von Otto Stockmayer, und nur mit dieser Intention wird ein Buch über ihn seinem Lebenswerk gerecht.
Herzliche danke ich allen, die mich bei der Arbeit an diesem Manuskript unterstützt haben.
Vor allem meiner Frau Bettina, die mich wie immer in den Höhen und Tiefen des Schreibens begleitet hat. Dann danke ich Erika Fleischer für die gründliche Durchsicht und die wertvollen Anregungen. Auch Dr. Reiner-Friedemann Edel hat wichtige Korrekturen zu der ersten Fassung dieses Buches beigetragen. Von Dr. Dieter Lange habe ich viele Bücher erhalten, die mir sonst nicht zugänglich gewesen wären. Und Herbert Masuch gebührt Dank für seine Kritik und sein Interesse.
Das Museum für Kommunikation in Frankfurt hat mir die Kursbücher der Reichsbahn von 1899 zur Verfügung gestellt, und das Archiv des Evangelischen Oberkirchenrates in Stuttgart erlaubte mir den Einblick in die alten Personalakten.

Johannes Stockmayer

Spuren von einst bis heute (1800-2000)

Der Anfang

Begegnet ist mir der Name »Otto Stockmayer« in den siebziger Jahren in der damaligen DDR. Ich hatte als junger Gemeindediakon vielfältige Kontakte »nach drüben« geknüpft und einige Begegnungsfreizeiten organisiert. Wenn ich mich in Moritzburg, Großhartmannsdorf oder sonst irgendwo vorstellte, dann gab es bestimmt einen älteren Menschen, der mich mit einem nachdenklichen Blick anschaute und fragte: »Sind Sie mit *dem* Otto Stockmayer verwandt?« Ich wußte es nicht und erntete Unverständnis und Erstaunen.

»Wie können Sie Stockmayer heißen und nicht wissen, ob Sie mit Otto Stockmayer verwandt sind, dem Mann, der so viel Gutes bewirkt hat?« Das war wirklich nicht zu fassen!

Ich fragte vorsichtig nach und tastete mich Stück um Stück an diesen Mann heran, der offensichtlich bedeutend war und von dem ich keine Ahnung hatte. Ich erfuhr dabei:

»Otto Stockmayer war ein Erweckungsprediger, der vor allem in den Ostgebieten Deutschlands gewirkt hatte, in Schlesien, Pommern und Ostpreußen. Durch seine Reden und noch mehr durch seine Schriften hat er uns tief geprägt. Aber das ist schon lange her, das war vor dem ersten Krieg.« Wehmütig seufzten die Menschen, die das berichteten. Sie waren schon älter und die Erinnerung an diese längst vergangenen Tage war wie ein Rückblick in eine Zeit, als die Welt noch in Ordnung war. So kam es mir jedenfalls vor. Die Erinnerungen an Otto Stockmayer waren verklärt und teilweise sehr ungenau. Die Menschen beschrieben einen alten, weisen Mann, der sehr viel Würde ausstrahlte. Seine Autorität verlangte Respekt, was er sagte – und vor allem *wie* er es sagte – beeindruckte die Zuhörer. Er war einer der Großen im Reich Gottes zu einer Zeit, als es solche Gestalten noch gab. Doch heute? Ich spürte die Sehnsucht, daß diese Zeiten wiederkehren und der Hauch des damaligen Frühlings neu durch die christliche Landschaft wehen möge. Daß neu solche geistlichen Persönlichkeiten aufständen, die die Herrschaft Gottes

so eindeutig verkündigten, daß die Christenheit aufwachte und Erneuerung, Erweckung und Neuanfang geschahen.
Ja, in den Erinnerungen an Otto Stockmayer wehte mir Morgenluft entgegen, große Hoffnungen und Erwartungen an ein starkes und unmittelbares Wirken durch den Heiligen Geist, gleichzeitig schwang aber auch die Enttäuschung mit, daß der damalige Aufbruch so abrupt abgebrochen und von den politischen und kirchlichen Entwicklungen verschluckt worden war.
Wie war man damals doch voller Begeisterung! Viele Christen hatten den Eindruck, die Wiederkunft Jesu stünde unmittelbar bevor und Gott sammle nun sein Volk als Erstlingsschar, als ausgewähltes Volk, das er sich zubereitete. Man fühlte sich als große Gemeinde Gottes wie eine Braut, die sich für den Bräutigam rüstete und der nichts zu viel war, um sich für den Geliebten schön zu machen. Man war bereit, alles zu tun, damit diese Braut untadelig, ohne Flecken und Runzeln dastand, wenn Jesus, als ihr Bräutigam, sie holen würde. Ja, teilweise war die Erwartung, entrückt zu werden, die Sehnsucht nach der oberen Welt so groß, daß man sich schon dort wähnte und die irdische Welt mit ihren Bedingungen als überwunden ansah. Sogar der Tod schien besiegbar, es gab nichts, was stärker war als der Glaube der Überwinderschar.
Und dann kam statt dem erwarteten Bräutigam der Erste Weltkrieg mit seinem beschämenden Ausgang, kam die wirtschaftliche Krise, und die Menschen hatten andere Sorgen, als sich auf das Kommen Jesu vorzubereiten. Und Hitler kam als der selbst ernannte Messias, der in unheiliger Anmaßung sein tausendjähriges Reich ausrief, das dann schon nach zwölf Jahren beendet war.
Enttäuschte Hoffnungen, betrogene Erwartungen und eine ungestillte, nur verdrängte Sehnsucht begleiteten die Bruchstücke der Erinnerungen. Die Wirklichkeit sah anders aus: Es galt als Christ in der DDR zu überleben, in einem Staat, der sich den Atheismus zum Programm gemacht hatte, nicht unterzugehen.
Da war der Blick zurück oft der einzige Ausweg, um nicht zu verzagen und aufzugeben. Man lebte von den Quellen einer längst vergangenen Zeit, da half die Sehnsucht nach dieser Zeit des faszinierenden Aufbruchs, um zu überleben.
Immer wieder wurden mir die Schriften von Otto Stockmayer gezeigt, zerlesene Heftchen und vielfach benutzte Taschenbücher, angestrichene

und abgeschriebene Texte der Hoffnung. Auswendig gelernt, um sie sich und anderen immer wieder vorzusagen als Worte der Ermutigung und der Aufmunterung.
Ich machte mich also auf die Suche nach Otto Stockmayer. Dabei entdeckte ich selbst die Bücher von ihm. Seine Veröffentlichungen waren zwar im Westen seltener anzutreffen als im Osten Deutschlands. Aber es gab sie, kleine Heftchen, ein Andachtsbuch und vor allem die Biografie von Alfred Roth, ein altes modrig riechendes Buch, das mir in die Hände fiel. Trotz seiner altertümlich blumigen Sprache verschlang ich es, und auch jetzt noch schlug mir der Atem eines frischen, echten christlichen Glaubens entgegen.
Und ich studierte in Archiven und forschte in den Dokumenten der Familiengeschichte, die mein Vater sorgfältig sammelte. Das Studium der Quellentexte ergab folgendes Bild:

Lebenslauf

Otto Stockmayer wurde am 21. Oktober 1838 in Aalen in Württemberg geboren. Seine Eltern waren Gustav Stockmayer und Charlotte geborene Landauer. Der Vater war Oberamtmann und gehörte damit zur Beamtenschaft des Königs von Württemberg. Er wuchs inmitten einer größeren Geschwisterschar auf, hatte er doch fünf Brüder und zwei Schwestern.
Ein Vierteljahr nach seiner Geburt wurde der Vater nach Backnang und vier Jahre später als Oberamtmann nach Marbach – dem Geburtsort Schillers – versetzt. Hier verlebte Otto Stockmayer den größten Teil seiner Kindheit. Ein Jahr Gymnasium in Esslingen – er wohnte in dieser Zeit bei einer Tante – diente ihm als Vorbereitung auf das Seminar in Schöntal, einer Anstalt für den Pfarrernachwuchs. Dort war er oft einsam und verwand den frühen Tod seiner Mutter lange Zeit nicht, die 1851 gestorben war, er kränkelte und hatte großes Heimweh.
Nach Abschluß des Seminars studierte er in Tübingen Theologie und bestand im Jahr 1860 das theologische Examen. Dann folgte er einem Ruf als Hauslehrer in die französische Schweiz in ein frommes Haus, wo er seine Bekehrung erlebte. Mit der ihm eigenen ganzen Entschlossenheit lieferte er Gott sein Leben aus. Dieser entscheidende Wendepunkt in

seinem Leben brachte es mit sich, daß er in der französischen Schweiz blieb und einen Dienst in der freien Kirche des Waadtlandes übernahm. Seine große Sprachbegabung kam ihm dabei zu Hilfe.
Der Schritt in die Freikirche bedeutete zugleich, daß er seiner Heimatkirche den Rücken kehrte und in Stuttgart beim Konsistorium um seine Entlassung nachsuchte.
In den Jahren 1862 bis 1866 diente er als Pfarrer der freien Gemeinde in Tavannes. 1866 erfolgte seine Einsegnung als Prediger der Freien Kirche des Waadtlandes in Morges. Er diente ab diesem Jahr bis 1870 als Evangelist in Genf. Hier verheiratete er sich am 24. Januar 1871 mit Henriette Marie Glardon. Von 1871 bis 1875 war er Pfarrer der freien Gemeinde in L'Auberson bei St.Croix auf den Höhen des französischen Jura. Dort wurden seine beiden Kinder Samuel und Elisabeth geboren.
Im Jahr 1874 bekam er eine Einladung zu den Versammlungen in Oxford in England. Er folgte dem Ruf in dem Verlangen nach einer Geistestaufe. Aber er empfing bei diesen Heiligungsversammlungen nicht das, was er erwartet hatte, dafür etwas, das für die ganze Entwicklung seines Lebens entscheidend war: Gott öffnete ihm die Augen für die Möglichkeit eines rückhaltlosen Vertrauens in Jesus. Fortan widmete er sein Leben und seinen Dienst dem Prozeß der Heiligung: Er wollte sich umgestalten lassen in das Bild Jesu Christi und seinen Weg mit ihm gehen bis hin zur Vollendung.
»Von dieser Zeit an bekam sein Leben den Charakter eines völligen Ausgeliefertseins an Jesus. Der Herr ist in besonderer Weise zu seinem Knecht gestanden, nicht nur seinen eigenen Charakter ausgestaltend, sondern ihn gebrauchend, um die Wahrheiten, die in Oxford aufs Neue auf den Leuchter gestellt worden waren, in des Heiligen Geistes Kraft in allen Landen zu verkündigen. Seine Zeugnisse, durch ein geheiligtes Leben unterstützt, wirkten gewaltig und hinterließen wunderbare Segensspuren.« So schreibt Leopold Wittekind in einer Gedenkschrift.

Sein Wirken als Seelsorger

Im Jahr 1875 zog Stockmayer mit seiner Familie nach Peseux bei Neuchâtel. Dort begann er, an Leib und Seele Kranke und Leidende in sein Haus aufzunehmen, um ihnen als Seelsorger zu dienen. Während sich dadurch sein Einflußbereich immer mehr ausweitete und er zu vielen Versammlungen und Konferenzen gerufen wurde, kam er zunehmend in Dissens zu seiner Kirche, die einige seiner Aussagen über Heilung und Heiligung für zu schroff und radikal ansah. Da bot sich ihm durch das großzügige Anerbieten von Major Brunschwiler ein Schloß in Hauptwil, zwischen Bodensee und Säntis gelegen, als Stätte für sein Wirken in Freiheit und Unabhängigkeit. Er nahm dieses Angebot an und siedelte 1878 in die deutschsprachige Schweiz über. Dieser Ort blieb bis zum Tod sein Wirkungsort. Viele Menschen erfuhren durch ihn im Schloß in Hauptwil Erquickung ihres geistlichen Lebens und Erneuerung ihres Glaubens. Hierher kamen die Ratsuchenden, und von dort unternahm er Vortragsreisen in die ganze Welt, aber vor allem nach Deutschland. Nach Ostpreußen und Schlesien wurde er oft gerufen, und dort wirkte er unter großem Segen.

Er begründete das Pilgerheim in Brieg, gab den Impuls für die Konferenzen in Nakel (Posen) und prägte die großen Tagungen der Evangelischen Allianz in Blankenburg (Thüringer Wald) oder die Gnadauer Konferenzen der Gemeinschaftsbewegung entscheidend mit. Die großen Treffen von Wernigerode und Tersteegensruh waren genauso seine Wirkungsorte wie viele kleinere Tagungen. Durch einen Anstoß von ihm begann die Deutsche Zeltmission ihre bedeutungsvolle Arbeit. Sein Dienst verhalf der evangelikalen, erweckten Christenheit in Deutschland am Ende des 19. und zu Beginn des 20. Jahrhunderts zu einem entscheidenden Durchbruch.

»Die Väter und Träger der Gemeinschaftsbewegung wurden und waren ... Männer wie Stockmayer und Rappard, Jellinghaus und Schrenk, Christlieb und Jasper von Oertzen, die Grafen von Pückler und von Bernstorff. Dieser geschichtliche Tatbestand an den Quellen unserer Bewegung ruft es uns deutlich und nachdrücklich zu, daß die deutsche Gemeinschaftsbewegung die Antwort Gottes war auf das Hungern und Dürsten vieler Kinder Gottes der damaligen Zeit nach dem Erfülltwerden mit der Kraft des Heiligen Geistes, der zur Heiligung treibt und ausrüstet.« Das schreibt Friedrich Heitmüller 1931 im Rückblick auf die bewegten Zeiten dieses Anfangs, die geprägt waren von Begeisterung und schwierigsten Entscheidungen, Aufbrüchen und Abbrüchen.

Dabei ging Otto Stockmayer selbst durch Krisen und Leiden hindurch. Im Jahr 1899 starb frühzeitig sein Sohn und 1902 seine langjährige und

treue Mitarbeiterin in Hauptwil, Schwester Emilie Schläpfer, nach schwerer Krankheit. Wegen seiner radikalen Verkündigung wurde er angefeindet, und ob seines konsequenten Lebenswandels verließen ihn immer wieder enge Weggefährten.
Im Dezember 1914 schließlich ging ihm seine Gattin in die Ewigkeit voraus, am 12. April 1917 ist er ihr gefolgt. Am 16. April fand in Hauptwil unter großer Beteiligung von nah und fern die Beerdigungs- und Trauerfeier statt. Die Brüder aus Deutschland konnten aufgrund des Ersten Weltkrieges nur mit einer kleinen Abordnung teilnehmen.
Der Prediger der freien Gemeinde hielt seine Traueransprache über ein Wort, das der Heimgegangene gewählt hatte: »Er hat Gott vertraut« (Matthäus 27,43). Dieser Bibelvers war das Resümee eines erfüllten Lebens. Es wurde später auch auf seinen Grabstein gemeißelt.
Wittekind schrieb über die Beerdigung: »Geistesstille beherrschte die ganze Feier und verwandelte dieselbe aus einer Trauerfeier in eine Siegesfeier. Man stand unter dem Eindruck, daß ein Großer, ein Fürst im Reiche Gottes von der Erde geschieden war, dem man nachblickte mit dem Ruf: ›Mein Vater, mein Vater! Wagen Israels und seine Reiter.‹«
Eine Freundin aus der französischen Schweiz gab folgendes Zeugnis: »Es wird uns schwer zu fassen, daß die so unvergleichliche Botschaft, die der Herr ihm für die Gemeinde anvertraut hatte, nicht mehr in unseren Versammlungen ertönen wird. Welch eigenartiges und heiliges Leben war das seine! Persönlich verdanke ich ihm so viel. Es ist besonders das tadellose Zeugnis seines Lebens, das mir zu so großem Segen wurde. Dieses rückhaltlose Vertrauen in seinen Gott. Sein tiefer Blick in die zukünftigen Dinge. Seine nie ermüdende, brüderliche Liebe. Seine Treue bei denen, die zu seiner Herde gehörten, alles zurechtzuweisen, was nicht ins Heiligtum zu gehören schien. Was für ein Knecht Gottes!«

Er hat Gott vertraut!

Das klingt beeindruckend und interessant. Ich möchte diesen Menschen kennenlernen!
Aber sind das nur Aussagen von einzelnen Menschen, die ihn erlebt haben und von ihm begeistert waren? Gibt es noch weitere Zeugnisse und Quellentexte, – Spuren, die mich herausfinden lassen, wer Otto Stockmayer war?

Was prägte seine Persönlichkeit? Was machte seine Ausstrahlung und seinen Einfluß auf die Menschen zu seiner Zeit aus?
In der Tat, es gibt viele Zeugnisse und Berichte über ihn, die wie ein Mosaikbild aus vielen Einzelteilen einen Gesamteindruck ergeben. (Siehe auch Seite 154) Dabei hat Stockmayer selbst nie etwas aus sich gemacht, er ging geräuschlos durchs Leben.
Alfred Roth schrieb in seiner Würdigung kurz nach dem Tod Otto Stockmayers: »In so aufgeregten Zeiten, wie die unsere es ist, geht man leicht an solchen stillen Persönlichkeiten vorüber, ohne sie in der ganzen Tiefe ihrer Bedeutung zu verstehen. Erst dem Beschauer, der sich liebevoll in die Tiefen seines Lebens versenkt, öffnet sich der Blick für die Goldadern, die in den Gründen seines eigenartigen Charakterbildes hervorschimmern.«
Was und wer dieser Mensch war, merkt man also an der Wirkung, die von ihm ausging, an seiner Ausstrahlung, die er auf andere hatte. Jemand hat das in einem Wort bei seiner Begräbnisfeier so ausgedrückt: »Er hatte Macht, Macht von oben.«
Schaue ich diese einzelnen Mosaiksteinchen an, so sehen sie – jedes für sich genommen – nicht sehr bedeutsam aus. Ohne Zweifel haben andere Menschen viel Bedeutenderes an besonderen Werken und Leistungen als Otto Stockmayer hervorgebracht. Es ist eigentlich nichts In-die-Augen-Fallendes durch ihn geschehen, das man in seiner Lebensgeschichte notieren könnte, auch der Inhalt seiner Vorträge und Predigten war nicht spektakulär und Aufsehen erregend.
Aber was ist es dann? Woher rührte dann seine Ausstrahlung, seine Wirkung?
In einem Nachruf wurde das Wort eines Freundes von Goethe auf ihn bezogen: »Was du lebst, ist größer, als was du lehrst.« Und ein Freund schwärmte: »Darin finden wir den Schlüssel zu der einzigartigen Fruchtbarkeit und Bedeutung seines Lebens: In seiner Persönlichkeit, in dem wunderbaren Werden seines Charakters, in dem Gehalt, den er seinem Leben zu geben gewußt hat. So bezeugen es viele, die ihn erlebt und wichtige Impulse für ihr Leben von ihm bekommen haben.«
Also war sein Leben am tiefsten in der ganz besonderen Lebensgestaltung, in der Entschlossenheit, mit der Otto Stockmayer lebte, in der Neuorientierung und dem neuen Aufbau seines Lebens, nachdem er dieses bei seiner Bekehrung zerbrochen, gründlich zerbrochen hatte, allein

nach göttlichen Gesichtspunkten. Seine Konsequenz und sein heiliger Ernst waren also das, was die Menschen an ihm bewunderten und was sie beeindruckte.
Stockmayer richtete sein Leben in radikaler Weise auf den Grundlagen der Heiligen Schrift aus – das faszinierte die Menschen!
Noch einmal Leopold Wittekind: »Er war ein Forscher in der Heiligen Schrift wie wenige. Er hatte seine Bibel so lange für sich gelesen, bis er verstand, was sie von ihm wollte. Nicht mehr die Ausprägung religiösen Lebens, wie er sie allgemein vorfand, war für ihn maßgebend, sondern nur noch die Linien, die er in ihr gezogen sah, die ›heiligen Zentrallinien‹, wie er sie immer nannte, dienten ihm als Plan und Gesetz für sein inneres Werden; sie allein waren für den Aufbau seiner geistlichen Persönlichkeit ausschlaggebend. Durch die Konzentration auf die Schrift und auf die an die Schrift gebundene Wirksamkeit des Heiligen Geistes wurde in seinem Leben das erreicht, was die tiefste Bedeutung desselben ausmachte, nämlich ein großes Gottvertrauen und einen starken Glauben.«
In einer Zeit, in der es wenig Orientierungspunkte für ein echtes und glaubwürdiges Christenleben gab, war dieser Gottesmann wie ein Leuchtturm, darum war er so wichtig! Ein Zeitgenosse sagte über ihn: »In Stockmayer sehen wir in lebendiger Verkörperung, was apostolisches Christentum ist.«
Aber da gibt es noch mehr – ein Leuchtturm steht da wie ein erratischer Block, unbeweglich, unberührt. Stockmayer dagegen hat in priesterlicher Weise unter dem Tiefstand des Volkes Gottes selbst gelitten, hat dieses Leiden unter der Trockenheit der christlichen Welt auf sich genommen, um es zu Jesus zu bringen. Er war getreu dem Evangelium in der Welt – aber nicht von der Welt. In diesem Sinne ist er ein Fremdling gewesen und geblieben auf der Erde. Er war anders – das bezeugen viele Schilderungen seiner Zeitgenossen – und das hat die Menschen zu seiner Zeit angezogen und herausgefordert. Dadurch war er unabhängig von den Meinungen der Menschen und den Trends seiner Zeit und konnte zum Mahner und Warner werden, zum unbequemen Propheten, der von außerhalb der herkömmlichen Ordnungen und Traditionen seine Stimme erhob.

Dieses Lebensbild hat natürlich auch eine andere Seite, das soll nicht verschwiegen werden – und auch darüber gibt es Belege. Es gab nicht nur Menschen, die Otto Stockmayer huldigten und ihm nachfolgten, denn Stockmayer war mit seiner Lebensauffassung einseitig und weltfremd – das ist ihm auch immer wieder vorgeworfen worden. Er war radikal und kompromißlos mit sich, mit anderen, in seinem eigenen Glauben und in seiner Verkündigung. Er bewegte sich auf der Grenze zu einer perfektionistischen Heiligungslehre, aber – und das ist wieder das Positive – er wurde dabei nie zum Ankläger der Brüder, zum Verurteiler und notorischen Kritikaster und Besserwisser, nein, er ist als Hirte eingetreten für die ganze Gemeinde, und dadurch wurde er zum Segen. Er stellte sich nicht über die Gemeinde, sondern mit seinem Anliegen der persönlichen Heiligung war er auf dem Weg wie andere auch. Er wollte nicht *mehr* werden, sondern *weniger* nach dem Wort Johannes des Täufers: »*Er* (Jesus) muß wachsen, *ich* aber muß abnehmen.«

Er schonte sich selbst nicht, wenn er sagte: »Gott erzieht uns nicht zu Wunderkindern, sondern zu einem Nichts.« Der Grundzug seines Wesens war und blieb tiefe Demut und Selbstverleugnung. Immer wieder hat er gesagt: »Der Otto Stockmayer geht mich nichts an.«

Diese tiefe Demut und Uneigennützigkeit hat die Menschen damals überzeugt, und das empfinde ich auch für unsere Zeit, in der jeder sich möglichst vorteilhaft darstellt und an seinem Image feilt, als ein herausforderndes Zeugnis. Hier ist ein Mensch, dem jegliche Verherrlichung der eigenen Person und Schönfärberei fremd sind! Ehrlichkeit und Wahrheit hatten für ihn die oberste Priorität, und er achtete sorgsam in seinem Leben und seiner Umgebung darauf, daß nichts verschleiert oder zugedeckt wurde – das spiegelt sich in allem, was Stockmayer schrieb oder sagte. Halbwahrheiten und politisches Taktieren waren nicht seine Sache. Deswegen hat ihn auch mancher unterschätzt oder sogar verachtet. Aber er blieb konsequent. Ein Zeitgenosse bestätigte: »Nie war es ihm um den Beifall von Menschen zu tun. Es war so gar keine Effekthascherei, keine Routine in seinem Auftreten. Der Mann, der wie wenige die Gabe der Rede hatte, vermied es ängstlich, in seinen Ansprachen irgendwie zu blenden, es ging oft sehr trocken dabei zu. Er gab nur, was er hatte, und alles Geschraubte und Künstliche blieb ihm fern. Es war alles durch und durch echt bei ihm.«

Otto Stockmayer war es eben einzig um den verborgenen Menschen des Herzens, um den Wandel vor den Augen Gottes zu tun. Und Gott sieht in das Verborgene, und das Verborgene entfaltet seine Wirkung stärker als alles gewollte und beabsichtigte Tun.

Und darin lag Stockmayers Wirkungskraft. Wer in sein Leben hineinsah – und er gestattete es vielen –, erfuhr unter schmerzlicher Beugung eine tiefgreifende Korrektur des eigenen Lebens und Wandels und wurde zugleich mit seliger Freude darüber erfüllt und aufs tiefste erquickt, daß man solcher Jesusähnlichkeit begegnet war. Das bezeugen die, die mit diesem Gottesmann Umgang hatten. Sie empfanden es als Gnade, mit ihm zusammen sein zu dürfen, und je länger sie sein Wesen erforschten, desto mehr entdeckten sie bei ihm die Frucht des Geistes: Liebe, Freude, Friede, Geduld, Freundlichkeit, Gütigkeit, Glaube, Sanftmut, Reinheit. Und seine Art wurde ihnen zum Ansporn, sich auch so zu verhalten.

Über die bitteren Kämpfe, Zweifel und Anfechtungen – die es auch in seinem Leben gab – hat er selbst nur sehr zurückhaltend berichtet. Sein Glaube kam immer wieder auf den Prüfstand und mußte härteste Belastungen durchstehen. Aber das war einzig die private Angelegenheit zwischen Gott und ihm, das göttliche Wirken an seiner Seele. Dadurch wurde er geläutert und konnte anderen Menschen helfen, die am Verzagen waren. In den schweren Zeiten erwies sich sein Glaube und sein Vertrauen als auf einem festen Fundament gegründet, stabil und belastbar. Durch alle Krisen hindurch wurde sein Vertrauen in Gott gestärkt, und es war seine erklärte Absicht, ein Überwinder zu sein, der bereit war für die Wiederkunft des Herrn.

Dieser große Mann – so ergaben meine Nachforschungen – war ein Diener durch und durch, er opferte sich, er gab sich leidenschaftlich dem Ruf hin, den er von Gott gehört hatte. Das prägte sein Leben und gab ihm Autorität. Alfred Roth beschreibt es so: »Ob er vor Tausenden in einer großen Konferenz sprach, ob ihn der Ruf nach Indien, China, Amerika, in die fernsten Gebiete der Erde führte, ob es galt, in seinem Hause für zwei Menschen die Andacht zu halten, alles war ihm gleich wertvoll. In seiner vorbildlichen Treue war er stets zu einem Dienst bereit, den er nie einem anderen zugemutet haben würde. Er hat damit ernst gemacht, sich selbst zum Opfer zu bringen, so daß es ihn auch

nicht im mindesten abschreckte, wenn ein Auftrag, der ihm zuteil wurde, an sich ganz bedeutungslos schien, oder wenn ein solcher ihm große Entbehrungen auferlegte. Um einem einzigen Menschen Licht aus dem Evangelium zu bringen, ging er stundenlang durch tiefen Schnee; mit einem Knecht Gottes zusammen reiste er wochenlang durch die ärmsten Gegenden und lebte dort in den einfachsten Verhältnissen. In Decken gehüllt machte er als Schwerkranker eine Reise nach Deutschland, weil man ihn dort bei der Zusammenkunft von Reichsgottesarbeitern dringend brauchte. Das alles tat er so selbstverständlich, daß er nie ein Wort darüber verlor, was es ihn gekostet.«
Stockmayers Auftrag war es, der Gemeinde zu dienen. Wie nur wenigen war ihm das Auge geöffnet für den wunderbaren Organismus der Gemeinde, in den er sich eingegliedert und einverleibt wußte, um nicht für sich, sondern für andere zu leben. Er vermied daher die Klippe der Isolierung und des Parteigeistes und hielt stets fest die Einigkeit im Geist durch das Band des Friedens. Wo Auseinandersetzungen und Streit herrschten, versuchte er zu vermitteln. Wenn ihm das nicht gelang, dann zog er sich zurück. Er wollte jedoch alles tun, um dem gesamten Leib Jesu zu dienen.

Ein Botschafter der Ewigkeit

Aber ist das alles? Geht es bei diesem Mann nur um einen außerordentlichen Lebensstil?
Nein. Bei meiner Spurensuche stellte ich fest, daß dieses Leben wie ein Gefäß war, ein klares, durchscheinendes, das gefüllt war mit einem herrlichen, klaren und erfrischenden Inhalt. Stockmayer predigte mit seinem Leben – aber auch mit kraftvollen Worten. Er war ein Verkündiger des Gottesreiches, wie eine Posaune schmetterte er die Wahrheit der Bibel in die Reihen einer Christenheit, die sich nach ihr ausstreckte, weil vieles lau geworden war. Die Menschen sehnten sich nach einer Lehre, die sie nährte wie die gute Muttermilch den Säugling. Grundlagen des Glaubens und des christlichen Lebens waren in dieser Zeit, in der viele sich vom lebendigen Glauben abwandten und einer liberalen Theologie huldigten, die die Auferstehung Jesu leugnete, dringend erforderlich. Die

Christen wußten wenig oder gar nichts von ihrem Stand in Christus, sie waren nicht informiert über ihre Rechte als Königskinder Gottes.
Als Prediger und Evangelist verkündete Stockmayer deshalb in großer Gewißheit die Erlösung im Blut Jesu Christi, und zwar in ihrem ganzen Umfang. »Es muß der Sünde der Krieg erklärt werden«, so sagte er. Und hier stand er mit beiden Beinen in dieser Welt, er sah die Menschen in ihrer Not und in all den Verstrickungen ihrer Schuld. Die Botschaft von der Erlösung im Blut Jesu war das reformatorische Zeugnis von Sünde und Gnade. Stockmayer deckte schonungslos auf, verkündete dann aber auch die rettende Liebe Gottes in Jesus Christus. Das Kreuz auf Golgatha und der Sühnetod Jesu, der sein Blut für die verlorenen Menschen vergoß, war das Kernstück seiner Botschaft, darauf kam er immer zu sprechen.
Das Besondere und das Neue in seiner Botschaft von der Erlösung im Blut Jesu war aber, daß im Tod Jesu der Tod des Menschen inbegriffen ist und daß dieser Tod die Trennung von Sünde und Welt mit einschließt. Der erlöste Sünder kommt durch die Auferstehung mit Jesus zu einem neuen Leben, er ist ein neuer Mensch geworden. Im Blut Jesu ist nicht nur Vergebung, sondern Lösung von den Sünden, betonte er. Er forderte auf, mit der Sünde zu brechen in der Kraft des Blutes und des Geistes Christi, gestützt auf sein Wort, und er ermunterte die Kinder Gottes, wieder an die Möglichkeit eines Siegeslebens zu glauben und eines Gott wohlgefälligen Wandels.
Die Lehre von der Heiligung durch den Glauben war sein Generalthema. Das hieß für ihn nicht: Du sollst, du mußt heilig sein, sondern: Du kannst, du darfst heilig sein. Er wehrte sich gegen die Drohbotschaft: Ihr müßt euch anstrengen und abmühen, um heilig zu werden, sondern verkündigte die Frohbotschaft: Ihr seid heilig, wenn ihr gerecht geworden seid durch den Glauben. Dieser Zustand der Heiligkeit, von Gott geschenkt, war für ihn eine Stellung Gott gegenüber, nicht das Ergebnis der eigenen Bemühungen, aber dies erfordert Konsequenz und Umsetzung im praktischen Leben. Die »Stellung des Geheiligtseins« – wie Stockmayer es nannte – muß immer wieder neu eingenommen werden, und das konnte nur durch die Hingabe an Jesus und die Bekehrung des Herzens gesehehen: »Obwohl die Gläubigen in der Bibel ›Heilige‹ genannt werden, haben sie doch die praktische Heiligung nötig – und dabei sind sie auf das Wirken des Heiligen Geistes angewiesen. Sie kön-

nen es nicht aus eigener Kraft! Wo der Einzelne auf diesem Weg stekkenbleibt, ist Buße und Umkehr nötig – und das Wirken des Heiligen Geistes.«

Das war der Auftrag Stockmayers, den er selbst lebte und den er seinen Zeitgenossen einhämmerte: Sich danach auszustrecken, was von oben, von Gott kam. Stockmayer bezog dies nicht ausschließlich auf eine neue Ausgießung des Heiligen Geistes; eine Reduzierung darauf wäre für ihn zu einseitig. Er wartete auf die Wiederkunft Jesu Christi und wurde nicht müde, sie anzukündigen. Die Erfahrung des Heiligen Geistes in seiner überwältigenden Fülle war dabei nur eine Vorahnung, ein erster Geschmack der Herrlichkeit Gottes. Stockmayer wollte mehr! Er wollte nicht nur die Kraftwirkungen des Heiligen Geistes, sondern er wollte Jesus selbst.

Jetzt verstehe ich die große Anziehungskraft, die dieser unscheinbare Mann ausübte: Er hatte etwas zu sagen! Er führte die Menschen weiter in die Herrlichkeit Gottes hinein! Er gab ihnen das, wonach sie sich sehnten – aber noch mehr: Er stellte sie in ihrem Sehnen auf eine feste Grundlage. Und das war gut so, denn das menschliche Verlangen sucht oft nur im Fleischlichen eine schnelle Erfüllung und gibt sich mit oberflächlichen Gefühlen zufrieden. Davor hat Otto Stockmayer dringend gewarnt, und wie ein Pädagoge seine unmündigen Zöglinge führt, so war es sein Anliegen, eine unmündige Christenheit vorzubereiten für eine neue Zeit, die er anbrechen sah. Hier war Stockmayer ein Eiferer, nicht zu halten in seiner heiligen Energie, ein Mahner, der Klartext redete und – wenn es sein mußte – seine Zuhörer auch deutlich korrigierte.

Die Entwicklungen, die dann 1907 zu den Vorgängen in Kassel führten und wo es vor allem um die Geistausgießung und die Erfahrung des Heiligen Geistes ging, waren für ihn eine Engführung seiner Lehre. Er wollte hier nicht stehenbleiben, nicht das Vorletzte gegen das Letzte eintauschen. Der Heilige Geist vollzog die Reinigung, damit die Gemeinde als untadelige, schöne Braut dem Bräutigam Jesus entgegengehen konnte – mehr nicht, aber auch nicht weniger!

Die vollständige Erlösung, die Vollendung geschieht in seiner endgültigen Vollkommenheit nur an jenem letzten Tag im Angesicht des wiedergekommenen Herrn.

Doch bis das möglich sein konnte, mußte die Gemeinde zur Männlichkeit ausreifen, zur Mannesstatur Jesu kommen (Offenbarung 12,5 und Epheser 4,13). Das war Stockmayers Lieblingsgedanke. Wahre Männlichkeit war für ihn ein Leben frei von allem seelischen Wesen, frei von sich selbst, ein Leben im Geist, das heißt in hingebender, dienender Liebe, ein Leben in Jesusähnlichkeit.

Hat Otto Stockmayer sein Ziel erreicht, hat er seinen Auftrag ausgeführt? So frage ich mich heute.

Es war für ihn eine zunehmende Last, daß die Menschen, die ihm zuhörten, ihn in vielem nicht verstanden oder verstehen wollten. Seine Aussagen wurden teilweise mißverstanden oder abgelehnt, den Durchbruch zum neuen Äon schaffte er nicht, viele blieben beim alten oder nahmen das Neue nur, um Vordergründiges zu verändern – nicht sich selbst. Doch hier steht dieser Mann ja nicht allein, so wie ihm ist es vielen ergangen.

Aber ich habe bei meinen Erkundungen über ihn den Eindruck gewonnen: Otto Stockmayer war der richtige Mann zur rechten Zeit, das was er lehrte und lebte, war genau richtig für seine Zeit – nur für *seine* Zeit?

Die Zeit-Umstände

Was war das für eine Zeit, in der Otto Stockmayer lehrte und lebte? Was prägte sie und beschäftige die Menschen damals? Für welche Situation hatte dieser Prophet Gottes einen Auftrag? Wenn ich bei meiner Spurensuche Otto Stockmayer verstehen will, muß ich auch die Zeit-Umstände kennenlernen, wenn ich die Bedeutung seiner Botschaft für die Menschen damals ausloten will, muß ich herausfinden, in welche Situation er hineingesprochen hat.

Die Menschen sehnten sich zu dieser Zeit nach einer anderen Welt, tiefgreifende Umbrüche hatte die Gesellschaft in Deutschland erfaßt. Das wilhelminische Zeitalter war geprägt von massiven Veränderungen. Kaiser Wilhelm II. gab einen neuen Ton an. Viele Menschen waren verunsichert, und die Stimmung schwankte zwischen Euphorie und Zukunftsenthusiasmus auf der einen Seite und Niedergeschlagenheit und Depression auf der anderen. Nichts schien mehr beständig zu sein, die alten Werte waren dahin. Da lag es nahe, sich der ewigen Welt Gottes zuzuwenden, hier war die Welt wenigstens noch in Ordnung. Man strebte

danach, diese Welt mit ihren unberechenbaren Bedingungen zu überwinden, man wollte dem allem enthoben sein.
Das hieß: Das Bürgertum war in die Zange geraten – und gerade aus dieser gesellschaftlichen Schicht entstammten die meisten Gemeinschaftsleute: kleine Handwerker, Lehrer, das untere Beamtentum. Alles Berufe mit Würde und Renommee, jeder hatte seinen Platz und fand Anerkennung. Viele hatten sich mit Mühe in diesen Stand emporgearbeitet. Nun zählte das auf einmal nicht mehr so viel. Auf der einen Seite zerbrach der Adel mit seiner ganzen Würde und dem Respekt, dem man ihm zollte und der dadurch ein Garant aller gesellschaftlichen Werte gewesen war. Finanzen, Karriere und eigenes Image zählten nun mehr als die vererbten Adelstitel. Industriebarone standen über den Junkern, industrielles Engagement war bedeutsamer als Grund und Boden. Das war der Klammergriff von der einen Seite. Von der anderen Seite verunsicherte die stark zunehmende Arbeiterbewegung, die in den bürgerlichen Kreisen richtiggehend verteufelt wurde. Für viele ehrbare Bürger war es Landesverrat, ein Demokrat zu sein. Was lag näher als die Flucht aus diesem Dilemma der bürgerlichen Gesellschaft in ein Bürgertum Gottes, zu Gott als dem ewigen König zu kommen, ein angesehener Bürger seines Reiches zu sein? Oder wie ist es sonst zu verstehen, daß gerade in den Gebieten des Ostens, in denen der alteingesessene Adel noch die größte Rolle spielte, die Gemeinschaften am stärksten waren? Und daß in den Zonen bedeutender industrieller Entwicklung mit einer unglaublich rasanten Wachstumsrate und Zunahme der Arbeiterschaft – zum Beispiel im Ruhrgebiet – die christlichen Gruppen enger zusammenrückten?
Aber es war nicht nur in den christlichen Kreisen ein starker Trend zur Gemeinschaftsbildung zu beobachten, nein, das betraf die ganze Gesellschaft: Man schloß sich zu Zirkeln, Gruppen und Vereinen zusammen (was nach dem neuen Staatsrecht möglich und genau geregelt war). Gemeinschaft zählte mehr als Gesellschaft. Hier fand das Leben statt – unter Ausschluß der Öffentlichkeit und auf ganz eigene Weise. So formierte sich auch die Gemeinschaftsbewegung mit ihren Grüppchen und Gemeinschaften mit einem doppelten Anliegen: Einerseits wollte man sich absetzen vom älteren Pietismus, der teilweise nun selbst schon wieder in den starren Formen orthodoxer Traditionen erstarrt war, und andererseits ging es um die Abwendung und Bekämpfung eines liberalen Chri-

stentums, das die Bibel und deren Glaubensinhalte in Frage stellte, weil es sich gemein machte mit den aufklärerischen Entwicklungen einer selbstbewußter werdenden Kultur. Gegen die eine Seite galt es Heilandsliebe in neuen gemeinschaftlichen Formen zu leben und geistliche Erfahrungen ganz unmittelbar zu machen. Und auf der anderen Seite sollte dem Liberalismus der Beweis der lebendigen Gegenwart Gottes und der Kraft des christlichen Glaubens entgegengestellt werden. Das war eine zweifache Herausforderung, die auch die frommen Kreise gewaltig unter Druck setzte! Hier konnte eigentlich nur der Heilige Geist mit seiner Kraft helfen, um den Spannungen unterschiedlicher Erwartung standzuhalten. Deshalb sehnte man sich nach einer neuen Ausgießung des Heiligen Geistes, denn dann könnte man dieses unauflösbare Dilemma zwischen eigenem Wollen, den Notwenigkeiten der Zeit, der eigenen Begrenztheit und den Zwängen einer durch und durch reglementierten Gesellschaft überwinden. Wie aber sollte das geschehen? In der Beantwortung dieser Frage tat sich eine tiefe Kluft auf, die mir sehr aktuell anmutet:

Die einen waren dafür, sich ganz abzusetzen von den anderen Christen und einen eigenen Weg zu gehen in der Erwartung eines neuen Pfingsten. Da wurde dann gesagt: »Die eine große Gefahr, der gewiß schon manche Kinder Gottes ganz oder teilweise erlegen sind, besteht darin, daß sich die Kinder Gottes durch die Lockungen und Anerkennung kluger Kirchenmänner betören und verleiten lassen, in ihren Evangelisations- und Gemeinschaftsbestrebungen mit unbekehrten, wenn auch ›rechtgläubigen Geistlichen‹ ein widergöttliches Bündnis, einen von Gott nie gewollten Arbeitsvertrag einzugehen ... Eine andere Gefahr nach dieser Seite hin besteht darin, daß man sich durch Drohungen und allerhand durch die Vertreter des offiziellen Kirchentums in Szene gesetzte Polizeimaßregeln und Schikanen einschüchtern und arbeitsmüde machen läßt.« (Allianzblatt 1906, Nr.6)

Und andere sagten: »Ein jeder Schritt der Scheidung und Loslösung von der Welt muß, wenn er von Gott beglaubigt werden soll, vom Geist Gottes auf Grund des Wortes Gottes gewirkt werden. Es gibt nicht nur ein sündiges Bleiben in den großen Kirchen, es gibt auch ein sündiges Verlassen derselben.«

Die Spannung wurde teilweise unerträglich und führte dazu, daß es gärte in den Gemeinschaftsstunden, auf den Konferenzen und bei vielen Treffen. Und diese Gärung erzeugte wiederum neuen Druck durch große Erwartungen, daß nun doch bald etwas geschehen müßte, daß es endlich einen Durchbruch gäbe! Aufbruchstimmung paarte sich mit apokalyptischen Erwartungen.
Otto Stockmayer traf den Nerv dieser Stimmung, wenn er 1895 schrieb: »In der zweiten Hälfte dieses Jahrhunderts hat der Geist abermals die Schrift in die Hand genommen und hat die Gemeinde weitergeführt von der Gerechtigkeit zur Heiligung durch den Glauben. Es war dies wie eine neue Entdeckung auf dem großen Gebiet der Gnade Gottes. Auch dieses Stück der göttlichen Weisheit hat viel Widerspruch erfahren; aber der Heilige Geist weiß zu seiner Zeit und in seiner Weise Gottes Wort empfänglichen Herzen darzubieten, daß sie es durch ihre Aufnahme, d. h. ihren Glauben, versiegeln.«
Diese Hoch-Stimmung wurde durch Zeitschriften und Mitteilungblätter in einem bisher nie dagewesenen Umfang verbreitet (»Brüderbote«, »Licht und Leben«, »Auf der Warte«, »Allianzblatt«, »Philadelphia«, »Wahrheit in der Liebe«, »Der heilige Krieg« – um nur ein paar zu nennen). Die sich stark entwickelnde Infrastruktur Deutschlands gab die Möglichkeit des Reisens. Durch das dichter werdende Verkehrsnetz war es nun auch möglich, kreuz und quer mit der Bahn zu den Konferenzen zu fahren, um dort zu hören und zu diskutieren. Selbst die Erweckungsgebiete in England waren in greifbare Nähe gerückt! Dazu kam die Lust der Menschen zu Diskussion und Auseinandersetzung. Die einen wollten die biblischen Inhalte durchdringen und neu verstehen, wollten hören, was so noch niemand gesagt hatte. Andere wollten widerlegen und dagegen streiten. Für alle Richtungen erschienen Bücher, die jedermann erwerben konnte, Kolporteure reisten durchs Land, Traktate machten die Runde. Vieles schien möglich, was vorher noch nie möglich war, Türen taten sich auf in ungeahnte Weiten – die koloniale Entwicklung eröffnete neue Horizonte –, gleichzeitig rückten die Menschen zusammen. Briefpost und Telegramme sorgten für eine schnellere Verbreitung von Informationen. Die technische Entwicklung bedingte einen euphorischen Fortschrittsglauben, und doch bildete der Kulturpessimismus

mit seiner Infragestellung der Vorgänge die negative Seite dieser Dynamik ab.

In diesem Durcheinander des Aufbruchs waren Führer, Leiter und Hirten gefordert, aber nicht jeder entsprach der Sehnsucht vieler Menschen nach Halt und Sicherheit auf uneigennützige Weise. Es gab etliche, die ihr eigenes Evangelium verkündeten und zu sich selbst einluden. Auch das war neu: Man war genötigt, alles zu prüfen, hatte deshalb mehr Verantwortung als früher. Aber was gab es in dieser Zeit für hervorragende Persönlichkeiten, geistliche Pioniere, Gründer, wahre Mütter und Väter als Vorbilder im Glauben, kostbare hingegebene Menschen! Es ist faszinierend, heute ihre Biografien zu studieren – erstaunlich, was sie alles vermochten! Sie waren Antworten Gottes auf die Fragen ihrer Zeit, sie setzten sich kühn und vorbehaltlos ein, um die Not zu wenden oder zumindest zu lindern.

Denn gesellschaftlicher Wohlstand wuchs auf der einen Seite so schnell, wie auf der anderen Seite die Armut zunahm. Aber auch die Christen hatten Geld, Werke entstanden, um Hilfeleistungen zu geben, hauptamtliche Reichsgottesarbeiter wurden in so großer Zahl wie noch nie vorher eingestellt. Die Kollekteneimer, die in den Konferenzen die Runde machten, waren gut gefüllt. Das Reich Gottes expandierte: Die Evangelisationsbewegung begann, Evangelisationsvereine wurden gegründet, und die Zeltmission nahm ihre Arbeit auf (auch daran hat Otto Stockmayer entscheidend mitgewirkt).

Die Christen bewegten sich zwischen selbstgenügsamer Besitzstandswahrung und generöser Verantwortung für diese Welt. Aus diesem Grund waren Menschen wie Otto Stockmayer gefragt, die Anweisung geben konnten, die zeigten, wo es entlangging, die die eingeengte Bezogenheit auf die Gegenwart durch den Hinweis auf Gottes Ewigkeit aufbrachen, die Ziele vorgaben und Orientierung vermittelten.

Man sah, was Gott in dieser Welt tat, war fasziniert von den Erwekkungen in Wales (1904), aber das war ja in England – und immer mehr wandelte sich in diesen Jahren die politische Stimmung gegen den einstigen Freund. Wie konnten von dort gute Impulse kommen? Man war ganz neu in Deutschland auf sich selbst gestellt, mit einem eigenen deutschen Bewußtsein, das noch in den Kinderschuhen steckte, unausgegoren und wackelig, wie eine Uniform, die viel zu groß war – und Uniformen aller Art prägten das Straßenbild der großen Städte. Man suchte nach der eigenen Identität und wußte nicht, woher man sie bekommen sollte. Und auch das war ungewohnt: daß man sich um sich selbst bemühte, nach seinem eigenen Wesen fragte und heil werden wollte an Leib und Seele; man kümmerte sich um seine eigenen Bedürfnisse mehr als vorher, suchte Einkehrhäuser auf oder Seelsorger, begab sich an Orte, an denen man sich selbst und seinem Gott begegnen konnte, wie zum Beispiel im Schloß zu Hauptwil, wo Otto Stockmayer die hilfsbedürftigen Menschen empfing. Auf der Suche nach sich und dem ewig Gültigen rang man um die biblische Wahrheit, und das Ringen war gleichzeitig auch ein menschliches Messen der eigenen Kräfte. Auf den Konferenzen wurde um Worte und Details gefeilscht, wie es uns heute seltsam anmutet. Alles mußte ergründet und begründet, verstanden und bewiesen werden. Die Schrift wurde ausgelotet bis auf den Grund, spitzfindige Theologie getrieben und geistlich mit Erfahrungen argumentiert. Aber es war teilweise wie ein Kämpfen von Buben, die beweisen wollten, wie stark sie waren, und wissen wollten, wer recht hat, indem sie miteinander rangen – nach dem Motto: Wenn ich gewinne, dann stimmt das, was ich sage!

Hier war ein Machtwort nötig, ein Machtwort von oben! Hier war einer nötig, der klärend eingreifen konnte, ohne weiter zu polarisieren. Das konnte aber nur jemand sein, der selbst uneigennützig und selbstlos dienend seinen Standpunkt vertrat. Das tat auf seine Weise Otto Stockmayer. Gott hatte ihn dafür ausgewählt und ihm dafür einen Auftrag gegeben. Für diese Aufgabe wurde Otto Stockmayer von Gott zugerüstet. Aber es war ein weiter und mühevoller Weg, bis Stockmayer diese Berufung sehen und annehmen konnte ...

Wie ist das geschehen? Wie ist dieses Leben geworden und wie hat sich im Leben dieses Menschen das Wesentliche herausgebildet?

Ich möchte in meiner Spurensuche tiefer graben und sehen, was hinter dem Vordergründigen steckt. Ich möchte mich ganz in das Leben und die Persönlichkeit Otto Stockmayers hineinversetzen, um diesen Menschen von innen heraus zu verstehen.

Kindheit und Studienzeit
(1838-1860)

Der Wurzelgrund

In Gustav Stockmayer, dem Oberamtmann in Marbach und Vater von Otto Stockmayer, zeigt sich etwas, was den Stockmayers durch die ganze Geschichte ihrer Familie hindurch eigen ist: die äußerst konsequente Haltung und der starke Wille, sich selbst treu zu sein. Es ist eine gewisse Dickköpfigkeit, die nicht immer nur vorteilhaft war, aber geprägt von dem Eifer, einer Sache zu dienen, ehrlich und selbstlos zu sein. Die Stockmayers hatten nie den Ehrgeiz, etwas für sich selbst zu erreichen, Karriere zu machen oder offensichtlich erfolgreich zu sein. Sie setzten sich bis zur Selbstaufgabe leidenschaftlich für etwas ein, stellten ihre Person – und ihre Familie – hinter ein Ziel, uneigennützig schonten sie sich selbst nicht. In dieser konsequenten Haltung eckten sie oft an und brachten sich in Schwierigkeiten. Sei es, daß sie dem Württembergischen König die Herausgabe des Schlüssels für die Landschafts-Kasse verweigerten und lieber für Monate ins Landesgefängnis auf dem Hohenasperg wanderten, oder sei es, daß sie dem Kommandanten des Hohentwiel, Konrad Widerholt, halfen, die Festung gegen eine Überzahl von Feinden zu verteidigen.

So war Gustav Stockmayer ein Mann, der von einer eisernen Disziplin geprägt war, die er zuerst sich selbst, dann seiner Familie und zuletzt auch seiner Umgebung abforderte. Als er beispielsweise am 14. Juni 1843 das Oberamt in Marbach bezog, machte er in der ersten Amtsversammlung nach einer knappen Begrüßung den Anwesenden unmißverständlich klar, daß er gewohnt sei, auf Ordnung zu achten. Und er sprach die Erwartung aus, daß sich die Ortsvorsteher in ihrem Teil danach richteten. Es war mehr als eine Erwartung, das war ein Programm! Und Gustav Stockmayer war entschlossen, diese Ordnung auch zu wahren und durchzusetzen! Mit eiserner Disziplin und eindeutiger Klarheit leitete er das Oberamt, so daß sich nach seinem Ausscheiden in den Ruhestand im Juli 1866 die Ortschaftsräte zu einer Eingabe an das Kon-

sistorium genötigt sahen, doch die Zuwendungen für die Geschäftsführung zu erhöhen. Gustav Stockmayer hatte so gespart, daß sein Nachfolger Mühe hatte, mit dem bisherigen Budget auszukommen.
Diese Disziplin und Härte lebte Vater Stockmayer keineswegs nur nach außen und führte sonst ein gemütliches Leben, wie es manch andere taten. Nein, an erster Stelle verlangte er eine solche Haltung von sich selbst. Sein Leben war von Selbstdisziplin und eisernen Prinzipien geprägt. Dabei war er keineswegs von seiner Grundstruktur her ein harter und autoritärer Mann, ganz im Gegenteil. Wie bei allen Stockmayers hatte er eigentlich ein sehr empfindsames Gemüt und einen weichen Kern – aber den sperrte er hinter einer Mauer von Konsequenz und Strenge ein, so als hätte er Angst, die Kräfte der Unordnung und der Empfindlichkeit würden in ihm die Oberhand gewinnen, wenn er sie nicht mit starker Hand bändigte und fest in einem Käfig verschloß. Aber diese beiden Pole in seinem Leben bildeten eine eigenartige Diskrepanz. So konnte Gustav Stockmayer in guten Momenten sehr fürsorglich, aufmerksam und liebevoll sein und in anderen wieder unnahbar und erbarmungslos. Aber wie gesagt: vor allem gegen sich selbst. Wenn er spürte, daß er weich geworden war und die Gefühle ihn übermannt hatten, dann strafte er vor allem sich selbst, indem er um so mehr von sich forderte.
Am stärksten spürte Otto in der großen Familie mit den neun Kindern solche Schwankungen, hatte er doch selbst diese Art geerbt und von seiner Mutter ein weiches Gemüt mitbekommen. Und dann erlebte er einen Vater, der alles Gemütvolle bekämpfte und von den Gefühlen bedingungslose Unterordnung unter den Willen verlangte. Diese Forderung galt für die ganze Familie – und sie galt vor allem für Otto, der oft seinen Träumen nachhing, schnell in Tränen ausbrach und mimosenhaft empfindlich war. Dagegen kämpfte der Vater an, das durfte er nicht zulassen, er durfte nicht nachgiebig sein, sondern gerade hier mußte er mit großer Entschlossenheit der immer wieder aufbrechenden Hochflut der Gefühle Einhalt gebieten, indem er sie in festgeformte Bahnen zwang oder hinter Staumauern zurückdrängte.
Da sein Sohn Otto gerade die Seite seines eigenen Wesens zeigte, die er selbst an sich nicht leiden konnte und zurückdrängte, mußte er sie bei seinem Sohn aufs Äußerste bekämpfen. Der empfindsame Sohn litt unter der besonderen Beobachtung seines Vaters.

»Ein schwaches Bäumchen, das keinen starken Stamm hat, braucht einen festen Pfahl, an den es gebunden ist, sonst geht es zugrunde«, pflegte der Vater zu sagen, wenn er wieder einmal mit Schärfe seinen Sohn Otto in die Schranken gewiesen hatte, was oft auch mit körperlicher Züchtigung einherging. »Wer seinen Sohn liebt, der züchtigt ihn«, das war eines der unumstößlichen Prinzipien des Vaters. Und er hatte seinen Sohn tatsächlich lieb, er zeigte und sagte ihm das auch immer wieder, was ihn aber nicht daran hinderte, gegen ihn auch schärfste Strafen – »zu seinem Wohl« – zu verhängen. So wurde der Kampf zwischen Gemüt und Stärke, zwischen Gefühl und Wille, in den kleinen Otto eingepflanzt. Auch in seinem Leben sollten sich fortan jene beiden Pole bekämpfen und dieser Widerstreit eine große Rolle spielen.

Die Mutter

Daß der gemütvolle Bereich in Ottos Persönlichkeit nicht zerbrach, hatte er wohl seiner Mutter zu verdanken, die ihn immer wieder ermutigte und aufbaute. Sie war eine warmherzige und liebevolle Frau, die die frohe Seite des Lebens vertrat. Sie redete mit den Menschen, sie bedauerte und litt mit, und wo ihr Mann zu hart und unbarmherzig war, glich sie aus. Sie sorgte dafür, daß die Waage nicht nur zur einen Seite ausschlug, sondern austariert blieb. Sie sorgte für eine gute Stimmung im Hause und war auf eine Atmosphäre der Wärme und Liebe bedacht. Das gelang ihr vor allem dann, wenn ihr Mann nicht zu Hause war. Kam er heim, zog eine Winterkälte mit ein, so daß selbst die Katze ihren Platz unter dem Kachelofen verließ.
Welcher Einsatz an Kraft war nötig, um immer wieder den Ausgleich zu schaffen! Charlotte Stockmayer war ständig um Harmonie bemüht, damit der häusliche Frieden nicht umkippte. Ihr besonderes Augenmerk galt ihrem Sohn Otto. Sie baute ihn immer wieder auf und tröstete ihn. Bei ihr konnte er sich geborgen und sicher fühlen, er durfte so sein, wie er war. Bei seiner Mutter konnte er seinen Tränen freien Lauf lassen und mußte seine Gefühle nicht verstecken. Aber wie kurz nur gab es diesen sicheren Hort im Leben von Otto Stockmayer, wie früh mußte er die tröstende Zuwendung seiner Mutter entbehren. Er war gerade 13 Jahre

alt, als seine Mutter starb und ihn in einer kalten und harten Welt zurückließ.
Auf dem Sterbebett nahm die Mutter ihren 13jährigen Sohn in den Arm und rief unter Tränen aus: »O mein Ottole, wie wird dir's mit deinem weichen Gemüt in der kalten Welt gehen!«
Otto hat vor allem in seiner Jugendzeit tiefes Heimweh nach der Geborgenheit seiner Mutter gehabt und sich nach der Sicherheit in ihren Armen gesehnt. Wahrscheinlich zog sich die Suche nach dem sicheren Hort durch sein ganzes Leben und auch durch sein Lebenswerk.
Seit dem Tod seiner Mutter empfand er sich als heimatlos, vom Leben verstoßen, und überhaupt sah er im Tod immer eine immense Bedrohung. Durch den Tod war ihm einst das geraubt worden, was seinem Leben Ruhe und Wärme gab. Durch ihn war er schutzlos in eine Welt hineingestoßen worden, die für ihn bedrohlich war. Er wollte den Tod überwinden und – so denke ich – er wollte damit auch zurück in die Heimat, von der er damals getrennt wurde. Diese Heimat war für ihn der Himmel auf Erden, nach ihr sehnte er sich ein Leben lang, dafür arbeitete und danach suchte er. Endlich zu Hause zu sein, endlich an einem Ort, wo er nichts leisten mußte und von aller Anstrengung Ruhe fand! Endlich zu hören: »Das hast du gut gemacht!«
Aber dieser Ort blieb ihm zeit seines Lebens verwehrt, und so blieb ihm nichts anderes übrig, als sich nach dem Tod seiner Mutter und der tiefen Heimatlosigkeit, die er empfand, dicht zu machen, diese bedrohlichen Gefühle und Sehnsüchte nun selber zu bekämpfen und in das Innerste seines Herzens einzuschließen. Er zog sich folglich in sich selbst zurück und nahm immer mehr das an, was ihn sein Vater lehrte. Er verlangte fortan von sich selbst Disziplin und Gehorsam und von seinen Gefühlen Unterordnung unter die Macht des Willens. So konnte er später das rühmen, was er bei seinem Vater gelernt hatte, denn sein ganzes Leben war von Selbstdisziplin geprägt, die von sich fast Unmenschliches abverlangte. Aber der Stachel blieb und der Verlust seiner leiblichen Mutter begleitete ihn sein Leben lang und wirkte sich bis hinein in sein theologisches Verständnis aus. So sagte er einmal in bezug auf Christenheit und Kirche: »Wir sind alle Kinder einer todkranken Mutter.«
Und im Blick auf seinen Vater stellte er am Ende seines Lebens fest: »Mein Vater war Oberamtmann in Württemberg, und wir haben von Kindheit an gehorchen gelernt, unbedingt; da gab es keinen Wider-

spruch; das ging durchs ganze Haus.« Immer wieder betonte er, daß er seinem Vater für diese Erziehung dankbar war – auch wenn er dann später einen eigenen Weg ging, der zum Bruch mit seinem Vater führte. So machte sich Otto Stockmayer von seinem Elternhaus auf, die Widersprüche in seinem Leben auszumerzen und ein Leben in Gehorsam zu führen. Doch von dem Augenblick an, als er begann, die gefühlvolle Seite seines Lebens zu bekämpfen und zu unterdrücken, begannen seine ständigen Kopfschmerzen, die sich bis zu einem rasenden Kopfweh steigern konnten, war sein Leben bedroht – nicht nur von außen, sondern vor allem von innen.

In seinem Lebenslauf für die Zulassung zur ersten theologischen Dienstprüfung schrieb er später im Rückblick auf die Seminarzeit in Schönthal, er hätte, verursacht durch ein stärker hervortretendes Kopf- und Unterleibsleiden, für zwei Monate den Besuch der Schule unterbrechen müssen. Aber ein Gutachten des Inspektorats des Seminars wird deutlicher: »Ein Anfall von Schwermuth um des Daseins willen auf einige Zeit mit der Folge einer Kur hat keine Folgen zurückgelassen.« Im selben Zeugnis wird Otto Stockmayer ein guter Charakter bescheinigt: »... Derselbe hatte während seines Seminarlaufs in Schönthal, obwohl unter den Schwächeren, doch stets in Beziehung auf Fleiß und Sitten günstige Zeugnisse und wurde als ein Zögling von ernster Richtung und religiösem Sinne bezeichnet.«

Studienjahre

Otto Stockmayer wird also 1857 zum Theologiestudium in Tübingen zugelassen. Sein Vater versucht zwar mit allen Mitteln für den Sohn einen Platz im Tübinger Stift zu bekommen, wo er versorgt und behütet gewesen wäre, aber vergeblich. Er hat beim Landexamen zu schlecht abgeschlossen, außerdem waren bereits zwei seiner Brüder in den Genuß dieser Vergünstigung gekommen, und der Oberamtmann in Marbach ist zu begütert, um eine Ausnahme zu machen. Auch der Inspektor des Schönthaler Seminars wird eingeschaltet, der schreibt an das Ministerium des Königlichen Schulwesens: »Doch ist seine (Ottos) gemüthliche Affection von der Art, daß es ihm besonders wünschenswerth und heilsam wäre, sich unter einer Zahl gleichgesinnter Freunde, wie dies im

Seminar möglich wäre, zu befinden, da seine dermalige isolierte Stellung seiner Eigenthümlichkeit weniger zusagt.«
Aber es hilft nichts, Otto wird ein ganz normaler Stadtstudent, wie viele andere auch. Hier tut sich eine neue Welt für ihn auf. Nach dem kleinbürgerlichen Leben in Marbach und dem streng reglementierten Ablauf in der evangelischen Klosterschule trifft Otto Stockmayer nun auf ein in seiner faszinierenden Vielfalt schillerndes Leben. Er genießt es, wobei er jedoch immer ein schlechtes Gewissen hat. Es ist so, als würde sein Vater ständig hinter ihm stehen und ihn beobachten. Dann wird es ihm unwohl. Die Unbeschwertheit seiner Kommilitonen beeindruckt ihn, stößt ihn aber gleichzeitig ab. Er versucht mit ihnen zu feiern, besucht fröhliche Feste in den Verbindungshäusern der Burschenschaften und wirft sich fast wie ein Verhungernder in den Trubel hinein. Dann passiert es aber plötzlich, daß er innehält, es ihn schaudert und er in Panik der Freude entflieht. Niemand kann ihn dann zurückhalten, die Freunde schütteln den Kopf. Sie finden ihn allein auf dem Schloßberg, wo er auf die Stadt hinunterschaut und über die Verderbtheit des Menschen sinniert. Er spürt in sich den Zwiespalt zwischen Verlockung und Prinzipien, es tobt in ihm. Er fühlt sich unendlich einsam, dabei will er doch nur einer von vielen sein, sich selbst verlieren, unbeschwert sein, wie die andern auch, nichts Besonderes. Ist er denn etwas Besonderes? Ruht auf seinem Leben eine Berufung, hat Gott seine Hand schwer auf ihn gelegt und führt er ihn nun einsame und verschlungene Wege? Seine Freunde verstehen ihn in diesen Fragen nicht, sie verstehen ihn sowieso nicht, er ist für sie nur der seltsame Heilige, der sich immer wieder mit seinen schwermütigen Anwandlungen zurückzieht. Sie wollen sich von ihm und seiner seltsamen Art nicht in Frage stellen lassen, sie lächeln über ihn und nehmen ihn nicht ernst.
Sie bedrängen ihn, versuchen ihn aus seiner Düsternis herauszulocken, mit ihnen ins Theater zu gehen. Manchmal geht er nach langem Zögern mit und sitzt dann angewidert auf einem der hintersten Plätze und schaut sich an, was die Welt zu bieten hat. Er will wegschauen und sieht doch hin. So ist die Menschheit an ihrer dunkelsten Seite, verdorben, dem Abgrund nahe, verloren. Er aber sehnt sich nach der Wahrheit, nach Klarheit, nach dem reinen Licht Gottes. Er will sich aus diesem Schlamm erheben und die freie und gute Geistesluft Gottes atmen. Er will sich herausheben.

Aber ihm fehlt der Halt, die Konsequenz. Er weiß nicht, woran er sich orientieren soll. Es fehlt ihm der Pfahl, der seinem Leben die Stabilität gibt. Daheim war es sein Vater gewesen, der das Leben durch seine klaren Anweisungen bestimmte und festigte, im Internat waren es die Regeln gewesen, aber hier ist er sich selbst ausgeliefert, und er weiß nicht, wie er dem begegnen, wie er den Zwiespalt der unterschiedlichen Kräfte bewältigen soll.

Er besucht die Vorlesungen der theologischen Fakultät, aber hört auch dort nur viele Fragen. Was ihm so sicher schien, wird zerbrochen, die Grundwerte seines Leben werden relativiert. Er weiß nun gar nicht mehr, was wahr ist und woran er sich halten soll. Er will nicht, daß die Professoren seinen Glauben in Frage stellen. Er sucht ja Halt, die absolute Verbindlichkeit, das oberste Prinzip, an das er sich klammern kann. Statt dessen ist alles beliebig, wird alles zerpflückt und die Bibel zerfetzt – wie er später einmal über diese Zeit bitter urteilte. Glaubenslosigkeit und Beliebigkeit, die er erlebt – bei sich und bei anderen – schmerzen ihn bis ins Innerste, er fühlt sich damit selbst verraten und in Frage gestellt. Wie gehetzt rennt er durch die Gassen der Altstadt, starrt lange in die dunklen Abwässer der Ammer und fühlt sich schmutzig. Er steht auf der Neckarbrücke und zweifelt daran, daß dieses Leben einen Wert hat. Er ist auf der Suche und weiß nicht, was er eigentlich sucht. Er hat das Gefühl, als gehöre er nicht hierher, nicht in diese Welt. Dieses Empfinden verfolgt ihn, wohin er auch geht.

Er sucht Rat bei einem väterlichen Freund, er braucht dessen Bestätigung, dessen Anweisung. Auf seine Empfehlung hin beginnt er mit Malen und zeigt dabei auch Begabung. In der künstlerischen Hingabe erfährt er eine gewisse Entlastung, vergißt sich für eine Zeit, um dann aber um so mehr wieder aufzuschrecken und sich von seinem eigenen, vergänglichen Werk angeekelt abzuwenden.

Er will sich selbst aufgeben und dem Bemühen um das eigene Leben entfliehen. Da kommt es ihm gerade recht, daß wegen drohender Kriegsgefahr 1859 die Studenten zur Musterung aufgefordert werden. Er meldet sich zum Militär, genauer: zum Königlich Württembergischen Offizierscorps. Dort werden andere über ihn bestimmen, er wird endlich frei sein von den Fragen, die ihn beschäftigen. Aber die Zeit währt nur kurz, die kritische Situation ist vorbei und die Kasernen leeren sich wieder. Otto Stockmayer will beim Militär bleiben, dieses Leben fasziniert ihn und entspricht ihm: Disziplin und Selbstbeherrschung beruflich auszuüben. Aber der väterliche Freund spürt wohl, daß es eine Flucht ist – eine Flucht vor sich selbst, und rät ihm deshalb mit großer Bestimmtheit, das Studium der Theologie zu Ende zu führen. Stockmayer will nicht, er will nicht zurück. Da hilft nur der Druck: »Tun Sie, was Ihr Vater von Ihnen möchte!« Das greift, er geht zurück und beendet sein Studium der Theologie. Er muß es ja.

Die Prüfungspredigt

Überhaupt, der Vater! Ständig ist er in den Gedanken Ottos präsent, wie ein Kontrolleur und Wächter sitzt er dem jungen Mann im Genick. Dem Vater war ja sehr wichtig gewesen, daß sein Sohn Theologie studiert und Pfarrer wird. Er hatte ihn in das Seminar nach Schönthal gebracht, der Kaderschmiede für den Theologennachwuchs. Er hatte ihn gedrängt, das Theologiestudium zu beginnen und ihn gezwungen weiterzumachen, als Otto lieber in den Militärdienst übergewechselt wäre.

Es fällt auf, daß Otto nicht nur theologische Vorlesungen besucht. Er hört Physische Anthropologie, Metaphysik, Experimentalphysik, Arithmetik und Geometrie. Er sucht, er ist noch nicht festgelegt. Er »löckt wider den Stachel« und wehrt sich wie ein Pferd, das an die Kandare genommen und zugeritten werden soll. Das Leben, das eigene Leben bäumt sich in ihm auf.

1860 ist die erste Hürde auf dem Weg zum Ziel erreicht, Otto Stockmayer absolviert sein erstes theologisches Examen.

Für seine Prüfungspredigt in der Tübinger Schloßkapelle wählt er den Text Offenbarung 22,10-13. Schon hier, zu Beginn seines öffentlichen Wirkens, so, als würde ihn eine Ahnung seiner zukünftigen Tätigkeit erfüllen, predigt er wortgewaltig über den Vers »Die Zeit ist nahe!« Bereits jetzt stimmt er das große Thema seines Lebens an; noch bevor er die Wahrheit ganz erfaßt hat, spricht er sie aus; die Grundmelodie seiner Verkündigung klingt an wie in einer Ouvertüre, noch verborgen, ungenau und sehr allgemein. Aber er predigt Buße und legt mit eindringlichem Ernst seinen Zuhörern die Entscheidung vor, die das Kommen des Herrn bedeutet, er spricht kühn über das Gericht: »Gott wird nach der Gesinnung richten, er wird die geheimsten Gedanken der Menschen, ihren tiefsten Herzensgrund aufdecken und einem offenen Gericht unterwerfen ... Gott wird Rechenschaft verlangen für jeden Gnadenruf und jedes stille Anklopfen des Geistes, das der Mensch unbeachtet vorübergehen ließ.«

Otto predigt mit donnernden Worten das Gericht. Wie werden das seine Prüfer gehört haben? Wie hat das aus dem Mund eines jungen Predigtamts-Candidaten geklungen?

Der kennt noch nicht die erbarmende Gnade und die befreiende Erlösung von Jesus Christus in seinem eigenen Leben, er ist noch ganz in der Gerichtsankündigung des Alten Testamentes, er ist wie ein alttestamentlicher Mensch, ein Prophet, der noch nichts von der Liebe Gottes erfahren hat und der unter der Last des Gerichtes leidet. Für ihn ist Gott der strenge, unnahbare Vatergott, den er als unbestechlichen Richter kennt – so wie er seinen eigenen Vater erlebt.

Otto Stockmayer predigt mit Furcht und Zittern, er predigt sich selbst das Gericht Gottes: »Der Tag des Herrn ist nahe! Darum möge der Lässige und Gleichgültige ernst machen mit Buße und Umkehr, solange der angenehme Tag des Heils nicht unwiederbringlich verloren ist! ... In dem Gottlosen und Verstockten aber mögen diese Worte als nagender Todeswurm den Fluch vollziehen, der die Sünde durch Sünde straft, um sie in ihrer ganzen abgründlichen Tiefe ans Licht treten zu lassen.«

Die Prüfer, Theologieprofessoren und Pfarrer werden sich bei diesen Worten mit einem Kopfschütteln angeschaut haben. Ein Kandidat, der es sehr ernst meint und sich dabei übernimmt, der große Worte führt, ei, ei! Das wird sich aber noch abschleifen müssen! Ja, ja, der Überschwang und die Maßlosigkeit der Jugend!

Otto schließt seine Predigt mit der Zuspitzung: »Die Gottlosen sollen sich austoben, denn auch ihr Ziel ist unverrückbar gesteckt. Auch sie werden zuletzt zitternd vor der furchtbaren Majestät dessen, den sie gelästert, sich beugen und anerkennen müssen, daß er das A und das O, der Anfang und der Schlußpunkt aller Zeiten ist. Er wird sie ausscheiden als unnütze Glieder an dem neuen verklärten Leibe; eine Herde und ein Hirte wird dann sein und Gott alles in allem. Amen!«

Otto ist triefnaß vor Schweiß, er zittert am ganzen Körper. Er will keine Reaktion hören, nur sich in die Einsamkeit zurückziehen, seine eigene Predigt nachklingen lassen. Die, die sie bewerten sollen, sind sich nicht einig, was sie über diesen jungen Theologen sagen sollen. Die einen halten ihn für einen überzogenen Spinner, die anderen beruhigen mit der Feststellung: »In ein paar Jahren sieht das anders aus.« Beide sollten nicht recht haben. Es war der Anfang Gottes, der seine Hand auf Otto Stockmayer gelegt hatte, eine Hand, die der junge Mann deutlich spürte, der er gern ausweichen würde, die er aber nie wieder loswerden sollte – wo Gott den Anfang setzt, kommt er auch durch Umwege ans Ziel.

Die Bekehrung und ihre Folgen
(1862)

Der fromme Kandidat

Otto Stockmayer ist verwirrt und unruhig. Er hat nun das theologische Examen in der Tasche, weiß aber nicht, was er damit anfangen soll. Er hat ja nicht unbedingt den Wunsch, Pfarrer zu werden. Er kann es sich nicht vorstellen, einer Gemeinde vorzustehen, er will lieber frei sein, ohne die Zwänge eines kirchlichen Amtes. Zudem fühlt er sich dieser Verantwortung nicht gewachsen, wenn er sieht, wie die Pfarrer gleichzeitig als Beamte des Königlichen Konsistoriums Hüter der öffentlichen Ordnung, Moral und Sitte sind.
Er lebt nach wie vor in einem Zwiespalt zwischen innen und außen. Er wird von anderen ganz anders gesehen und bewertet, als er sich selbst sieht und beurteilt.
»Sie sind frömmer als das ganze Evangelische Stift in Tübingen!«, wird zu ihm gesagt. »Ich und fromm?« Er kann es nicht glauben. Er kommt sich zerrissen vor, sein Glaube an Gott ist schwächer als vorher, er zweifelt und stellt sich selbst in allem in Frage, was ihm heilig und wertvoll ist. Er weiß nicht, wer er ist, an was er sich halten und was er glauben soll.
Die anderen sehen in ihm den jungen Mann, der um Gott ringt, der alles recht machen möchte und dabei von Skrupeln und Zweifeln auch dort geplagt wird, wo andere schon längst mit einem Schulterzucken darüber hinweggegangen wären.
Dann erreicht Otto Stockmayer die Anfrage, Hauslehrer in der französischen Schweiz zu werden. Eine aristokratische Familie sucht einen frommen Mann als Lehrer für die beiden Kinder des Hauses. Nach einigem Zögern sagt er zu. Was soll er sonst auch tun? Es ist besser, weit weg zu sein, irgendwo ganz anders, er hat ja sowieso keine Heimat wohin er gehört. Er hat ja nicht einmal sich selbst – dann ist es ja egal, wo er lebt und was er tut.
Für Otto ist es eine gute Gelegenheit, aus all den bedrängenden Fragen in die ruhige Hauslehrerstelle zu fliehen. Er beantragt beim Konsisto-

rium einen Urlaub für zwei Jahre. Auch für die Kirchenleitung ist es eine willkommen Lösung, denn seit seiner Prüfungspredigt sind sich die hohen Herren unsicher, was sie mit ihm anfangen sollen. Im Ausland kann der junge Mann seine steilen Aussagen einmal im Leben überprüfen, ohne der Gemeinde zu schaden – hoffentlich würde er selbst geläutert zurückkehren. Aber sie geben ihm nur ein Jahr Urlaub, er soll nicht zu lange fortbleiben, wer weiß, welche Wege er sonst einschlagen würde.
Auf dem Weg in die Schweiz besucht er Dorothea Trudel in Männedorf, eine fromme Frau mit der Gabe in die Herzen der Menschen zu sehen. Er hat viel von ihr gehört, aber er erwartet nichts von dieser Begegnung. Dazu ist er zu aufgeklärt durch sein Studium, als daß er mit einem direkten Eingreifen Gottes rechnen würde. Aber er hat viel von der Ausstrahlung dieser Frau gehört. Und er sehnt sich – nach was? Nach einer Frau wie seine Mutter? Nach liebevoller Geborgenheit, nach Heimat in der Annahme einer mütterlichen Frau? Oder sehnt er sich nach einem Beweis der Liebe Gottes, einem direkten Zuspruch Gottes, der seinen Zweifel besiegt und seine vielen Fragen augenblicklich austilgt?
Er erfährt jedenfalls viel Zuwendung, »Jungfer Trudel«, wie sie genannt wird, nimmt sich Zeit, redet und betet mit Otto Stockmayer. Und es ist so, als ob in diesen kostbaren Stunden der Lichtschein aus einer anderen Welt in das fahle Dämmerlicht seines Leben fällt. Äußerlich ändert sich nichts, aber der Keim für ein Neues ist gelegt. Diese Begegnung ist ihm eine Erinnerung an seine verstorbene Mutter; innerlich ruhiger und gefestigter kann er seine Stelle in der Schweiz antreten.
Als Hauslehrer geht es ihm gut. Die Lerninhalte, die er vermittelt, schärfen seinen Geist. Er kann das anwenden, was er gelernt hat, und sich dabei noch einmal mit allem beschäftigen. Er hat viel Ruhe im Haus und Zeit für sich, und doch ist er eingebunden in eindeutige und klare Regeln. Das Leben im Schloß ist eher kühl und distanziert; das kommt ihm entgegen, er muß sich nicht öffnen und preisgeben, er kann sich ganz seiner Aufgabe widmen.
Doch ihm wurde aufgetragen, nicht nur zu lehren, sondern auch zu erziehen, Persönlichkeiten heranzubilden, und das tut er auch. Er tut es, wie es sein Vater getan hat: mit Strenge und Disziplin, mit klaren Regeln und eisernen Prinzipien, so bläut er Gehorsam und Selbstverleugnung in die Kinderherzen ein. Ob ihm dabei klar wird, daß er nur seinen Vater nachahmt, er nur wiederholt, was er selbst erfahren hat? Was will er denn

sonst den Kindern vermitteln an Herzensbildung, an Persönlichkeit und innerer Stärke, wenn er solches selber nicht hat? Wenn er selbst ein Leben führt, das wie von einem äußeren Korsett gestützt wird, von Regeln und Maßgaben, die äußere Verstrebungen sind und etwas zusammenhalten, was nicht gefüllt ist – noch nicht gefüllt ist? Er ist somit ein Zuchtmeister, der Verhalten trainiert, aber kein Lehrmeister, der die Persönlichkeit formt. Ob ihm das bewußt war?

Dann ist seine Arbeit im Schloß beendet, seine Aufgabe erfüllt. Die Eltern sind mit ihm zufrieden, er hat den beiden Kindern das beigebracht, was ihnen für ihr Leben Bildung, Halt und Stabilität geben sollte.

Als er sich von seinen Auftraggebern verabschiedet, ist er stolz auf seine Leistung, er hat ja schließlich etwas erreicht. Trotzdem schmerzt ihn das Weggehen, er hatte in seiner Tätigkeit Bestätigung und auch ein wenig Heimat gefunden. Um so mehr trifft ihn der mitleidige Ausruf der Dame des Hauses: »Ich habe Angst um Sie – was soll nur aus Ihnen werden!« Wieder ist es eine mütterliche Frau, die ihn ansieht und sein Herz erreicht. Das äußere Gebäude stürzt wie ein Kartenhaus zusammen, er fühlt sich erkannt, durchschaut. Otto Stockmayer ist wieder tief verunsichert und weiß, daß das, was er lebt, nur ein äußerer Anschein ist, der nicht mit Substanz gefüllt ist. Er hat etwas gelehrt, was er selbst nicht füllen und leben kann. Die Flucht ist zu Ende, er hat sich selbst eingeholt und sieht nun die Wahrheit, er kann sich selbst nicht länger ausweichen. Er begegnet der unerbittlichen Wahrheit – und er begegnet damit auch Gott. Er weiß, daß Gott sich ihm in den Weg stellt, der eine Antwort will, der nicht länger zuläßt, daß Otto Stockmayer seine eigenen Schritte geht und so tut als ob.

Gott kann er nichts vormachen, der hat ihn erkannt und entlarvt. Er weiß, jetzt geht es ums Ganze, jetzt kann er nicht mehr andere für seinen Zustand verantwortlich machen, nicht mehr erwarten, sein Vater würde für ihn die Entscheidungen übernehmen, und er kann sich auch nicht mehr wünschen, er könnte sich in den schützenden Armen seiner Mutter bergen. Ein Moment, um sich für ein reifes Handeln zu entscheiden, jetzt ist er selbst gefragt.

Es ist ein Augenblick im Leben eines Menschen auf der Wasserscheide zwischen Vergangenheit und Zukunft; in diesem Augenblick hält das Rad der Geschichte im Lebenslauf eines Menschen inne, bevor es sich weiterdreht. Wohin geht es, voran oder zurück?

Otto Stockmayer tut in dieser bedeutungsvollen Stunde zweierlei: Er nimmt sein eigenes Leben selbst in die Hand. Er übernimmt die Verantwortung für sich und stellt sich zu sich selbst. Und das Zweite ist: Er nimmt sein Leben, zerbricht es wie einen dürren Ast und wirft es Gott vor die Füße – so erzählt er später von jenem Moment.
Gott hat ihn eingeholt und ihn überwunden, und nun gehört sein Leben dem himmlischen Vater. Er handelt zwar zunächst wie ein trotziger Bub, aber er hat nun seinen starken Willen an den Willen Gottes gebunden, noch mehr: ihm untergeordnet. Er gibt den Kampf gegen sich selbst auf und hat nun, indem er sich als Besiegter dem Sieger unterwirft, die Zuordnung, die er gesucht hat, vor der er aber so lange geflohen war. In Gott hat er den Halt und die Sicherheit gefunden, die er braucht. Seinen starken Willen und seine Kraft würde er in Zukunft einsetzen, um Gott zu dienen.
Und Gott? Gott hat von nun an einen starken Kämpfer auf seiner Seite, der mit aller Energie für ihn eintritt. Einen Kämpfer, der entschlossen für ihn streiten wird. Das wird kein einfacher Weg: Gott hat einen konsequenten und unbedingten Streiter gewonnen, den er immer wieder vor eigenmächtigen Wegen bewahren und zurückpfeifen muß. Und Stockmayer hat einen himmlischen Vater gewonnen, mit dem er streiten, ringen und für den er sich bedingungslos einsetzen kann.
Ja, er will ein unermüdlicher Kämpfer für Gott und gegen Tod und Teufel sein – Gott soll mit ihm zufrieden sein können!

Der eigene Weg

Aber dieser Vorgang, der hier so gewaltig und erhebend aussieht, hat noch eine ganz andere, eine dunkle und schwere Seite. Auf diese Seite bin ich gestoßen, als ich im Archiv der Württembergischen Landeskirche nach Otto Stockmayers Personalakte geforscht habe.
Darin ist ein ausführlicher Briefwechsel erhalten, der einige Brisanz ahnen läßt; Otto zahlt für diesen entscheidenden Schritt in seinem Leben einen hohen Preis.
Das Jahr der Beurlaubung vergeht und Otto meldet sich beim Konsistorium nicht zurück. Die oberste Kirchenbehörde fragt beim Dekan von Marbach nach, der erkundigt sich wiederum beim Vater von Otto, dem

gestrengen Oberamtmann. Dem Vater ist es sehr peinlich, daß sein Sohn nichts von sich hören läßt, er ist ja ein pedanter Mensch. Er versucht die Sache beim Dekan herunterzuspielen: »Er wird sich schon noch melden.« Der Dekan reibt sich schadenfroh die Hände, die beiden Herren, die weltliche und die geistliche Gewalt, sind sich nicht sehr gewogen. Endlich hat der Dekan einen schwachen Punkt beim sonst so untadeligen Oberamtmann gefunden. Der ärgert sich maßlos, daß ihm sein Sohn diese Schwierigkeiten bereitet. Er fordert ihn zur Rückkehr auf, aber Otto weigert sich. Er sieht einen anderen Weg vor sich, er will noch nicht zurückkehren; er ist noch nicht »durch«, er hat noch nicht gefunden, was er suchte. Der Gedanke an eine Rückkehr zu diesem Zeitpunkt stürzt ihn in namenlose Panik. Er fragt um eine Verlängerung seines Auslandsaufenthaltes an, er will sogar noch ein Jahr in England verbringen.

Das Gesuch bleibt irgendwo hängen – hält der Vater es zurück, weil er mit dem Ansinnen seines Sohnes nicht einverstanden ist?

In diesem Bittgesuch begründet Otto Stockmayer seinen Auslandsaufenthalt damit, daß sein Interesse sowieso mehr ins Lehrfach tendiere und er sich gern der Erziehung von Knaben widmen möchte. Dazu wäre eine Vervollkommnung seiner Sprachkenntnisse sehr geeignet. Aber sein Vater? Er möchte unter allen Umständen, daß sein Sohn Pfarrer wird.

Vom Konistorium kommt eine Vermahnung: »Der unentschuldigt fernbleibende Candidat ist unter Hinweisung auf den Erlaß vom 28. Januar d. J. aufs neue an die bestehende Ordnung zu erinnern, die einem Prädikanten der Landeskirche nicht gestattet, ohne Vorwissen und Genehmigung seiner Dienstbehörde beliebig seinen Aufenthalt im Ausland zu nehmen.«

Der Vater steht unter Druck. Wieder drängt er seinen Sohn, sofort heimzukehren und seinen Dienst in der »vaterländischen Kirche« anzutreten. Der Vater bittet, er droht, aber Otto ist weit entfernt, er ist auf der Suche nach seinem eigenen Weg.

Der Vater ist in Bedrängnis – was soll er dem Dekan sagen? Er hält den geistlichen Herrn hin und teilt ihm mit, daß sein Sohn bald zurückkommen werde, um dann alles zu regeln. Aber innerlich ist der Oberamtmann voller Zorn auf seinen Sohn, wie kann der ihn nur in eine solch peinliche Situation bringen!

Die Lage wird brenzlig; Otto hat immer noch nicht um die Verlängerung seiner Beurlaubung nachgesucht, und die Zeit verstreicht. Dann endlich kommt Otto heim, er stellt sich den Vorwürfen seines Vaters, es gibt heftige Auseinandersetzungen im Hause Stockmayer. Otto ist jedoch inzwischen so gefestigt, daß er seinem Vater Paroli bieten kann. Der Streit endet mit einem Kompromiß: Otto Stockmayer verfaßt eine Eingabe an das Konsistorium, in dem er sich für das bisherige Schweigen entschuldigt, aber auch auf das Gesuch hinweist, das wohl verlorengegangen sei. – Der Dekan kommentiert in einer Randbemerkung, daß dieser Brief nicht durch die Schuld des Dekanatamtes nicht angekommen, sondern im Stockmayerschen Haus abgängig gewesen sei. – In diesem Anschreiben bittet der junge Predigtamts-Kandidat Otto Stockmayer nun um eine Verlängerung seines Urlaubs um mehrere Jahre. Und er hält offen, ob er dann nicht überhaupt ins Lehrfach überwechseln will, statt in den Pfarrdienst zu gehen.
Otto hat sich seinem Vater gegenüber durchgesetzt, wenn es auch kein vollständiger Sieg war, sondern nur ein Vorbehalt. Otto reist, gestärkt aus diesem Kampf, in die französische Schweiz zurück. Er fühlt sich freier als vorher, frei und unabhängig, er kann tun und lassen, was er will.
Der Marbacher Dekan fügt dem Gesuch von Otto Stockmayer die Bemerkung hinzu: »Der Predigtamts-Candidat hat sich so völlig dem Kult der französischen Sprache und Literatur ergeben, und auch in seinen Memoiren sich dem französischen Wesen so assimiliert, daß es wohl besser ist, wenn er sich, wie er die Absicht hat, nunmehr ganz dem Lehrfach widmet.«
Und das »hochpreisliche Consistorium« vermerkt: »... daß ihm der erbetene Urlaub zu Reisen nach England und Frankreich hindurch auf 1 Jahr verlängert werde, nach dessen Umfluß er sich zu entscheiden hätte, ob er vom Kirchendienst abstrahieren und ins Lehrfach übergehen wolle.«
Der Vater spürt, daß er seinen Sohn verloren hat. Er ist ein anderer geworden, er ist dem Vaterhaus entwachsen. Und nicht nur dem Vaterhaus – auch der vaterländischen Kirche! Otto Stockmayer ist nun auf der Suche nach der Mutter Kirche, nach der Braut, nach der wahren Gemeinde. Er ist ja in jenem Schloß am Neuchâteler See Jesus begegnet, und dadurch hat sich sein Leben verändert. Er hat ihm sein Leben gege-

ben, deshalb gehört er niemandem sonst. Er will seinen eigenen Weg gehen in der Nachfolge Jesu, seinen eigenen Glauben leben und Gott in Freiheit dienen.
Die Gemeinschaft, in der er sich wohl fühlt, findet er in der freien waadtländischen Kirche, dort wurzelt er sich ein. Seinem Vater bleibt nichts anderes mehr übrig, als am 13. Oktober 1863 ein Schreiben seines Sohnes dem Dekan in Marbach zu übergeben:
»Hochpreisliches Consistorium! Nachdem Unterzeichneter sich als Mitglied der freien Kirche des Waadtlandes eingeschrieben hat, sieht er sich veranlaßt, bei seiner Kirchenbehörde um Entlassung aus dem Württembergischen Kirchendienst ergebenst nachzusuchen. Ehrerbietigst, Otto Stockmayer, Theol.cand.«
Nun sind die Träume des Vaters endgültig geplatzt, und die Verbindung zu seinem Sohn ist abgebrochen, sie haben sich nichts mehr zu sagen. Der Vater nimmt die Schmach an, vor dem Dekan als ein »verlorener Vater« dazustehen, der in dem Schreiben des Sohnes auch gleichzeitig seine eigene Kapitulation überreicht.
Das königliche Konsistorium zieht den Schlußstrich, indem der Dekan angewiesen wird, dem Vater die Entlassung des Sohnes aus dem vaterländischen Kirchendienst zu eröffnen.
Und Vater und Sohn sind von diesem Augenblick an zwei fremde Menschen.

Auf der Suche nach der wahren Kirche

So wie eine Kanonenkugel, einmal abgefeuert, in ihrer vorgezeichneten Bahn läuft und sich nicht ablenken läßt, bis sie ihr Ziel erreicht hat, so ist nun auch Otto Stockmayer in Bewegung geraten.
Seit dem geistlichen Durchbruch ist alles anders. Die Schallmauer ist durchbrochen und Stockmayer ist in einen Raum der Ruhe eingetreten – aber es ist noch nicht ruhig geworden in ihm. Er weiß zwar nun, worauf es ankommt, er weiß, was er will, er hat sich selbst gefunden und spürt die starken Kräfte, die Gott in ihn gelegt hat. Diese will er wecken und einsetzen. Doch weiß er noch nicht wofür. Er hat einen Gott, dem er nun alle Zweifel und Bedenken unterordnen kann, aber wie soll er ihm dienen? Gott hat ein Ziel und diesem Ziel wird sich in Zukunft alles

fügen müssen, das gibt ihm Ausrichtung und Orientierung und dadurch Halt und Stabilität. Die eigene Empfindsamkeit und Empfindlichkeit wird in den Hintergrund gedrängt vor der großen Herausforderung, die vor Otto Stockmayer liegt.
Und Stockmayer ist konsequent und kompromißlos, wie es eben seine ureigene Art ist. Was er tut, das tut er ganz, es gibt keine Halbherzigkeit in seinem Leben.
Er sucht sich seine Wirkungsstätte in einer Kirche, die genauso entschieden und kompromißlos ist wie er. Die damalige Landeskirche kommt dabei für ihn nicht in Frage. Durch ihre Auflösungstendenzen und bibelkritischen Ansätze repräsentiert sie für ihn nicht den Gott, den er als den lebendigen und starken Gott erfahren hat, der ihn überwältigte. Ganz bewußt wählt er nicht den einfachen, sondern einen steinigen und mühevollen Weg, alles andere ist ihm zu wenig.
Er trifft in rascher Folge einige sehr grundsätzliche Entscheidungen: Er tritt der freien Kirche des Waadtlandes bei und ersucht dort im Konsistorium in Genf um eine Arbeitsstelle als Pastor. Entschlossen bricht er mit seinem früheren Leben, er ist ein anderer geworden. Deshalb läßt er sich, der als Kind schon einmal die Taufe empfangen hatte, noch einmal taufen. Das ist das Zeichen dafür, daß das Bisherige nicht zählt und er nun wirklich neu geboren ist. Das bedeutet natürlich auch den Bruch mit seiner Württembergischen Kirche, aus der er damit austritt.
Und er wirft sich mit Hingabe in seine neue Aufgabe. In der französischen Schweiz ist er nun zu Hause, dort liegt sein Tätigkeitsfeld. Er predigt und evangelisiert mit großem Segen und mit viel Eifer zuerst in Tavannes, dann am »Oratoire« in Genf und schließlich, nach seiner Eheschließung, in L'Auberson bei St. Croix auf den Höhen des Schweizer Jura in unwegsamem und unwirtlichem Gebiet.
Es kann für ihn nicht schwierig genug sein! Er schont sich nicht, geht weite Strecken zu Fuß, besucht seine Gemeindeglieder und predigt gewaltig, beeindruckend. Die Menschen strömen zu ihm, für sie ist er ein Apostel, den sie verehren. Ein großer neuer Versammlungsraum muß in L'Auberson gebaut werden, damit die Menschen Platz haben, die ihn hören wollen. Hier zeigen sich die ersten Anzeichen seines kommenden Dienstes.
Aber Otto Stockmayer ist nicht zufrieden. Nicht mit sich und nicht mit dem, was Gott an diesem Platz mit ihm tun kann. Es soll noch mehr

sein, er will noch mehr erreichen und noch mehr von Gottes Herrlichkeit erleben! Der weite Raum einer großen, verzweigten Gemeinde wird ihm bald zu klein, die Herausforderungen sind schnell zu Ende. Stockmayer setzt sich nicht nach den ersten schnellen Erfolgen zur Ruhe, er ahnt, daß er einen Auftrag hat, der größer ist als das, an was er gerade arbeitet. Es genügt ihm nicht, er eifert für den Herrn wie einst Paulus, genauso ist er ein Kämpfer für das Recht Gottes, ein Kriegsmann, der ständig nach neuen Kampfplätzen sucht und sich nicht mit Geplänkeln zufrieden gibt. Er will alles, vor allem den großen Sieg für Gott, den Durchbruch des Reiches Gottes, den gewaltigen Einbruch der Herrschaft Gottes in diese Welt.

Stockmayer hört von Erweckungsversammlungen in England. Sofort spürt er, daß das seine Sache ist. Was dort geschieht, fasziniert ihn und zieht ihn an. In einer Ausschreibung zur Konferenz liest er: »In jedem Teil der Christenheit hat der Gott aller Gnade vielen Seiner Kinder ein Gefühl tiefer Unzufriedenheit mit ihrem gegenwärtigen geistlichen Stand und eine starke Überzeugung davon gegeben, daß die Wahrheit, welche sie glauben, eine Macht über ihre Herzen und ihr Leben ausüben könnten und sollten, die weit über alles hinausginge, was sie bisher erfahren haben …« Das ist ihm wie aus dem Herzen gesprochen! Otto Stockmayer vernimmt diese Sätze als erste Signale für den Aufbruch der Gemeinde und für den Anbruch des neuen Tages. Da muß er einfach dabei sein! Er setzt alles ein, damit er persönlich eine Einladung zu den Versammlungen bekommt, die in Oxford stattfinden. Dort drängt es ihn hin.

Daß dabei seine junge Frau und die beiden Kinder, die ihnen in raschem Abstand geschenkt werden, zu kurz kommen, erkennt er nicht. Er schont ja auch sich selbst nicht, wie sollte er dann seine Familie schonen? So bleibt die zarte Frau mit ihren beiden kleinen Kindern viel allein, sie muß ihren Mann ziehen lassen, der auf den geistlichen »Schlachtfeldern« dieser Welt Gott dienen möchte.

Die Berufung in Oxford: ein Leben für die Heiligung (1874)

Das unruhige Herz

Otto Stockmayer strebt nicht nur nach einer Erneuerung der Christenheit, auch für sich selbst will er mehr von Gott, mehr von seinem Heiligen Geist, mehr Vollmacht und geistliche Kraft. Er will alles – damit er alles geben kann. Stockmayer ist mit sich selbst und mit seinem Glauben noch nicht zufrieden. Er sehnt sich danach, daß dieser Gott, dem er dient, der ihn überwunden hat, nun auch ganz von ihm Besitz ergreift und er ihm nicht nur mit seinen Gedanken und seinem Willen nachfolgt, sondern daß er auch in seinem ganzen Wesen umgestaltet und erneuert wird und dem mächtigen Gott in leidenschaftlichem Feuer, von ganzem Herzen, mit allen Kräften und mit seinem Gemüt dienen kann. Er wünscht sich eine grundsätzliche Erfahrung des Heiligen Geistes. Er hört in Berichten, welche Auswirkung die Geisterfahrung bei anderen Menschen hatte – das will er auch erleben!

Kommt hier der Teil seines Wesens zum Ausdruck, der bisher eher klein gehalten und verdrängt wurde? Meldet sich jetzt der Bereich seiner Persönlichkeit zu Wort, der nach Erfahrung, nach Nähe und dem direkten Erleben hungert? Zeigen sich hier die Gefühle, die sonst im Leben von Otto Stockmayer eine untergeordnete Rolle spielen?

Otto Stockmayer fährt mit dem tiefen Wunsch im Herzen nach England, als ein Beschenkter und Erfüllter zurückzukehren.

Wieder treffen wir an diesem entscheidenden Moment im Leben von Otto Stockmayer auf die beiden Bereiche, die in ihm in einem inneren Zweispalt stehen: Wollen und Fühlen, Entschlossenheit und Ergebung, selber machen und geschenkt bekommen, drängen und warten, kühn vorangehen und hoffnungsvoll vertrauen.

Stockmayer sehnt sich danach, frei von dem inneren Zweikampf des ständigen Ringens mit sich selbst zu werden. Er wünscht sich nichts mehr, als daß Ruhe in ihm einkehrt, die Ruhe Gottes. Er will sich ganz aufgeben, er will ganz überwältigt werden von Gott, so daß er nichts mehr – auch sich selbst nicht mehr in der Hand hat. Von ganzem Herzen erhofft er, vom Heiligen Geist ergriffen zu werden …

In Oxford erlebt Otto Stockmayer eine Konferenz mit einem dichten, durchgeplanten Programm. Ungefähr dreitausend Menschen aus den verschiedensten Kirchen und Denominationen versammeln sich vom 29. August bis zum 7. September 1874 zu den sogenannten »Segenstagen von Oxford«. Stockmayer ist einer der Teilnehmer. Mit offenen Ohren und einem bereiten Herzen nimmt er die Botschaften der Konferenzredner auf. Es sind dies Robert Pearsall Smith aus Amerika, Theodor Monod und W. E. Boardman, die besonderen Nachdruck auf die Lehre von der fortschreitenden Heiligung legen. Sie betonen, die Heiligung bestehe nicht im krampfhaften Festhalten von Geboten, sondern setzen die völlige Hingabe in den Dienst Christi voraus. Sie appellieren dabei nicht an etwaige Gefühlsregungen, sondern an den Willen, sein ganzes Wesen Gott als lebendiges Opfer zu übergeben. Erst dann findet man zur Ruhe in Jesus und nimmt zu an der inneren Erkenntnis. Mit der Erkenntniszunahme wird auch die Hingabe vollkommener und der Gläubige befindet sich auf dem fortschreitenden Weg der Heiligung zu dem »höheren christlichen Leben«. Bei allen Ansprachen und Predigten wird auf eine sofortige Hingabe gedrängt, immer wieder wird ausgerufen: »Jesus errettet jetzt!«

Stockmayer gefallen diese Gedanken, sie entsprechen ihm, er saugt alles auf wie ein Schwamm, ist unersättlich, will immer mehr. An allen Veranstaltungen nimmt er teil. Aber er will vor allem erfahren, daß ihn die Worte auch erreichen, er will sie nicht nur in seinen Gedanken bewegen, sondern in seinem Herzen spüren.

Am zehnten Tag der Versammlung geht es um die Taufe im Heiligen Geist. Jetzt wird es ernst! So wie die Jünger Jesu am zehnten Tag nach der Himmelfahrt ihres Meisters vom Heiligen Geist erfüllt wurden und dann predigen und Wunder tun konnten in göttlicher Vollmacht, will auch er erfüllt werden, um so wirken zu können wie sie.

Aber Otto Stockmayer wird dieses Geschehnis nicht zuteil, zumindest nicht so, wie er es sich vorgestellt hat.

Wenn er hört, die Voraussetzung für die Geisterfüllung sei die gründliche Reinigung und die völlige Hingabe, prüft Otto Stockmayer sein Herz und zermartert seine Gedanken: Was muß er noch tun, damit Gott ihn beschenken kann? Er ist zu allem bereit. Der Konferenzredner Smith verkündigt die Geistestaufe des Gläubigen als die höchste Stufe des christlichen Daseins – die will Otto Stockmayer erreichen, darunter will er nicht bleiben. Nun beginnen qualvolle Stunden. Stockmayer erlebt, wie andere Teilnehmer von einem ständig anschwellenden Strom der Begeisterung erreicht werden, aber er steht abseits und ist nur Zuschauer. Es sind Stunden und Tage schwerer innerer Not, und es scheint, als ginge der Herr an ihm vorüber und hätte keinen Segen für sein durstiges Herz. Sollte er wirklich leer bleiben, unverrichteter Dinge heimfahren, sich allein an der Gnade Gottes genügen lassen?

Da erreicht ihn plötzlich in einer nachmittäglichen Gebetsversammlung wie ein Blitz aus dem Himmel die Erkenntnis: Du kannst Gott vertrauen! Es war, als ob Gott zu ihm sagen würde: »Laß los, du mußt dich nicht bemühen, du mußt nicht für dich kämpfen, du kannst alles loslassen, in meine Arme hinein loslassen. Ich mache es, du kannst mir vertrauen.«

Stockmayer spürt, wie Gottes Liebe ihn umarmt, wie der Herr sein Ringen um den richtigen Weg angesehen hat und ihn nun entlastet. Das hat er gebraucht, das tut ihm gut! In ihm wird es ruhig. Er wurde zwar nicht mit einer großen Geisterfahrung beschenkt, aber doch hat er die Nähe und die direkte Anrede Gottes erfahren. Der Heilige Geist hatte ihn zwar nicht so überwältigt, wie er es sich gewünscht hätte, als völlige Befreiung von sich selbst in einer Erfahrung der Loslösung von den knechtenden Bedingungen des eigenen Wollens und Empfindens. Nein, Gott erreicht ihn gerade dort, wo er am stärksten ist: in seinem Verstand – dort berührt er ihn auf durchschlagende Weise!

Noch am Abend tritt er mit einem Zeugnis vor die Teilnehmer der Konferenz, das ihn viel kostet: »Ich vertraue Gott«, erklärt er, nach Worten ringend, »ich bin vor mir selbst ein armer Sünder; wenn der Heiland mich nicht von mir selbst erlösen kann, so ist er kein Heiland. Aber er erlöst mich! Ich weiß nun, daß ich durch den Geist fähig gemacht wurde, mich von der Welt und von dem Fleisch zu scheiden wie nie zuvor. Ich habe Befreiung gefunden. Der Herr ist mir so nahe. Ich fühle mich gleich einem Vogel, der aus einem Käfig entronnen ist. Es ist etwas Neues, denn ich sehe nicht mehr in mich hinein, sondern in meines Heilandes Angesicht.«

Es ist mehr als ein Bekenntnis, es ist ein Programm, das er hier mühsam und stockend hervorbringt. Aber es ist eine Botschaft, die aus seinem Herzen kommt, und so wird sie von den Zuhörern verstanden, sie sind ergriffen ob dieses Bekenntnisses. Das kurze Zeugnis macht einer Stunde des besonders herrlichen Lobpreises des Namens Jesu Raum. Der greise Boardman schüttelt Otto Stockmayer die Hand, als dieser vom Podium kommt. Er gratuliert ihm zum Durchbruch. Ja, er, Otto Stockmayer ist hindurch, er kann zwar nicht von einer gewaltigen Geisterfahrung sprechen, aber von der Erkenntnis, daß er alles aus seiner Hand geben und Gott vertrauen kann. Das ist genau das Richtige für ihn mit seinem starken Willen und seiner eisernen Disziplin, das betraf sein Innerstes. Und gleichzeitig war es das, was er verstehen und aufnehmen konnte: Nicht auf die Gefühle kommt es an, sondern auf den Glauben.

Pastor Monod greift die Worte Stockmayers auf: »Wenn er mich nicht von mir selbst erlösen kann, so ist er kein Heiland – das sind kühne Worte, welche unser Bruder eben gesprochen hat; aber sie sind doch wahr. Was würde es uns helfen, wenn wir von jedem Feind erlöst wären, außer von unserem Ich, dem mächtigsten, dem hinterlistigsten von ihnen allen, der uns am meisten Elend bereitet? Der Zweck von Christi Leben, Tod und Auferstehung ist, uns aus dem Leben des Selbstvertrauens, des Selbstwillens, der Selbstsucht, der Selbstverherrlichung zu erlösen und uns in ein Leben zu versetzen, in welchem er der Gegenstand, die Regel und die Herrlichkeit ist. Er ist imstande, es zu tun; er ist bereit, es zu tun; er gab sich selbst, um es zu tun; er tut es für viele; willst du es ihn für dich tun lassen? O laßt uns diese Versammlung aus dem Gesicht verlieren, laßt uns das Ich gänzlich aus dem Gesicht verlieren und Jesus allein sehen.«

Darauf hält Pearsall Smith eine kurze Rede: »Ich glaube, daß wahrer Glaube allein im Willen liegt. Manche haben ein tiefes Gefühl, aber ich möchte euch von euren Gemütsbewegungen wegbringen. Wenn ich ein großes, wichtiges Geschäft abmache, so wünsche ich ruhig, bedächtig, frei von Aufregung und im vollen Besitz meiner Urteilskraft zu sein.

Ganz ebenso, ohne Gefühl, stelle deinen Willen auf Gottes Seite. Wenn du dies ohne Gefühl tun wirst, so wird Gott dir zu seiner Zeit alle die Gefühle geben, die du brauchst oder tragen kannst. Ich machte das Geschäft der vollen Übergabe meines ganzen Wesens ab, und erst Monate später kamen jene heiligen Fluten des Gefühls, die überwältigende Empfindung der Gegenwart Gottes, welche das Leben fast zu einem Lobpsalm gemacht haben ...«

Vertrauen lernen

Auf meiner Suche nach den Lebens-Spuren Otto Stockmayers bin ich nun an einem wichtigen Punkt angekommen: In dieser grundlegenden Erfahrung von Oxford verbinden sich fortan seine Persönlichkeit und seine Lehre, das eine kommt aus dem anderen, das eine bestimmt das andere.

Während mit seiner Bekehrung in der französischen Schweiz der Anfang gesetzt war, so bekam er nun die Ausrüstung für seinen Weg. Und mehr noch: Die Erfahrung von England führte ihn hinein in seine Aufgabe, hier empfing er den Auftrag Gottes, von diesem Augenblick an erklang machtvoll die Melodie auf, die sich nun durch sein ganzes Leben ziehen sollte, Gott hatte seine Hand auf ihn gelegt und ihn in seinen Dienst genommen.

Otto Stockmayer nahm das Wort »Vertrauen« so tief und umfassend ernst, wie es nur genommen werden konnte. Es bedeutete bei ihm, daß er so tief ins Herz Jesu geschaut hatte, daß er Ihn alles bei sich sein ließ. Es hat ihn unendlich beseligt. Aus Ihm heraus alles nehmend, in Ihn sich hineinsenkend mit allen Fasern seines Lebens. Nichts mehr wissend, nichts mehr habend, in der Stellung des absolut Hilflosen in Ihm suchend, was er brauchte, und ihm überlassend. Er würde ihn nicht hängen lassen.

Es ist für mich erleichternd und entlastend zu sehen, wie dieses Vertrauen sich auch bei Otto Stockmayer erst im Lauf der Zeit immer mehr entwickelte, auch bei ihm wurde erst durch Übung das Vertrauen zu einer tiefen Überzeugung, die sich in seiner ganzen Haltung auswirkte. Otto Stockmayer sagte später einmal: »Es gab eine Zeit in meinem Leben, es war nach Oxford, wo es mir eine fast krankhafte Anstrengung war, bei der Glaubensprüfung den Herrn nicht aus den Augen zu verlieren, und ich bat Ihn: Herr, bewahre mich im Vertrauen! Allmählich wurde Vertrauen der Atemzug meiner Seele. Für jeden, der sich im Glauben übt, kommt eine Zeit, wo das Vertrauen schwindet, aber vertraue dennoch! Wer im Dunkeln wandelt und scheint ihm kein Licht, der stütze sich auf den Herrn. Durch solche Tunnelgänge kommt man auf immer reineren Glaubensboden zu stehen.«

So war er eben, der Otto Stockmayer: Wenn Gott ihm auftrug zu vertrauen, dann wollte er es tun, richtig und konsequent. Aber Gott hat ihm mit dieser Lektion eine herausfordernde Aufgabe gegeben. Vertrauen hat wie Liebe mit Loslassen zu tun, Vertrauen gelingt nicht dadurch, sich anzustrengen, vertrauensvoll zu sein, so wie Liebe nicht gelingt, wenn ich sie *machen* will. Am Vertrauen – wie an der Liebe – scheitert jede Perfektion.

In Otto Stockmayers Wesen lag fest verankert der Vorsatz: »Ich will es meinem Gott recht machen; ich will für ihn dasein!« Und nachdem er das »Ich vertraue dir, Herr Jesus« zu seinem Lebensmotto gemacht hatte, konnte er Glauben halten und üben, um seine Heiligung in der Furcht Gottes zu vollenden. Ein Zeitgenosse schrieb über ihn: »Darum auch stellte Otto Stockmayer in seiner Botschaft alles auf den Glauben zur Ausgestaltung der Gerechtigkeit Christi in uns und bewies aus der Schrift, wie der Glaube die einzige Bedingung ist für die praktische Heiligung und der Unglaube das einzige Hindernis für dieselbe. Unbeschreiblich köstlich, stärkend und ermutigend redete er vom Glauben und Glaubensweg, vom Glauben ohne Fühlen, vom nackten Glauben. Wie konnte er aber auch mit unerbittlicher Strenge strafen allen Unglauben, wenn derselbe ihm offen oder versteckt begegnete! Wie verstand er es, durch die Schrift Gott und den Heiland mit Seinem für uns vollbrachten Werk groß zu machen, um uns herauszuheben aus allem Unglauben und Mißtrauen und uns zu einem Leben des Glaubens und Vertrauens zu führen!«

Stockmayer sagte selbst: »Der Herr verlangt weiter nichts, als daß wir unsere Ohnmacht und unseren Bankrott Ihm gegenüber für jede Aufgabe und Anforderung erkennen und den Sieg nicht in uns, sondern in Ihm suchen, daß wir nicht selbst Quelle sein wollen, sondern Gott zu unserer einzigen Bezugsquelle machen, aus der wir schöpfen, daß wir es uns gefallen lassen, immer ärmer bei uns selbst zu werden, um genötigt zu sein, jeder Aufgabe gegenüber in der Vertrauensstellung zu erstarken und sich zu üben in der Wahrheit: Herr, du kannst nichts von mir fordern, das du nicht auch in mir schaffst. So wird der Herr geehrt, und so werden wir in der praktischen Erkenntnis von unserem Nichts und unserem Elend erhalten und bestärkt. Das ist Glaube, das ist Gottvertrauen. Das heißt, nichts bei uns zu suchen, alles beim Herrn.«

Aus diesem Grund konnte Otto Stockmayer immer wieder in sehr deutlicher Weise, aber berechtigt und ohne Überheblichkeit sagen:

»Opfert ihr euer Leben, Zeit und Kraft für euren Nächsten? Ich habe nichts übrig, euch zu opfern, Brüder; ich habe alles Christo gegeben, und darum kann Er mich brauchen, für wen oder für was er will. Ihm gehöre ich. Er starb für mich, Er lebt für mich, Er soll mich ganz und gar haben und Sein Anrecht an mich mit keinem anderen teilen. Er kann meine Zeit, meine Kraft, meine Liebe gebrauchen für welches Glied Seines Leibes, für welchen Dienst an einer gefallenen Welt Er will. Weder der Gegenstand noch der Zeitpunkt meines Dienstes ist meine Wahl, sondern Seine.«

Ja, Stockmayer forderte sehr viel von sich selbst und seiner Umgebung; solch eine Lebensführung war nicht einfach. Aber *er* war entschlossen, auf diesem Weg zu gehen und fortzuschreiten bis zu einem vollkommenen Maß der Heiligung, er wollte hineinwachsen in die Zucht des reifen Mannes, und sein Eifer war es, die Gemeinde in die gleiche Vollkommenheit hineinzubringen.

Nun war der Same gelegt, nun konnte der Keimling emporwachsen und sich zu jener Pflanze entfalten, deren Früchte für das Reich Gottes bestimmt waren und die für viele Christen Wegzehrung und Ewigkeitsnahrung sein sollten. Früchte, die wieder Samen sein sollten für Neues, die weiteres geistliches Leben und Gedeihen hervorbringen, nach den vorherbestimmten Plänen Gottes, damit sein Leib wächst und auferbaut wird.

Früchte, unter denen sich aber auch ein paar bittere mischen sollten, die sich als verhängnisvoll und ungenießbar erwiesen.

Die Erfahrung von Oxford und das, was er dort gehört hatte, prägte Stockmayers Leben *und* seine Lehre. Seither war der Kern- und Angelpunkt seiner Botschaft das Streben nach *Heiligung*.
Hier hat er im Wesentlichen das aufgegriffen, was er in Oxford von Robert Pearsall Smith gehört hatte:
Mit großem Nachdruck wurde auf der Konferenz in Oxford, und dann noch deutlicher auf der in Brighton 1875 (an der Stockmayer ebenfalls teilnahm), gelehrt, daß der Christ nicht nur Befreiung von der Sünde als Schuld, sondern auch von der Macht zur Sünde erlangen könnte. Das Ziel war die Heiligung der menschlichen Natur. Eine Hilfe dazu war der immer wieder ausgesprochene Satz: »Jesus errettet mich jetzt!« Die sofortige und bedingungslose Hingabe galt als Notwendigkeit, dann war die nachfolgende Heiligung kein Problem mehr.
Smith vertrat folgende Grundanschauungen:
»1. Daß nach einer völligen Übergabe an den Herrn die Verderbnis der menschlichen Natur unwirksam werde wie in einem Zustand von suspendiertem (aufgehobenem, verschobenem) Leben, und
2. daß dann des Herrn Wille die Stelle unseres eigenen Willens einnehme, und zwar nicht bloß so, daß unser Wille dem seinigen unterworfen oder ihm gleichgestaltet werde, sondern daß unser eigener Wille aufhöre, eine tätige Kraft zu sein und des Herrn Wille an seiner Statt wirke.«
Pearsall Smith hatte diese Anschauung aus seiner eigenen Erfahrung heraus entwickelt, als er nach einem Unfall ein schweres Hirnleiden auskurieren mußte. Er sagte später darüber: »Ich war damals dankbar, daß die Religion in meinem Willen und nicht in meinen Gefühlen lag. Auf alle Angriffe des Satans antwortete ich: Ich will glauben: Leben oder Tod! Im Kampf oder in der Freude! Ich will glauben! ... Während ich beinahe monatelang keine fühlbaren religiösen Gemütsbewegungen hatte, vertraute ich Gott nicht nur in betreff einer schließlichen Erlösung, sondern auch in betreff eines unverletzten Gewissens. Ich weiß, was ich bezeuge; wenn ich sage, Gottes Erlösung liegt über unseren Gefühlen, obgleich diese zuzeiten tief von jenen berührt werden.«
Das sind starke Aussagen, die bei Otto Stockmayer genau ins Schwarze trafen in seiner Suche nach der Unterwerfung des rebellischen eigenen

und der Unterwerfung unter den stärkeren Willen Gottes. Dadurch ist von Smith ein Perfektionismus angelegt, der der Grundstruktur der Persönlichkeit von Otto Stockmayer entspricht. Es wird ein Heiligungsideal angestrebt, das der Wirklichkeit kaum gerecht wird. In dieser Spannung zwischen Ideal und Wirklichkeit zwischen Heilungsangebot und Verwirklichung, stand Otto Stockmayer in seiner Verkündigung. Er suchte ja das Ideal, die ideale, die völlig gereinigte Gemeinde, den sündlosen, völlig geheiligten Menschen, und er wurde immer wieder mit der Wirklichkeit konfrontiert – der eigenen Unfähigkeit, die Heiligung aus eigener Kraft zu schaffen, dem Wankelmut der Glaubensgeschwister, dem Versagen der Gemeinde, an die Siegesbotschaft zu glauben. Dieser Zwiespalt ist ein Grundthema im Leben Stockmayers, er konnte ihn nicht auflösen. Er ging so damit um, daß er in seiner Verkündigung das Ideal propagierte indem er die Forderungen nach einem neuen Menschen und einer neuen Gemeinde aufstellte, aber in seiner Seelsorge die Vergebung Gottes über dem niedergeschlagenen, sündig gewordenen Menschen aussprach. So konnte er in seinen Predigten hart und fordernd sein und im persönlichen Gespräch mit einzelnen Menschen liebevoll und tröstend. Mal war er der entschlossene Kriegsmann Gottes, mal die fürsorgende Mutter, die Wunden verband und Menschen aufrichtete.

Am Ende seines Lebens trat dieser zweite Bereich seines Wesens stärker in den Vordergrund, jedoch in seinen Kampf- und Drangjahren verstieg er sich zu teils steilen Formulierungen, die er dann später wieder zurücknehmen mußte, die aber in ihrer Entschlossenheit einen großen Einfluß auf die junge Gnadauer Gemeinschaftsbewegung ausübten.

Aber bereits bei der Gnadauer Konferenz 1904, als »*Sünde*« das große Schlagwort war, nahm Otto Stockmayer eine ausgleichende Position ein, er hatte dieses Thema durchbuchstabiert und am eigenen Leibe seine Grenzen erfahren, so konnte er im Streit vermitteln. Vielleicht hatte er sich selbst vor Augen, als er um Verständnis den Brüdern gegenüber warb, die einige allzu gewagte Aussagen gemacht hatten: »Ich bin dankbar den Brüdern, die den Mut haben, auch wenn sie es nicht korrekt ausdrückten, daß sie einen frischen Lebenshauch in unsere Reihen bringen. Die Formulierung ist nie korrekt, sie korrigiert sich erst mit der Erfahrung, aber wenn es aufrichtig ist, steht Gott dazu.«

In der Frage nach der Sündlosigkeit des Menschen schlug Otto Stockmayer schließlich einen Mittelweg vor: Man solle mit dem 1. Johannes-

brief unterscheiden zwischen Sünde *haben* und Sünde *tun*. Damit meinte er, daß jeder Mensch sündig ist, aber durch den Weg der Heiligung lernt, die Sünde zu meiden – ohne sie jemals völlig ausmerzen zu können.
So bekennt Stockmayer nach 1. Johannes 1,8: »Unsere Natur ist und bleibt sündig, denn wenn wir sagen, wir haben keine Sünde, wären wir Lügner – aber die Gnade Gottes gibt uns den Sieg über die Sünde, daß wir nicht Sünde tun, sie kann uns bewahren und bewahrt uns vor irgendwelcher bewußten Sünde.«
Das klingt wie Spitzfindigkeit, aber dahinter steckt das große Ringen Otto Stockmayers um Wahrheit, er wollte präzise sein, er wollte Gott richtig verstehen, er wollte die normativen Aussagen der Bibel gelten lassen, auch wenn seine eigenen Erfahrungen dem scheinbar widersprachen. Das Wort der Bibel sagt, daß der Mensch durch die Gnade Gottes erlöst ist, in seinem Leben aber entdeckte Otto Stockmayer immer wieder den alten Kern, der ihm anzuhaften schien wie ein Schatten, so sehr er sich auch um Befreiung bemühte. Seit Oxford aber wußte und bezeugte er: Völliges Geheiligtsein (Hebräer 10,10.14) ist zunächst einmal Gottes Geschenk und geschieht – ohne es erfahren zu haben – allein durch den Glauben. Doch immer wieder erlebte er den Kampf des Geistes gegen das Fleisch. Wenn er dachte, das alte Fleisch sei überwunden und ein neuer Mensch hätte begonnen, mußte er wieder feststellen, daß dem nicht so war. Bereits geheiligt sein und schrittweises Wachsen in der Heiligung wiedersprechen sich nicht, sondern ergänzen einander. So war für ihn der Weg der Heiligung eine ständige Reinigung, ein Ringen um das Neue. Weil er diesen Umstand bei sich selber so erfuhr, konnte er hierbei auch anderen eine Hilfe sein.
Ein Zeitgenosse bezeugte: »Als ich im Jahre 1895 Stockmayer bei einem Bibelkurs in Frankfurt zum ersten Mal sah und reden hörte von der Heiligung durch den Glauben, hatte ich den tiefen Eindruck von ihm, daß er ein wirklich heiliger Mann ist. Seine Heiligkeit hatte für mich eine wunderbare Anziehungskraft, weil sie mit Demut und Liebe verbunden war. Sein Zeugnis packte mich und wurde mir eine süße und selige Botschaft. Ich verstand zum ersten Mal die Heiligung durch den Glauben. Wie mir persönlich, ist es vielen gegangen unter der Botschaft Stockmayers von der Heiligung durch den Glauben. Für alle, denen Heiligkeit ein Bedürfnis geworden war und die sich in gesetzlicher Heiligkeit und Selbstheiligung abmühen und zerarbeiten durch die Menge ihrer Wege,

die schließlich verzweifelten an der Möglichkeit einer Heiligung und auf eine solche verzichteten – für sie war die Botschaft Stockmayers von der Heiligung ein helles Licht, das in das Dunkel ihres Lebens hereinbrach und sie mit Freude des Geistes erfüllte. Es war eine Gnadenbotschaft, die ihnen entgegenkam und ihr tiefes Bedürfnis befriedigte. Nicht hieß es: Du sollst, du mußt heilig sein, sondern: Du kannst, du darfst heilig sein. Nicht hieß es: Ihr müßt euch anstrengen und abmühen, heilig zu werden, sondern: Ihr seid heilig, wenn ihr gerecht geworden seid durch den Glauben. Zugleich war seine Botschaft ein Weckruf für viele Gläubige, die wieder ins Fleisch, in die Sünde und Welt, in ihr eigenes Leben zurückgefallen waren, daß sie sich aufmachten, um in die Heiligung ihres Lebens einzutreten. So hat seine Botschaft von der Heiligung durch den Glauben in den Herzen gezündet und vielen Seelen zur Ruhe geholfen.«

Bis zur Vollendung

Otto Stockmayer wollte sich aber nicht zufrieden geben, bis er nicht das Letzte erreicht hatte: die größtmögliche Vollkommenheit, die nur in der Vollendung durch Jesus Christus liegt.
»Christlich vollkommen ist der Mensch, der von Christus ergriffen ist, dessen Christus sich hat bemächtigt, von dem Er hat Besitz nehmen können«, betonte er auf der Gnadauer Konferenz 1896 – wie wir noch hören werden. In seiner eigenen Art hatte er die Gedanken der englischen Heiligungsbewegung weitergeführt, weg von einer rein subjektiven Heilserfahrung. Auch wenn der Glaube an die Stelle des Willens tritt, bleibt der Mensch doch bei sich stehen, beobachtet sich und mißt sich den geistlichen Puls, um zu prüfen, wie weit er mit seiner Heiligung vorangeschritten ist. Stockmayer wollte, daß die Menschen nicht auf sich selbst, sondern auf Jesus blicken, daß sie die Vollkommenheit nicht durch eigene Anstrengungen erreichen, sondern durch die vertrauensvolle Hingabe an Jesus Christus. Vollkommenheit war für Stockmayer in erster Linie ein geistlicher Begriff, nicht eine Sache der Erfahrung. Deshalb konnte er ausdrücklich feststellen, daß biblische Vollkommenheit und menschliche Unvollkommenheit einander nicht ausschließen: »Vollkommen ist ein Mensch, wenn Jesus Christus zum Inhalt seines Lebens geworden ist.«

Und diese Botschaft Otto Stockmayers galt nicht nur einzelnen Gläubigen, sondern der ganzen Gemeinde des Herrn, die Gott zu seinem Reich und zur Herrlichkeit berufen hat. Er mußte die Gemeinde aufwecken und zur Reife führen, sein Anliegen war, daß sie in ihrer Gesamtheit heranwächst und heranreift zu ihrer Vollendung und zur Verherrlichung am Tag Jesu Christi. An ihr soll sein Sieg über Sünde und Tod, Teufel und Hölle offenbar werden, damit sie zur Herrschaft mit ihm erhoben und zu ihm hingerückt wird auf den Thron. Mit Schmerzen stellte er immer wieder fest, daß die Gemeinde in einen Schlaf der Unmündigkeit gefallen war, ihre Position der Herrschaft verlassen und eine sklavische Stellung eingenommen hatte. Er brannte darauf, daß die Gemeinde sich bereit machte und zu einer Schar von Überwindern wurde, nicht als eine Elitetruppe, aber doch als eine starke Gemeinschaft, die Licht und Salz ist und ein mahnendes Beispiel. Alle sollten erwachen und sich bereit machen für die himmlische Berufung! Sie sollten ernst nehmen, was Gott in seinem Wort sagte: »Ihr sollt heilig sein, denn ich bin heilig!« Er wünschte sich eine heilige Erstlingsschar, die der Gemeinde voraus und dem Herrn, der wiederkommt, entgegengeht. In diesen Überwindern zeigt sich die Mannesstatur Jesu (Epheser 4,13, 1. Korinther 16,3.13), die vollkommene Reife, die Ebenbildlichkeit mit Gott. »Sie haben Leben von oben in sich und gehören nicht mehr der Erde an, sie haben hier unten nichts mehr zu suchen, nichts mehr zu erwarten; ihre Erwartung sieht auf das Kommen des Herrn, sie sind mit ihm gekreuzigt der Erdenluft, dem Fleisch und den Lüsten, losgekauft durch das Blut Christi«, charakterisierte Otto Stockmayer diese Glaubenspioniere – und er sieht sich selbst ebenfalls in dieser heiligen Schar: »Dadurch, daß der Herr uns alles wird, und wir ein hilfloses Kind ihm gegenüber, dadurch werden wir männlich, unabhängig von aller Macht, unabhängig von Menschenautoritäten und Verhältnissen. Es kann mich nichts mehr verlocken, nichts mehr erschrecken, wenn Christus Seine Herrschaft über mich verwirklicht hat. Soweit das Blut mich reinigt und soweit der Geist mich hat salben können, bin ich gedeckt, werde ich unabhängig, unabhängig, soweit ich abhängig bleibe von Ihm, durchgeführt in dem Maße, als ich die Abhängigkeit von Ihm durchführe in allen Fällen des Lebens. Deshalb muß der letzte Rest von unserem eigenen Leben ins Grab hineinsinken, es geht schrittweise, aber es ist der Mühe und des Schweißes wert, es durchzuführen! Nur Er! Das ist die Stellung des Vertrauens.

Nicht, daß wir etwas durchführen, uns heiligen und reinigen können, sondern: Herr, ich lasse Dich nicht, bis Du auch auf diesem Gebiet meines Leibes- und Geisteslebens auf dem Thron sitzt und nichts mehr sich regt, was nicht Dir Ehre gebe als dem Herrn der Herrlichkeit. Das sind die, welche der Heilige Geist Jesu Christi dem Herrn zuführt am Tage Seiner Ankunft, die Überwinder, die die Mannesstatur Jesu tragen, die männlich und kraftvoll geworden sind, weil sie die Abhängigkeitsstellung durchgeführt haben bis zum äußersten Punkt.«
Wie klingt das heute? Würde eine solche Botschaft heute die Menschen erreichen?
Ich würde Otto Stockmayer gern einmal als Redner erfahren, um mitzuerleben, wie der Inhalt seiner Lehre und seine Persönlichkeit zusammenwirken und wie er die Zuhörer in seinen Bann zieht. Ich überlege mir auf meiner Spurensuche:
Wie wäre es, wenn ich in einem Vortrag von ihm sitzen würde, um ihm zu lauschen? Wie würde es mir gehen, könnte ich ihn verstehen, etwas anfangen mit seiner Lehre?
Versuchen wir es doch und versetzen wir uns einmal in die 5. Gnadauer Pfingstkonferenz, die vom 26. bis 28. Mai 1896 stattfand. Dort sprach Otto Stockmayer zum Thema: *»Der Begriff der christlichen Vollkommenheit und der Weg, dieselbe zu erreichen«*. Diese Predigt kann ein Beispiel sein für die Art der Verkündigung von Otto Stockmayer und für den Inhalt seiner Botschaft. In den Ausführungen auf der Höhe seines Wirkens entfaltet er in konzentrierter Form die zentralen Gedanken seiner Lehre.

Die Rede von der Vollkommenheit auf der Gnadauer Pfingstkonferenz (1896)

Über die christliche Vollkommenheit

Seit 1888 trafen sich in der Gnadauer Konferenz zur Pfingstzeit jährlich Vertreter der Gemeinschaften aus dem ganzen deutschen Reich in Gnadau, einer kleinen Kolonie der Herrnhuter Brüdergemeine in der Nähe von Magdeburg. In der Einladung zur Versammlung von 1896 stand: »Die Konferenz möchte recht eigentlich eine Pfingstkonferenz sein. Sie will dem Heiligen Geist Raum machen. Sie will Gelegenheit dazu geben, daß sich die an den Herrn Jesus Gläubigen nach Pfingstsegnung und Pfingstgnade ausstrecken. Sie will Zeugnis davon ablegen, daß es auch heute noch ein Pfingsten gibt für jeden, der danach verlangt.« Und später wurde mit eindeutigen Worten das Ziel dieser Zusammenkunft bezeichnet: »Es ist verlorene Mühe, wenn man solche Verhandlungen liest oder ihnen beiwohnt, ohne daß man sich von Jesus mit dem Heiligen Geist und mit Feuer taufen läßt.«

Erwartungen an diese gemeinsamen Tage wurden so schon im Vorfeld geweckt. Die Grundbedingungen für die Teilnehmer waren: »Wer nach Gnadau kommt, bei dem darf man voraussetzen, daß er in Christo Jesu sei.«

370 Personen hatten sich zu dieser Konferenz angemeldet, ungefähr 500 Menschen waren gekommen. Es mußte beeindruckend gewesen sein, wenn sich die Konferenzgemeinde – die Männer in ihren würdigen schwarzen Gehröcken, die Frauen in den weiten, schweren Kleidern, jeweils in der Tracht ihres Landstriches – zum stillen Gebet auf die Knie begab. Man hörte dann nur das Flüstern der ins Gebet versunkenen Menschen und das Stöhnen derer, die sich das Geschehen auf Golgatha vor Augen malten – eine große anbetende und fürbittende Gemeinde, die sich ihrem Herrn entgegenstreckte und eine neue Belebung ihres Glaubens erflehte.

Erstaunlich nüchterner waren dann die Vorträge. So trat Otto Stockmayer am ersten Tag der Versammlung auf dem Podium, wo die leitenden

Brüder saßen, an das Rednerpult, eine würdige Erscheinung, hager, groß mit seinem markanten Gesicht, das eingerahmt wurde von dem Bart, der damals schon grau war (obwohl Stockmayer noch keine 60 Jahre alt war). Es war, als würde einer der alten Propheten vor das Volk treten, und die Zuhörer erwarteten für sich Weisung und klare Worte, Korrektur, Mahnung und Zurechtbringung. Manche machten sich bereit mitzuschreiben, um kein Wort zu verlieren und alle Gedanken originalgetreu in der heimatlichen Gemeinschaft weitergeben zu können. Es gab ja keine Kassettenaufnahmen, auch keine Mikrofonverstärkung. Der Redner war auf die Kraft seiner Stimme angewiesen, und die Zuhörer mußten sich anstrengen, um alles mitzubekommen. So waren beide, Redner und Zuhörer, aufeinander ausgerichtet, verbanden sich im Reden und Hören zu einer Einheit. Die Menschen waren geübt im Zuhören, sie waren erstaunlich aufnahmebereit und konnten sich bewundernswert lange konzentrieren. Ein Vortrag dauerte nicht selten weit über eine Stunde, ohne daß es eine Pause gab.

Stockmayer begann ohne weiteren Gruß an die Versammelten mit der Verlesung des Bibeltextes, über den er reden wollte – für Förmlichkeiten hatte er nichts übrig, es ging um die Sache, nicht um Menschen, nicht um ihn, genauer: es ging um die Sache Gottes. Da brauchte es keine persönliche Einleitung, keine Kontaktaufnahme mit der Versammlung, dafür war keine Zeit. Otto Stockmayer verstand sich als Verkündiger, Botschafter eines anderen. Nicht er sollte zu sehen sein, sondern Gott – keine Ablenkung sollte von diesem Eigentlichen wegführen.

Hebräer 5,11-6,2 war die Grundlage seiner Gedanken, diese Verse wollte er nun auslegen. Dabei kam es dem gewissenhaften Bibellehrer darauf an, ganz exakt bei der ursprünglichen Bedeutung des Textes zu bleiben. So zitierte er, seine Verlesung des Bibeltextes unterbrechend, den Urtext und wies auf die eigentliche Bedeutung eines Wortes hin. Harte Kost, Otto Stockmayer mutete seinen Zuhörern viel zu – aber das wollten die Konferenzteilnehmer ja auch.

Hören wir Otto Stockmayer einmal genauso zu, wie es die Gemeinde vor über 100 Jahren tat und wie es von den Stenografen dokumentiert und der Nachwelt hinterlassen wurde. Hier sein nur leicht gekürzter Vortrag.

Erstens: Der Begriff der christlichen Vollkommenheit nach der Bibel

Das Wort »Vollkommenheit« kommt als solches, das heißt als Hauptwort, selten im Neuen Testament vor. Der in Hebräer 6,1 im Grundtext gebrauchte Ausdruck findet sich nur noch in Kolosser 3,14: »Über dem allen aber ziehet an die Liebe, die da ist das Band der Vollkommenheit.« Ein ähnlicher Ausdruck, der zweimal vorkommt (Lukas 1,45 und Hebräer 7,11) bedeutet an der ersten Stelle Erfüllung – Erfüllung einer vom Herrn gegebenen Zusage, und an der zweiten eher Vollendung als Vollkommenheit.

Der Unterschied zwischen Vollkommenheit und Vollendung fällt in die Augen, wenn wir vom Hauptwort »Vollkommenheit« übergehen auf das Beiwort »vollkommen« und auf das Zeitwort »vollkommen machen« oder »vollenden«, und beides, Beiwort und Zeitwort, in Philipper, Kapitel 3, miteinander vergleichen. Derselbe Apostel, der Vers 12 erklärt: »Nicht daß ich schon vollkommen gemacht, vollendet sei«, zählt sich gleich nachher zu den Vollkommenen: »So viele unser nun vollkommen sind, die lasset uns also gesinnt sein.« Somit kann es Vollkommene geben, die noch nicht vollkommen gemacht, noch nicht vollendet sind, gerade wie unser hochgelobter Herr und Meister, der in seinem ganzen Erdenleben schlechthin und unbedingt vollkommen war, erst durch Leiden vollendet, vollkommen gemacht wurde. Nach Hebräer 2,10 mußte Gott den Heerführer unserer Seligkeit durch Leiden vollenden, und zwar durch Todesleiden (Vers 9). Und Hebräer 5, 8 und 9 sagt uns, von Gethsemane redend, daß der Herr »in den Tagen seines Fleisches Gehorsam gelernt hat und nachdem er vollendet, vollkommen gemacht worden war, Urheber einer ewigen Seligkeit geworden ist allen, die ihm gehorchen«. An beiden Stellen ist das gleiche Zeitwort gebraucht wie in Philipper 3,12, und wenn unser Heiland erst durch Leiden vollendet werden mußte, so ist klar, daß wenn Paulus von sich sagt, daß er noch nicht vollendet ist, man keineswegs berechtigt ist, daraus auf das Vorhandensein einer Gebundenheit, einer noch nicht überwundenen Sünde bei ihm schließen kann.

Ich sehe vor mir, wie die Zuhörer aufmerksam in ihrer Bibel blättern und die angegebenen Stellen nachschlagen. Alle sind voll bei der Sache, es geht um Bibel-Arbeit im eigentlichen Sinn, um ein Eintauchen in die abgründige Tiefe der Heiligen Schrift.

Und schon in den ersten Sequenzen seines Vortrages kommt Otto Stockmayer zum Wesentlichen: zu Jesus Christus – er ist der Anfänger und Vollender, von ihm geht alles aus und in ihm mündet alles. Das

Heilsgeschehen von Golgatha ist für den Redner das zentrale Ereignis, Otto Stockmayer ist ein christologischer MENSCH voll glühender Jesusliebe. Das wird schon in den ersten Sätzen spürbar. Und er gibt gleich jetzt die Richtung seiner Gedanken an: Vollkommen werden ist der Weg der Heiligung. Vollendung ist das Ziel, das der Mensch erst in der Ewigkeit erreicht. Diese Unterscheidung ist für den weiteren Fluß seiner Rede sehr wichtig!

Gehen wir nun auf unser Thema näher ein und fragen: Was ist nach der Bibel der Begriff von christlicher Vollkommenheit?, so finden wir im Wort selbst eine erste zusammenfassende Antwort. Das griechische Wort für Vollkommenheit schließt nämlich seiner Wurzel nach den Grundbegriff von »Abschluß« oder »Ziel« in sich. Hiernach ist »vollkommen« entweder der Mensch, der das Ziel unverwandt ins Auge faßt, demselben stracks, unverrückt und mit ganzer Entschiedenheit zusteuert, der Mensch, der zielbewußt lebt, oder der Mensch, der am Ziel angelangt ist. Im ersten Sinne braucht der Apostel das Beiwort: »So viele unser vollkommen sind«, im zweiten das Zeitwort: »Nicht daß ich schon vollkommen gemacht, d. h. vollendet sei.« Zunächst beschäftigt uns nicht die Frage der Vollendung, sondern die Vollkommenheit. Führt schon die Zusammensetzung des griechischen Wortes für »vollkommen« darauf, daß ein vollkommener Mann der ist, der einem Ziele mit ganzer Entschiedenheit und ungeteilter Hingabe zusteuert, so liegt es in der Natur und im Wesen christlicher Vollkommenheit, d. h. der Vollkommenheit eines Christus-Menschen, daß dieses Ziel kein anderes sein kann als das, für welches Christus gelebt hat, nämlich die Erfüllung des göttlichen Willens in Herz und Leben. Zu tun den Willen seines Vaters war Jesu Christi einziges Lebensziel. Konnte Christus in seinem Erdenleben dieses Ziel erreichen in fortwährender Abhängigkeit vom Vater, in der Machtausrüstung des Heiligen Geistes, so sind wir unfähig, dieses Ziel auch nur ins Auge zu fassen, solange wir nicht Christi Geist haben. »Wir aber haben Christi Sinn«, sagt Paulus.

Nun ist Otto Stockmayer bei seinen Zuhörern angekommen, nun wird es ernst! Er erweist sich als gründlicher EXEGET mit philologischen Kenntnissen, aber er bleibt nicht in der Theorie stecken, er kommt zur Praxis: Es geht ihm ja um die Menschen, die er in die Nachfolge des einen, vollkommenen Menschen Jesus Christus führen will.

Christlich vollkommen ist der Mensch, der von Christo ergriffen ist, dessen Christus sich hat bemächtigt, von dem er hat Besitz nehmen können. Das dritte Kapitel des Philipperbriefes läßt hierüber keinen Zweifel. Der Mann, der sich hier zu den Vollkommenen rechnet, ist ein von Christus Ergriffener. Die Errungenschaften seines sittlichen und religiösen Lebens, die sein Stolz und sein Reichtum gewesen waren, haben ihren Wert verloren von dem Augenblick an, wo er Christus kennenlernte. Er gibt sich selber auf, um sich in Christus wiederzufinden – »auf daß ich in ihm gefunden werde.« Er will nichts mehr haben, was er sich selber verdankt, Gerechtigkeit aus dem Gesetz; er will nur noch, was von Gott kommt, nicht etwa nur Gerechtigkeit, »die von Gott dem Glauben zugerechnet wird«, wie Luther übersetzt. Danach streckt er sich nicht aus; das war der unbewegliche Grund, auf dem er bereits stand. Was er will und erstrebt, ist »Gerechtigkeit aus Gott auf Grund des Glaubens«, d. h. auf Grund einer Stellung, wo man nichts mehr von sich selbst, sondern alles von Gott erwartet. Wer so steht, der ist vollkommen.

Die Liebe Gottes

Die Zuhörer schauen auf den PREDIGER, der immer mehr Feuer fängt und mit lauten und eindrücklichen Worten seine Sätze schmiedet. Es ist klar, daß hier einer redet, der weiß, was er sagt. Er spricht auch von sich selbst, das spürt man! Er kennt Jesus Christus und hat ihm sein Leben ausschließlich und mit aller Konsequenz geweiht. Er ist ein Vorbild in der vollkommenen Nachfolge. Ein heiliger Schauer kann einem dabei über den Rücken laufen! Aber dies ist nicht, was Otto Stockmayer will, er will tiefer gehen, er will den ganzen Menschen, er will seine Umkehr! *Und wie äußert sich diese Vollkommenheit? Wenn Gott Besitz von uns nimmt, so wird sein Geist die treibende Kraft unseres Lebens. Jetzt können wir nicht mehr anders, als uns danach ausstrecken, den Christus, der unser Alles geworden, näher und völliger zu kennen, ihn »und die Kraft seiner Auferstehung und die Gemeinschaft seiner Leiden, gleichgestaltet zu werden seinem Tode, ob wir etwa hinzugelangen zu der Auferstehung von den Toten«. Ein Vollkommener kann nicht anders als sich ausstrecken nach Vollendung; es ist der unaufhaltsame Trieb seiner neuen Natur, innere Notwendigkeit. Ist der Heilige Geist bei uns eingekehrt, so ist dadurch auch die Liebe Gottes ausgegossen in unser Herz, und wir haben jetzt Macht zu lieben, wie Gott liebt. Das eigentliche Wesen der Vollkommenheit ist Liebe. Nach Kolosser 3,12 und 13 können wir in einzelnen Fällen als Gottes Auserwählte, Heilige und Geliebte herzliches Erbarmen anziehen, Gütigkeit, Demut, Sanftmut und Ge-*

duld, können einander tragen und einander vergeben, wie Christus es getan; aber die Liebe selbst, aus der diese einzelnen Tugenden als reife Frucht hervorgehen und die dieselben wie in einem Bande zusammenfaßt, die Liebe, die nicht das ihre sucht und in deren Natur-Wesen es liegt, für andere zu leben, die Liebe ist noch etwas anderes und steht auch Vers 14 »über dem allem«. »Die Liebe ist das Band der Vollkommenheit.« Vollkommen ist, in wem die Liebe Gottes nicht nur ausgegossen ist durch den Heiligen Geist, sondern wer in der Macht dieser in ihm ausgegossenen Liebe nun auch liebt, wie Gott liebt. »Wer seinen Bruder liebt«, sagt der Apostel Johannes, »der bleibt im Licht und ist kein Ärgernis in ihm«, nichts was ihn selbst zu Fall bringt, nichts was andere mit Recht ärgern und aufhalten könnte (1. Johannes 2,10).

Seltsam, wie sich Otto Stockmayer hier unter dem Thema »Vollkommenheit« über die LIEBE ausläßt. Sieht er, wie gefährlich der Begriff »Vollkommenheit« ist, wenn er fordernd verwendet wird? Er weiß, daß das Streben nach Vollkommensein den Keim eines verhängnisvollen Perfektionismus, einer unreformatorischen Werkgerechtigkeit in sich trägt und dadurch zu einer gesetzlichen Haltung entgleisen kann. Genau das will der Redner verhindern! Denn das ist doch das große Thema seines Lebens, die Heiligung des Menschen durch Jesus Christus – durch die Liebe Gottes! So bewegt er sich im Zwiespalt zwischen Gnade und Liebe auf der einen Seite und Nachfolge und der Bemühung um Heiligung auf der anderen. In diese Spannung nimmt der Redner seine Zuhörer mit hinein:

Was unser Herr in der Bergpredigt hierüber sagt, ist klar und bestimmt; es heißt Matthäus 5,44-48: »Ich aber sage euch: Liebet eure Feinde; segnet, die euch fluchen; tut wohl denen, die euch hassen; bittet für die, die euch beleidigen und verfolgen; auf daß ihr Kinder seid eures Vaters im Himmel; denn er läßt seine Sonne aufgehen über die Bösen und über die Guten und läßt regnen über Gerechte und Ungerechte. Denn so ihr liebet, die euch lieben, was werdet ihr für Lohn haben? Tun nicht dasselbe auch die Zöllner? Und so ihr nur zu euren Brüdern freundlich tut, was tut ihr Sonderliches? Tun nicht die Zöllner auch also? Darum sollt ihr vollkommen sein, gleichwie euer Vater im Himmel vollkommen ist.«

Der natürliche Mensch, der Heide und Zöllner, liebt die, die ihn lieben, die ihm Aufmerksamkeit und Anerkennung zollen, ihm entgegen und zuvorkommen. Er ist freundlich gegen seine Brüder, also gegen alle, die mit ihm das gleiche Blut teilen, in denen ein verwandtes Leben pulsiert, gegen alle, mit denen er nach Charakter, Sinnesart und Erziehung harmoniert und bei denen er Verständnis und Befriedigung, Nahrung für sein eigenes Leben findet. Nicht also die Liebe Gottes. Gott macht auf dem Boden der Schöpfung und der Natur keinen Unterschied zwischen seinen Freunden und seinen Feinden, zwischen Guten und Bösen, Gerechten und Ungerechten. Er läßt seine Sonne leuchten über alle, die Äcker der einen wie der anderen haben teil an seinem befruchtenden Regen. Sind wir aus Gott geboren, seine Söhne und Töchter, und betrüben wir nicht Seinen Geist, verleugnen wir nicht in Sinn und Wandel unsere göttliche Herkunft, so wird man bei uns auch die Art des Vaters wahrnehmen. So wird sich bei uns, wie der Apostel sagt, »Liebe finden zu allen Heiligen« und – auf Grund solcher unterschiedslosen, brüderlichen Liebe – eine allgemeine Liebe, die auch den draußen Stehenden gegenüber keine Unterschiede macht.

Unterscheidet der Apostel in Philipper 3 zwischen vollkommen und vollendet, so kann auch das Gebot des Herrn: »Ihr sollt vollkommen sein, wie euer Vater im Himmel vollkommen ist«, nur verstanden werden, wenn man diesen Unterschied im Auge behält. Wir sind vollkommen, wie unser Vater im Himmel vollkommen ist, sobald die Liebe Gottes, mit der er Freund und Feind ohne Unterschied umfaßt, in uns durchgebrochen ist. Ist aber Gottes Liebe keiner Entwicklung und Vervollkommnung fähig, so ist es die unsere. Bei einem Sohne kann die Art des Vaters durchgeschlagen haben, ohne daß seine sittliche Gestalt mit der des Vaters, ohne daß sein Lieben mit dem Lieben des Vaters sich deckt. Er ist noch nicht vollendet.

Erwachsen sein im Glauben

Aber wie sieht es nun mit der Vollkommenheit aus, Herr Prediger? Sie reden wie zu kleinen Kindern zu uns! Das wissen wir doch schon längst, wir wollen aber weiterkommen, wir wollen feste Speise und keine Milch, wir wollen reifen und wachsen in unserem Glauben. Oder denken Sie, daß wir noch so weit zurück sind und noch kräftige Lektionen in der christlichen Lehre nachholen müssen?

Otto Stockmayer ist eben auch der ERZIEHER seiner Gemeinde. Aber es wird unruhig im Saal, einige rutschen auf ihrem Stuhl und scharren mit den Füßen. Die Zuhörer werden ungeduldig, es muß weitergehen.

Wir gehen jetzt zu der Stelle im Hebräerbrief über, die wir vorhin gelesen haben, Kapitel 5,11-6,2. Es tritt uns in dieser Stelle ein anderer Begriff von Vollkommenheit entgegen als in Philipper 3,15, nämlich der des Mannesalters. Das Bild ist das gleiche, wie das vom Apostel Paulus im 4. Kapitel des Epheserbriefes gebrauchte, aber die Anwendung ist eine wesentlich verschiedene. In Epheser 4 redet Paulus von den Gaben und Ämtern, die Gott der Vater seinem Sohn zum Aufbau der Gemeinde gegeben, vor allem in der Person von Aposteln und Propheten, von Evangelisten, von Hirten und Lehrern. Das Ziel, dem dieser Bau entgegenstrebt, ist, daß wir alle zur Einheit des Glaubens und der Erkenntnis des Sohnes Gottes gelangen, ein »vollkommener Mann« werden, zum vollen Mannesalter, zur vollen Statur Christi heranreifen. Der vollkommene Mann steht nach Epheser 4 im Gegensatz zum Kinde; während im Sinne von Philipper 3,15: »So viele unser vollkommen sind« auch ein Kind vollkommen sein kann und es wirklich ist, sobald es alle seine Gliedmaßen und Organe hat, gesund ist, weder siech noch Krüppel. Es ist vollkommen, aber es ist noch kein Mann. In Hebräer 5 ist das anders. Da steht das vollkommene Mannesalter nicht im Gegensatz zum Kindesalter als solchem, sondern zu einer Kindheit und Unmündigkeit, in der man durch eigene Schuld stehengeblieben ist. »Der Zeit nach«, sagt der Apostel, d. h. bei der langen Zeit, die seit eurer Bekehrung verflossen ist, solltet ihr Lehrer sein, und nun muß man euch die ersten Anfangsgründe christlicher Wahrheit noch einmal lehren, »das Wort vom Anfang Christi«, wie es im Grundtext heißt. Ihr seid unmündige Kinder geblieben, die sich nicht entwickelt haben und die man noch mit Milch nähren muß.

Hier ist Otto Stockmayer wie der VATER, der seine Kinder herausfordert und fördert. So blicken die Zuhörer nun auch hinauf aufs Podium: Mit großem Zutrauen und tiefer Abhängigkeit. Sie wissen, daß der dort oben ihre Unmündigkeit nicht ausnutzt. Sie fühlen sich verstanden, mehr noch: angenommen, und sie spüren, wie der väterliche Prediger sie bei der Hand nehmen will, um sie aus dem Zustand des Kindes hineinzuführen in das Mannesalter.

Wie es wohl heutigen Zuhörern bei einer solchen Ansprache gehen würde? Bestimmt würden sich viele verweigern, sich nicht ohne weiteres als Kinder ansprechen lassen und sich empört von dieser Bevormundung abwenden. Wie es wohl heute den Frauen in der Zuhörerschar gehen würde, wenn vom Mannesalter geredet wird? Wo bleibt da die Frau? Können nur Männer erwachsen sein? Ja, auch Otto Stockmayer offen-

bart sich als ein Kind seiner Zeit, einer Zeit, in der nur anfänglich und meistens sehr umstritten Frauen das Wort in der Gemeinde ergreifen durften und auch vor dem Gesetz Männer die Vormünder der Frauen waren. Wenn wir uns heute diese Zeit vor Augen führen, dann tun wir es lächelnd und vielleicht auch überlegen, wie Großväter, die auf ihre Enkel hinabsehen – dabei ist das die Generation unserer Großväter und Urgroßväter und wir sind die Enkel und Urenkel. Oh, wie sich die Verhältnisse im Lauf der Zeit verschieben und verdrehen!
Doch hören wir ihm weiter zu. Er beginnt nun mit seinem zweiten Teil.

Zweitens: Der Weg, die christliche Vollkommenheit zu erreichen

Im bisherigen liegt, daß Vollkommenheit im Sinne von Philipper 3,15 und im Unterschied von Vollendung, nicht ein letztes in der Abendstunde unseres Lebens erst erreichbares Ziel, sondern der Stand eines normalen und gesund geborenen Kindes Gottes ist. Uns sind aber die Verhältnisse, unter denen in der gegenwärtigen Zeit die Geburten im Reich Gottes sich vollziehen, durchaus nicht normal. Wir werden geboren von einer Muttergemeinde, die nie aus der Kindheit der ersten Pfingstzeit zum Mannesalter Christi aufgestiegen ist. Unsere Mutter ist in der Folge von Trägheit und Schwerhörigkeit unmündig geblieben; sie ist nie dazu gekommen, den ganzen Christus, den ganzen Schriftinhalt in sich aufzunehmen. Und wie wir aus dem Schoße einer schwächlichen Mutter hervorgehen, so sind wir auch nicht aus rein göttlichem Samen gezeugt, aus dem unvermischten Samen des göttlichen Wortes. Verhältnismäßig selten ist eine Bekehrung eine reine Schöpfungstat Gottes, bei der Menschen nur anbetendes Werkzeug gewesen wären. Vielfach geschieht es, daß neben dem Willen Gottes der Wille des Fleisches und der Wille des Mannes, daß menschliche Tatkraft, menschliches Schaffen und Treiben mitwalten. Bei Kindern, aus dem Zusammenwirken so verschiedener, ja widersprechender Kräfte hervorgegangen, kann es kaum anders sein, als daß ihr Blut, ihr Sinn und Streben wie durchzogen ist von einer Mischung von Gesetz und Gnade, von Fleisch und Geist. Eigenes Leben und Ringen mit der ihm anhaftenden Unmacht auf der einen Seite und die alles überwindende Machtwirkung der Gnade Gottes, des Blutes, des Wortes und des Geistes Christi auf der anderen Seite, gehen nebeneinander her, und in dieser Mischung liegt der tiefste und letzte Grund von der Kränklichkeit unseres gegenwärtigen Christentums. Unter solchen Verhältnissen darf man sich nicht wundern, wenn auch auf-

richtige Kinder Gottes den Weg zur Vollkommenheit erst noch suchen müssen, nämlich den Weg zur Vollkommenheit nicht nur im Sinne von Hebräer 5 als dem reifen Mannesalter, oder im Sinne der Vollendung als letztem Ziele eines Menschenlaufs, sondern den Weg der Vollkommenheit im Sinne von Philipper 3,15, im Sinne der Vollkommenheit, die eigentlich der Stand jedes aus Gott Geborenen sein sollte, er sei Mann oder Kind. – Wie dem auch sei, der Weg zu irgendwelcher Stufe der Vollkommenheit ist auch der Weg zur Vollendung, und wir kommen, um von diesem Weg zu reden, am sichersten vorwärts, wenn wir das Wort Vollkommenheit in seinem weitesten Sinne nehmen.

Hört, hört! Das sind ja sehr kritische Töne! Die traditionelle Kirche mit ihren bestellten Pastoren kommt hier aber nicht gut weg. Viele Zuhörer nicken. Das spricht ihnen aus dem Herzen, erleben sie doch zu Hause ihre Gemeinden als tot und die Kirche in ihrer staatskirchlichen Form als liberal und eng an die herkömmlichen Formen gebunden. Sie fanden sich ja in Gemeinschaften zusammen, um einen Ort zu haben, wo sie ihren Glauben leben und erleben können.

Nur im hinteren Teil des Saales verläßt ein älterer Mann im würdigen Gehrock mit rotem Kopf und zornigen Schritten den Saal. Er ist wohl einer von denen, die das Fähnlein der Kirche hochhalten, vielleicht ein Vertreter des Konsistoriums, der mit Argusaugen das Treiben der frömmelnden Kreise betrachtet. Soll er doch seinen Weg gehen, wir gehen unseren – denken die im Saal, die seinen Abgang mitverfolgt haben.

Aber wie sieht denn nun dieser Weg des Glaubens aus? Otto Stockmayer läßt sich nicht beirren und in seinem Redefluß nicht aufhalten.

Und was ist nun der Weg?

Es ist Jesus Christus, A und O, Anfang, Mitte und Ende. Jesus Christus, der da war – uns gemacht von Gott zur Gerechtigkeit; Jesus Christus, der da ist – uns gemacht zur Heiligung; Jesus Christus, der da kommt – unsere Erlösung. Zuerst: Jesus Christus, der da war, der seinerzeit für uns am Kreuz Geopferte. Um sicher auf einem Weg zu gehen, muß man festen Grund und Boden unter den Füßen haben, oder, um ein anderes Bild zu gebrauchen, will man einen Bau hinausführen, will man einen dauernden, allen Stürmen gewachsenen Bau haben, so muß es mit dem Fundament seine volle Richtigkeit haben. Fehlt es an diesem Punkt, so ist es unerläßlich, wieder Grund zu legen

mit Buße und Glauben, oder den Grund noch einmal nachzusehen. Unter solchen Umständen das Wort vom Anfang Christi lassen und der Vollkommenheit nachjagen zu wollen, wäre Verkehrtheit und Wahn.
Wie steht es bei uns mit den Fundamenten unseres christlichen Lebens? Mit anderen Worten: Ist uns das Kreuz Christi in seiner vollen Bedeutung aufgeschlossen? Ist unser Denken und Handeln davon bestimmt, ist es unsere Heimat? Wenn etwa Beruhigung über Sünden, die dich quälten, alles ist, was du im Opfertod deines Heilandes gefunden, so ist dir die Kraft seines Kreuzes noch verschlossen, so steckst du noch im Schlamm deiner Natur und vermagst nicht zu wandeln auf dem Weg zur Vollkommenheit. Das Kreuz Christi kennen wir in Wirklichkeit erst, wenn es aus uns Geächtete, Gehenkte, Verfluchte gemacht hat. Solange wir noch Gutes an uns finden, oder bei uns suchen, sind wir nicht wirklich in die Stellung eines mit Christo Gekreuzigten eingegangen. Bei wem das Wort vom Kreuz Wurzel geschlagen, der ist mit sich selbst zerfallen; er ist völlig auf Christum und seine Gnade geworfen. Er lebt aus Gnaden.
Lieber Herr *Pastor* Stockmayer, das ist aber starker Tobak – vor allem für einen Menschen von heute! Sie verlangen da von Ihren Zuhörern aber sehr viel: Er soll zerbrochen werden, er soll ein verachteter Mensch werden. Ist das wirklich nötig? Heute bemüht sich ja jeder, besser dazustehen als der andere, und wendet viel dafür auf, aus seinem Leben das Optimale zu machen. »Image-Management« ist ein Schlagwort unserer Gesellschaft, wo der Schein mehr zählt als das Sein. Bedeutet also Vollkommenheit nach Ihrem Verständnis etwas ganz anderes als Erfolg und Karriere? Das wäre ja interessant – denn es stünde gegen die Trends unserer Zeit! Ich bin gespannt auf weitere Provokationen.
Jesaja 35,8 redet von einem Hochweg, auf dem auch die Toren nicht irren können, so ist der Weg zur Vollkommenheit ein Weg für Hinkende, für Leute, die mit ihrer sittlichen Leistungsfähigkeit zuschanden geworden sind. Zu Hinkenden und Gelähmten werden wir aber nur durch persönliche Begegnung mit dem Herrn, durch eine Begegnung, wie sie Jakob am Jabok hatte. In solcher Begegnung vollzieht sich ein Gericht über unsere adamitische Natur; über alle natürliche, sittliche Kraft und Fähigkeit. Gott sei Dank! Ist das aber nur die eine Seite. Die Erscheinung des Herrn an unserem Horizont, wenn sie uns richtet und lahmlegt, führt auch ein neues Morgenrot über unser Leben herauf; ein Strahl der Herrlichkeit des Herrn leuchtet damit in unsere Seele und auf unseren Weg. Der vorher Gehaßte und Verachtete, von

dem wir unser Angesicht abgewandt hatten, wird uns zum Schönsten unter den Menschenkindern. Wir lassen ihn jetzt nicht mehr, bis er uns gesegnet und einen neuen Namen gegeben hat, bis er uns seinen Namen auf die Stirn gedrückt hat. Überwunden von seiner Herrlichkeit wollen wir jetzt wirklich nichts mehr anderes haben als ihn.

Macht uns das Opfer Christi am Kreuz zu Verfluchten, so macht es uns eben damit auch zu Gott Geheiligten. Das Neue, das großartig Neue, das mit dem Kreuz Christi in das Leben derer hereintritt, über die Gott den Stab gebrochen und die ihr Leben verwirkt haben, ist, daß sie nun für ihren Gott und Heiland leben dürfen. Durch die Opferung des Leibes Jesu Christi sind wir nach Hebräer 10,10 ein für allemal geheiligt. Wir sind durch dieses Opfer wieder für Gott gewonnen, wieder sein rechtmäßiges Eigentum geworden. Was aber Gott gehört und worüber Gott verfügt, das ist heilig. »Er starb für uns«, ist im Grunde nur die negative Seite unserer Erlösung. Die positive ist: »auf daß alle, die leben, nicht mehr sich selbst leben, sondern dem, der für sie gestorben und auferstanden ist«. Losgekauft durch das Blut des Lammes von der Eitelkeit, vom »eitlen Wandel durch väterliche Weise«, haben wir kein Recht mehr, uns selber zu leben, für uns in dieser Welt etwas zu suchen; wir haben Macht, für Gott zu sein, Ihm zu dienen im neuen Wesen des Geistes. Wer davon nicht durchdrungen ist, steht in Gefahr, selbst auf der Bahn der Heiligung und bei aufrichtigem Streben nach Vollkommenheit, der Eitelkeit zu verfallen – und Eitelkeit ist es, wenn man es im Geistlichen zu etwas bringen will, worin man Befriedigung findet und sich selber gefällt. Ist ja doch das Heiligste und Beste am meisten der Fäulnis ausgesetzt. Wer aber in seinem tiefsten Lebensbewußtsein zu einem Verfluchten, Begnadigten, Gott Geheiligten geworden ist, der trachtet nicht mehr nach geistlichen Errungenschaften; er will nicht für sich ein Ziel erreichen, er will nur noch eins: daß Gott sein Ziel mit ihm erreiche, daß sein Heiland an ihm den vollen Lohn seiner Schmerzen habe.

Die Zuhörer sind berührt und getroffen. In einfachen und klaren Worten hat ihnen der Prediger das Evangelium vermittelt. Sie können aufatmen: Nicht was sie von sich aus sind, ist wichtig, sondern was Jesus aus ihnen macht! Besonders die gedemütigten und verspotteten Menschen im Saal – und das sind nicht wenige – spüren, wie neue Hoffnung und Kraft in sie einzieht. Der *Seelsorger* Otto Stockmayer hat ihre Herzen erreicht. Er zerschlägt nicht nur mit wuchtigen Sätzen, sondern er baut auch wieder auf, indem er die Liebe Gottes vermittelt.

Und nun Jesus Christus heute: Jesus Christus, der da ist; uns von Gott gemacht zur Heiligung.
Nachdem er selbst gehorsam gewesen war bis zum Tode am Kreuz, nachdem er vollendet war, ist er denen, die ihm gehorchen, geworden ein Urheber ewiger Seligkeit. Was er seinerzeit auf Erden für uns vollführt hat, das wirkt er jetzt in uns aus durch den Heiligen Geist.
Der Redner macht eine kurze Pause. Er hat das »uns« so betont, daß jeder sich miteinbezogen fühlte. Otto Stockmayer sammelt wie ein *Hirte* die Schafe, um sie auf den richtigen Weg zu führen, auf einen Weg, der ein Ziel hat: Gottes ewige Weide.
Der Heilige Geist ist es, der Christum in uns verklärt und ausgestaltet (2. Korinther 3,18) der Wollen und Vollbringen in uns schafft nach seinem Wohlgefallen (Philipper 2,13), der dann aber auch von uns erwarten kann, daß wir vor seiner Majestät uns beugen und »unsere Seligkeit schaffen mit Furcht und Zittern«. Du mußt bereit sein, eher alles zu leiden, als deinem Gott untreu und ungehorsam zu sein. »Seine Seligkeit schaffen« ist nichts anderes, als Gott, dem Heiligen Geist zu gehorchen.
Dieser Gehorsam muß ein Glaubensgehorsam sein. »Ich glaube an den Heiligen Geist«, lautet von alters her das Bekenntnis der christlichen Kirche. Ich glaube, daß der Heilige Geist in mir zu Stand und Wesen bringen wird alles, was Christus für mich erworben, daß sich das Werk des Geistes in mir mit dem Werk des Sohnes für mich decken und abschließen wird mit einem: »Es ist vollbracht.« Unbedingtes Vertrauen zum Heiligen Geist ist aber nur möglich auf dem Untergrund heiliger Furcht.
Gehorchen wir dem Heiligen Geist, so verklärt er uns das Wort Gottes und das Blut Jesu Christi in ihrer reinigenden und heiligenden Kraft. Dies ist der Weg, auf dem er uns der Vollendung entgegenführt.
Geht das nicht auch noch konkreter, Herr *Prediger*? Sie fordern uns hier zum Gehorsam heraus, aber wie soll das aussehen? Wem sollen wir folgen? Das ist doch die große Frage zu allen Zeiten, wenn so viele Stimmen, Meinungen und Anweisungen auf uns einstürmen, wenn jeder sagt: »Hier geht's lang!« Wie können wir sehen, wer recht hat und welches der wahre Weg ist, sonst kann ja jeder kommen und uns alles mögliche erzählen ...?
»Heilige sie in deiner Wahrheit, dein Wort ist die Wahrheit«, war Jesu Gebet

für seine Jünger. Kurz vorher hatte er zu ihnen gesagt: »Ihr seid schon rein um des Wortes willen, das ich zu euch geredet habe«, hinzusetzend: »bleibet in mir.« Einen Augenblick unter den reinigenden Einfluß des Wortes Christi gestellt, waren die Jünger bald wieder anderen Einflüssen und Strömungen verfallen, waren befleckt und geschwächt. Sie kannten noch nicht das Geheimnis, in Jesus zu bleiben. Erst mit Pfingsten haben sich uns die im Worte niedergelegten Kräfte der zukünftigen Welt ganz aufgeschlossen und kann uns der Heilige Geist durchs Wort so mit Christus zusammenbinden, daß uns keine Einflüsse der Sichtbarkeit, keine Strömungen der unteren kreatürlichen Welt mehr erfassen und fortreißen können. Aber da gilt es in der Tat, dem Geiste gehorchen und sein ganzes Herz und Leben dem Worte Gottes öffnen. Das Wort Gottes muß in uns eindringen und durchdringen, scheidend und richtend, alles bloßlegend vor Gott bis in die Quellgebiete unseres Lebens und Denkens hinein.

Nun ist Otto Stockmayer der *Evangelist*, der aufdeckt und zur Umkehr führt. Er scheidet das Menschliche vom Göttlichen. Er zeigt dem Menschen, wer er ist, indem er ihm einen Spiegel vorhält. Er will, daß die Menschen hungrig werden nach der göttlichen Speise, dem Wort Gottes und daß sie sich ausstrecken nach dem, was von Gott kommt, und ihr Leben verändert.

Im Wort Gottes ist uns alles angeboten, was zur Frömmigkeit und Gottseligkeit gehört, was nötig ist, um göttlicher Natur teilhaftig zu werden, um unserem Gott zu dienen in Heiligkeit und Gerechtigkeit Tag für Tag. Macht uns das Kreuz Christi zu Gottes Geheiligten, für den Dienst Gottes Abgesonderten, so erlangen wir erst durch Gottes Wort Fähigkeit und Geschick, diesen Dienst wirklich zu treiben, Fertigkeit für jedes gute Werk, das Gott uns vorbehalten mag. »Alle Schrift ist von Gott eingegeben und nütze zur Lehre, zur Strafe, zur Besserung, zur Züchtigung in der Gerechtigkeit, auf daß ein Mensch Gottes sei vollkommen, zu allem guten Werk geschickt.«

Der Geist, der uns durch die heilige Schrift für den Dienst des Herrn erzieht und ausrüstet, gibt uns mit der Schrift auch das Schwert in die Hand, mit dem wir dem Argen siegreich begegnen können. Lebendiger, fruchtbarer Dienst im Reich Gottes ist ein Eingriff ins Reich der Finsternis, und wer da eingreift, der bekommt es in ganz persönlicher Weise mit dem Fürsten der Finsternis zu tun.

Jetzt wird es aber spannend, Herr *Lehrer*. Gehören Sie also auch zu denen, die schwarzweiß zeichnen und mit dem Teufel drohen, die den

Gläubigen Angst machen, damit sie bei der Stange bleiben? Wie sollen wir denn mit dieser Bedrohung umgehen, wie können wir standhalten, oder sind wir den Angriffen hilflos ausgeliefert? Hätten Sie nicht ein paar Beispiele, Geschichten, die man heute so gerne hört und die zu einem siegreichen Leben im Glauben motivieren? Erklären Sie uns doch, was wir tun sollen, lehren Sie uns, wie wir als Christen leben sollen.

Gelingt es uns nicht, das Schwert des Geistes siegreich zu handhaben, wo der Feind im Dienste des Herrn uns versuchend und hindernd entgegentritt, so wollen wir uns fragen, ob es nicht erst einer tiefer gehenden Reinigung bei uns bedarf. Jegliche Rebe, die da Frucht bringt, reinigt der Vater, auf daß sie mehr Frucht bringe.

Die Erfahrungen im Dienst lassen Unreinigkeiten offenbar werden, die sonst nie zutage gekommen wären. Wenn Wirkungskreise von Arbeitern ineinandergreifen, die verschiedene und ungleich verteilte Gaben haben, wenn auf dem gleichen Boden und in dem gleichen Hause verschiedene Charaktere und Temperamente sich begegnen, wenn in Fragen der Gemeinde und Gemeindebildung oder in irgendwelchen Reichs-Gottes-Fragen die Anschauungen auseinandergehen, da kann es auch bei treuen Knechten des Herrn manches Gericht und manchen Kampf kosten, bis alle Empfindlichkeit und Eifersucht erloschen ist in der Demut und Liebe Christi, bis ein Arbeiter nicht mehr das Seine sucht, sondern das, was Christi Jesu ist. Es gilt das Lied: »Die Sach' ist dein, Herr Jesu Christ« nicht nur auswendig zu wissen, sondern innerlich auszuleben. »Die Sach' ist dein, Herr Jesu Christ«, die Sach', an der wir dienen, und weil es deine Sache ist, kommt es nicht darauf an, wie man mit mir umgeht und was man aus mir macht, wenn nur der göttliche Weingärtner mich dadurch reinigen kann, ihm anderswie und anderswo mehr und besser Frucht zu bringen, und würde sie erst offenbar in der Ewigkeit.

Das Handeln Gottes

Otto Stockmayer spricht als der SEELSORGERLICHE LEHRER, dem es nicht auf allgemeine Wahrheiten ankommt, der nicht nur Theologie treiben, sondern der die Menschen an ihren wunden Punkten erreichen, berühren und vielleicht sogar heilen möchte. Nicht nur Lehre wird vermittelt, die Zuhörer erhalten Anleitung zu einem anderen Leben in der Kraft Gottes. Sie bekommen ganz einfach und ganz praktisch die Mittel an die Hand, wie sie ihr Leben im Lichte Gottes gestalten können. Das brauchen sie auch – damals genauso wie heute!

Was der Dienst des Herrn an Uneinigkeit zu Tage fördert, das reinigt das Blut Jesu Christi. Zu gleicher Zeit mit dem Wort Gottes und durch das Wort Gottes verklärt uns der Heilige Geist das Blut Jesu. Um in der Licht-Welt des göttlichen Wortes zu leben und tiefer in dieselbe einzudringen, müssen wir gedeckt sein gegen die Finsternis-Welt der gefallenen Geister. Wir können im Licht, d. h. im Geist und in der Liebe, wandeln nur unter der Deckung des Blutes Jesu Christi, das uns von aller Sünde reinigt. Die Reinigung durch dieses Blut können wir keinen Augenblick entbehren. »So wir sagen, wir haben keine Sünde, so verführen wir uns selbst und die Wahrheit ist nicht in uns« (1. Johannes 1,8). Nur unter der Deckung dieses Blutes kann uns der Arge nichts anhaben und sind wir geschützt vor uns selbst und unserem eigenen Herzen.

Otto Stockmayer nimmt wie ein *Prophet* Stellung zu einer Diskussion, die erst einige Jahre später (1904) ausgetragen wurde und die sich jetzt schon abzeichnete: Es ging um die Lehre von der Sündlosigkeit. Er sah diese Entwicklung kommen, und vorbauend stellte er in eindeutiger Weise die Wahrheit der Bibel sicher, um eine stabile Grundlage für kommende Stürme zu schaffen: Vollkommenheit bedeutet nicht Sündlosigkeit! Der Weg der Heiligung macht ständige Reinigung durch das Blut Jesu nötig – denn nur so hat die Sünde keine Macht über den Menschen.

Neben der fortlaufenden Reinigung durch das Blut Jesu Christi darf ein Christ, der im Lichte wandelt, die reinigende Kraft dieses Blutes in besonderer Weise erfahren, wenn der Geist ihn straft. Nicht bloß die Welt wird vom Heiligen Geist der Sünde überführt, nicht bloß laue und den Heiligen Geist betrübende Kinder Gottes erfahren sein Straf-Amt; auch bei solchen, die im Lichte wandeln, wie Gott im Licht ist, kann in Bewegungen des äußeren oder inneren Lebens etwas vorkommen, was nicht aus dem Licht und aus der Liebe, was also Christo nicht ähnlich ist, und wäre es nur ein vorübergehender Schatten. »So wir unsere Sünde bekennen, so ist er treu und gerecht, daß er uns die Sünden vergibt und reinigt uns von aller Untugend« (1. Johannes 1,9).

Kinder Gottes, die nicht unter Geisteszucht wandeln, gewöhnen sich an solche Trübungen und schließlich sogar an Untreue, Unlauterkeiten und Verfehlun-

gen; sie bekennen ihre Sünden in leichtsinniger und oberflächlicher Weise. Die Vergebung ihrer Sünden wie einen Raub dahinnehmend, vergessen sie die Reinigung und verfallen so in fleischlichen, weltlichen Sinn. In geistigem Siechtum kommen sie vom Weg der Vollkommenheit je länger je weiter ab.

Ja, so ist es! Die Zuhörer spüren, daß hier einer redet, der sie kennt. Er kennt die Abgründe des Herzens! Er kennt die Gefahren aus seinem eigenen Leben und sieht in seinem Dienst viele gequälte, müde und verletzte Seelen. Er weiß um die Sünde in ihren vielen Spielarten, auch den frommen und verborgenen. Als *lehrender Seelsorger* deckt Otto Stockmayer auf, er bringt zurecht und hilft auf den richtigen Weg. Die Menschen fühlen sich verstanden in ihrer tiefen Glaubensnot; wie ein reinigendes Gewitter sind die starken Worte des Predigers in ihren Herzen.

Bei dem, der an die Vollkommenheit glaubt und sich das Ziel nicht verrücken läßt, ist es umgekehrt. Ohne einen Augenblick an Gottes Vergebung zu zweifeln, wo der Geist ihm etwas aufdeckt, hütet er sich doch wohl, die Vergebung ohne weiteres an sich zu reißen; er geht erst mit seinem Gott ins Gericht und hält ihm stille, zu vernehmen und innerlich zu bewegen alles, was sein Gott ihm bei diesem Anlaß zu sagen haben mag. Immer tiefer gehende Buße macht Raum für tiefer gehende Reinigung und völligere Lösung; sie führt einen Schritt weiter in der Erkenntnis des Herrn und seiner freimachenden Wahrheit. Nach solcher Buße kehrt man nicht nur zurück in die volle, ungetrübte Klarheit der Gemeinschaft des Vaters, des Sohnes und des Heiligen Geistes, sondern man findet sich tiefer gewurzelt im Herrn, dem Gebiet der Sünde ferner gerückt, gewisser denn je, daß es dem Herrn gelingen wird, auch mit uns, auch mit mir, seine Gerichte durchzuführen, zu völligem Sieg, zu völliger Einnahme des Landes.

Aufruf zur Umkehr

Der Redner stellt sich unter seine Worte und bezieht sich selbst mit ein. Otto Stockmayer predigt sich selber, ist doch der Prozeß der ständigen Buße sein eigener Weg, den er Tag für Tag geht. Die Reinigung vom eigenen Ich ist sein tägliches Bemühen. Und nicht, daß er sich selbst reinigt, nein, er läßt sich reinigen, indem er sich dem Licht Gottes aussetzt und die Erneuerung des Sinnes als fortwährendes Handeln vollzieht. So wie sich Otto Stockmayer willig unter die Hand Gottes beugt

und Schicksalsschläge und Not als Zuchtmittel Gottes annimmt, so will er auch, daß seine Zuhörer einwilligen in das befreiende Handeln Gottes, das sich nicht ohne Schmerz vollzieht.
Die Zuhörer nehmen an, was der Prediger sagt, denn er stellt sich nicht über sie, er geht mit ihnen den gleichen Weg, er ist einer von ihnen. Aber verlangt er da nicht zu viel von den Menschen? Ist es nicht so, daß Einzelne – so wie dieser Gottesmann – diesen Weg zu gehen vermögen, aber er für andere viel zu schwer, wenn nicht gar unmöglich zu beschreiten ist?
Dies führt uns auf Hebräer 9,14. Es heißt dort: »Wieviel mehr wird das Blut Christi, der sich selbst ohne allen Fehl durch den Ewigen Geist Gott geopfert hat, unser Gewissen reinigen von den toten Werken, zu dienen dem lebendigen Gott!« Totes Werk ist alles, was der Mensch in eigenem Eifer wirkt, alles, was aus unserer Natur kommt und nicht Frucht aus dem Geist Christi ist. Ein Kind Gottes, das für den Geist ein zartes Ohr hat, lernt ausscheiden, was sich von toten Werken in seinen Dienst hereingeschlichen und darin fortgepflanzt hat; es reinigt sein Gewissen von allem als tot Erkanntem im Blut Jesu. Wer hierin treu ist, in dem gewinnt der Geist mehr und mehr Raum. Er lernt unterscheiden nicht nur zwischen Fleisch und Geist, sondern zwischen Seele und Geist. Es bildet sich in seinem inneren Bewußtsein wie ein Firmament, das die seelischen Erregungen von unten und die Geisteswirkungen von oben voneinander scheidet. Was von unten kommt, ist totes Werk, unfruchtbar und böse; was von oben kommt, ist lebendiger Gottesdienst, fruchtbar und gut. Schult uns schon das Wort für den Dienst, so ist es doch erst das Blut Jesu in seiner Wechselwirkung mit dem Geist, das uns für den Dienst der Vollkommenheit befähigt, für den Dienst des Mannesalters, in welchem man durch regelmäßigen Gebrauch geübte Sinne erlangt hat zu unterscheiden zwischen Gottes Geist und eigenem Geist und damit zwischen gut und böse.
Gut! Das ist solide REFORMATORISCHE LEHRE. Nicht die Werke machen es, sondern Gottes gnädiges Handeln. Aber es ist keine »billige Gnade« – sie verlangt die Bereitschaft des Menschen zur Zucht. Stockmayer hält beides zusammen: Glaube und Tun, er bevorzugt nicht das eine vor dem anderen, sondern verknüpft die beiden Pole miteinander. Wenn der Heiligungsbewegung in späteren Jahren vorgeworfen wurde, daß ihre Vertreter den Glauben zu stark betonten und die Heiligung des Menschen nur auf den richtigen Glauben reduzierten, dann trifft diese

Sicht auf Otto Stockmayer nicht zu. Er sieht, daß auch das eigene menschliche Verhalten eine Rolle spielt, und er betont, daß es tote und fruchtbare Werke gibt.

Hören wir dem Redner weiter zu.

Man vergesse doch keinen Augenblick, daß es ein Gebot Gottes ist: »Ihr sollt vollkommen sein, wie euer Vater im Himmel vollkommen ist.« »Ihr sollt heilig sein, denn ich bin heilig.« Unter dem Gesetz stehen, d. h. Forderungen Gottes kennen und sich in der Unmöglichkeit sehen, denselben nachzukommen, führt jeden Aufrichtigen zur Verzweiflung. »Ich elender Mensch, wer wird mich erlösen von dem Leibe dieses Todes?« Aber einen Blick getan haben in die Geheimnisse des Neuen Bundes, in die Macht der Gnade und der Erlösung, gehört haben von einem Gesetz des Geistes, das losbindet von dem Gesetz der Sünde und des Todes: und noch in irgendeinem Punkt darauf verzichten, zu sein wie Gott uns haben will, ist strafbare Geringschätzung Gottes.

Woran liegt es, wenn ein Mensch, der sein natürliches Angesicht einen Augenblick im Spiegel betrachtet hat, sobald er weg ist, wieder vergißt, wie er gestaltet war, auch wenn ihm Flecken, häßliche Runzeln oder gar eine Entstellung entgegengetreten waren? Vergessen kann er erst, nachdem er vergeblich Kunst und Anstrengung erschöpft hat, um die Sache wegzubringen. Du hast im Spiegel des Wortes Gottes dunkle Flecken in deinem Charakter entdeckt, hast deine Unmacht, sie zu entfernen, erkannt und bist nun an dem Punkt angelangt, dich daran zu gewöhnen und zu vergessen, wie du gestaltet warst. Blicke tiefer hinein ins Wort, bis der Spiegel, der dein natürliches Angesicht geoffenbart, das Bild deines Erlösers zurückstrahlt. In ihm öffnet sich dir eine Fülle von Heilskräften, vor denen alle Flecken und Runzeln weichen, Heilskräfte, die Sinn und Charakter umgestalten. »Nun aber spiegelt sich in uns allen des Herrn Klarheit mit aufgedecktem Angesicht« oder (nach Elberfeld): »Wir alle aber mit aufgedecktem Angesicht die Herrlichkeit des Herrn anschauend – werden verwandelt in dasselbe Bild von Herrlichkeit zu Herrlichkeit, als durch den Herrn, den Geist.«

Ich schaue mich um, die Zuhörer sind in ihre Gedanken vertieft, schon so lange hängen sie dem Prediger an den Lippen, fast ohne sich zu rühren. Eine solch aufmerksame Konzentration würde einem heutigen Zeitgenossen wahrlich schwerfallen und viel Mühe kosten, er hätte bestimmt schon längst innerlich abgeschaltet und sich ungeduldig mit den nächsten Terminen beschäftigt.

Ich sehe in den Gesichtern der Menschen die Liebe zu Jesus. Ich erkenne

ihr Bemühen um die Wahrheit, ja, sie wollen sich umgestalten lassen, ja, sie wollen in Reinheit, ohne Flecken und Runzeln Jesus entgegengehen. Ihre Gesichter sind offen wie ein aufgeschlagenes Buch, sie haben sich geöffnet, damit Jesus selbst in ihre Herzen einkehrt und sie verändert. Sie lauschen nicht nur einem Vortrag, nein, sie erleben das Handeln des göttlichen Geistes an sich selbst. Beschämt wende ich mich ab und wieder dem Prediger zu, der inzwischen – ohne Ermüdungserscheinungen zu zeigen – zu seinem dritten Teil kommt.
Drittens: Der Weg zur christlichen Vollkommenheit ist Jesus Christus, der da kommt, uns von Gott gemacht, zur Erlösung.
Otto Stockmayer betont das Wort »kommt«. Jetzt geht es also um sein Lieblingsthema: der Wiederkunft Jesu.
Wir lesen Römer 8,28-30.
Die Frauen und Männer im Saal schlagen wieder ihre Bibeln auf, der Redner macht eine kurze Pause, er wischt sich mit einem großen Taschentuch über die Stirn. Es ist heiß und stickig geworden. Um keine Ablenkung zu haben, bleiben die Fenster geschlossen. Auch das scheint die Menschen hier nicht zu stören.
Wenn wir uns der Zeit wegen für diesen dritten Teil auf Grundlinien beschränken, so ist dieselbe deswegen nicht weniger wesentlich in der Frage, die uns beschäftigt. Muß man, um einen Weg zu gehen, festen Grund und Boden unter den Füßen haben, so ist es ebenso notwendig, das Ziel zu kennen, das erreicht werden soll. Wollen Gott geheiligte Menschen keine eigenen Ziele verfolgen, so müssen sie sich klar sein über das Ziel ihres Gottes.
Uns vollkommen zu machen, d. h. dem Bilde Christi gleichförmig, ist nicht Gottes letztes Ziel; es ist nur Mittel und Weg, uns einem anderen, höheren Ziel entgegenzuführen. Wem Vollkommenheit und Vollendung letztes Ziel ist, der wird nie dazu gelangen, was man ihm auch über den Weg sagen mag. Was ist Gottes Ziel mit uns? Antwort: eine Braut, ein Weib zu haben für seinen Sohn, eine Gehilfin, die ihm entspreche; die mit ihm regiere, seine Herrlichkeit, seinen Sieg und sein Leben durch künftige Äonen hindurch hinaustrage und hinausstrahle von Kreis zu Kreis, bis alles in der sichtbaren und unsichtbaren Welt dem Vater zu Füßen liegt. Christus kann und wird sein Reich nicht antreten, bis er seine Gehilfin zur Seite hat (siehe Offenbarung 19,6-7). Diese Braut zu gewinnen, hat er den Vater und das Vaterhaus verlassen, ist auf die Erde heruntergestiegen und hat sein Leben am Kreuz geopfert. Sein am Kreuz zerrissenes Fleisch sollte der Mutterschoß werden für ein

Wesen, das Fleisch von seinem Fleisch ist, in dem er sich erkennt und wiederfindet, ein Wesen, ihm vollständig ebenbürtig (vergleiche 1. Mose 2,18-24 mit Epheser 5,29-32). Wie Gott mit einer Rippe Adams die Eva gebaut hat, so baut der Heilige Geist im gegenwärtigen Äon mit dem am Kreuz ausgeschütteten Leben des Sohnes dem Sohn ein Weib. Solange dieses Weib nicht ausgestaltet ist, kann unser jetziger Äon nicht abschließen und harrt die ganze in Geburtswehen sich krümmende Kreatur vergeblich auf Erlösung.

Hier sind nicht nur die einzelnen Gläubigen unterwegs auf dem Weg der Nachfolge – hier ist die ganze Gemeinde gefragt. Die Spannung im Saal steigt: Herr, wir sehnen uns nach deinem Erscheinen! Was können wir tun, damit du bald kommst?

Das ist eine gute Wendung in diesem Vortrag! Der Redner leitet seine Zuhörer an, von sich wegzuschauen. Sie sollen nicht um sich selbst kreisen, sondern sich in konzentrierter *Erwartung* dem wiederkommenden Herrn zuwenden.

Was heißt in der vorhin gelesenen Stelle (Römer 8,28) Gott lieben? Die, die Gott lieben, sind hier offenbar keine anderen, als die durch Gottes Gnadenwahl zur Gleichgestaltung mit seinem Sohn Bestimmten und Berufenen, und dann kann Gott lieben nichts anderes bedeuten, als sich mit ganzem Herzen auf Gottes Seite stellen, um in seine Berufung, in seine Gedanken und Ziele rückhaltlos einzugehen, aus Liebe zu Gott und um Gottes Willen unbedingt willig, alle Übungen durchzumachen und alle Schulen zu durchlaufen, die nötig sind zur Ausbildung für den Königsthron.

Nun ist aber nach Offenbarung 5,12 ein erwürgtes Lamm, das würdig erfunden wurde, »zu nehmen Kraft und Reichtum und Weisheit und Stärke und Ehre und Preis und Lob«. Ein Lamm kann sich nur mit Lämmern vermählen und mit Lämmern seinen Thron teilen, und zu Lämmern wird man nur in der Schule, in der unser königlicher Bräutigam für die Herrlichkeit reifte, in der Schule des Leidens. Wer das Ziel will, will auch die Mittel und den Weg.

Bereitschaft zum Leiden

Otto Stockmayer macht seinen Zuhörern keine leeren Versprechungen, er redet nicht von Zielorientierung und dem konsequenten Erreichen der Ziele. Er spricht nicht von Gemeindeaufbau, Konzepten und Programmen. Er wirbt nicht für eine Strategie oder motiviert die Menschen dazu, durch effektives Handeln das effizienteste Ergebnis zu erreichen. Er redet davon, daß dieser Weg zum Ziel Gottes *Leiden* bedeutet! Das sind mahnende Worte für unsere Zeit, in der nur schnelle Erfolge zählen und ein Erfolg ohne viel Mühe erreicht werden soll.

Vollkommene wissen nichts von Leidensscheu. Wenn sie sich, wie der vollkommene Paulus, ausstrecken nach der Kraft der Auferstehung Christi, so ist es, um in der Kraft seiner Auferstehung tiefer einzudringen in die Gemeinschaft seiner Leiden, in die Gleichgestaltung mit seinem Tode, d. h. mit dem geschlachteten Lamme. Durch den Tod Jesu erlöst von der Furcht des Todes, die sie geknechtet hatte, und damit von der Furcht der Leiden und Demütigungen, folgen die, die Gott lieben, dem Lamme nach, wohin es geht. Völlige, vollendete Liebe läßt keinen Raum mehr für Furcht und Pein. Ist doch der Gott, der uns für ein so unaussprechlich hohes Ziel geschaffen und berufen, der gleiche, der auch alle Einzelheiten unseres Lebens zum voraus bestimmt hat und dieselben nun täglich dahin ordnet, daß sie zu unserem »Guten mitwirken« (Luther übersetzt: »zum Besten dienen«), d. h. daß sie uns diesem Ziele stracks und sicher entgegenführen. Ein anderes Gutes kennen die, die Gott lieben, nicht mehr.

Ob Kreuz und Widerwärtigkeiten uns aus den äußeren Verhältnissen oder uns durch die Hand der Menschen zukommen, ob von der draußen stehenden Welt oder von denen, die das Brot mit uns essen, sei es am Familientisch, sei es am Tisch des Herrn, macht jetzt keinen Unterschied mehr. In allem, was uns früher zur Ungeduld oder zur Bitterkeit gereizt hätte, begrüßen wir jetzt einen Boten Gottes, von ihm verordnet und gesandt, mitzuarbeiten an der Verwirklichung der Ziele Gottes, an unserer Umgestaltung in Christi Lammes-Natur. In der Liebe zu Gott und im Einverständnis mit seinen Zielen lieben wir den Bruder und den Fremden mit einer Liebe, die jeden Tag unabhängiger davon wird, wie der andere sich zu uns stellt; wir haben auf diesem Boden Macht, alles zu überwinden, was geeignet wäre, unserem Lieben Eintrag zu tun.

Wer im Licht des Wortes und in der Kraft des Geistes Gottes Ziele zu den seinigen gemacht, der hat Macht zu lieben und hat Macht zu leiden. Und Lieben und Leiden ist es, was einem Menschenleben seinen Wert und seinen Gehalt gibt.

Nun ist Stockmayer wieder der Seelsorger, der das Leid kennt und als Hirte die Lasten der Menschen mitträgt. Die Zuhörer spüren das Inter-

esse des Redners an ihnen, sie sehen sein Herz, sie erfahren seine Liebe. Und das tut ihnen gut. Da öffnet einer sein Herz, ein Herz voller Jesusliebe, und er findet dadurch den Zugang zu den Herzen der Menschen im Saal. So redet Herz zu Herz. Diese Offenheit der Zuhörer könnte ohne weiteres von einem gewissenlosen Redner ausgenützt werden. Aber solch einer ist Otto Stockmayer nicht! Er will diese Menschen nicht für sich, sondern für Jesus und für die Ewigkeit gewinnen. Er will Jesus eine geheiligte, reine, untadelige *Braut* zuführen: seine Gemeinde.
So kommt der Redner zum Schluß:
Bin ich mir bewußt, daß Gott mich zu der Gleichgestaltung mit dem Lamme bringen will, so entgehe ich damit der Gefahr, auf halbem Weg stehenzubleiben, mich mit einer verfrühten, gefälschten Heiligkeit zu begnügen. Glied der Braut kann ich nur sein mit einer Heiligkeit, die vor Gott, vor Engeln und Teufeln sich sehen lassen kann. Was aus Gott kommt, kann vor Gott bestehen. Ist meine Erwartung der Zukunft – richtiger: der Ankunft des Herrn eine lebendige und biblische, erwarte ich wirklich einen Herrn, der kommt, seine Braut heimzuholen, so kann ich nicht mehr anders, als mich reinigen von allem, was nicht Christus ist, was nicht Christo ähnlich und seiner würdig ist. »Ein jeglicher, der solche Hoffnung hat zu ihm«, sagt der Apostel Johannes, »der reinigt sich, gleichwie er auch rein ist« (1. Johannes 3,3).
Noch weniger darf ich fürchten, daß Gott auf halbem Weg stehenbleibe. Von dem Augenblick an, wo Gott mich auf seiner Seite hat, wo ich als ein von Gott Berufener und Gott Liebender mit ungeteiltem Herzen in meine hohe Berufung eingegangen bin, von dem Augenblick an weiß ich, daß Gott nach seinem ewigen Vorauswissen mich von Ewigkeit her bestimmt hat zur Gleichgestaltung mit dem Bilde seines Sohnes und wie für mich, meine Berufung sowohl als meine Rechtfertigung etwas Vergangenes, hinter mir Liegendes ist; so weiß ich nun, daß für Gott auch meine Herrlichmachung, meine schließliche Vollendung, von Ewigkeit her eine vollbrachte Tatsache ist. »Welche er berufen hat, die hat er auch gerecht gemacht, welche er aber gerecht gemacht hat, die hat er auch herrlich gemacht.«
»Er aber, der Gott des Friedens, heilige euch durch und durch, und euer Geist ganz samt Seele und Leib müsse bewahrt werden unsträflich auf die Ankunft unseres Herrn Jesu Christi. Getreu ist der, der euch rufet, er wird es auch tun« (1. Thessalonicher 5,23-24).

Die Reaktion der Zuhörer

Eine solche Rede läßt nicht kalt. Sie verlangt nach Antworten, sie zwingt zu Konsequenzen. Auch heute noch, wenn wir diese Rede über die Entfernung so vieler Jahrzehnte hin noch einmal hören, fordert sie heraus: Was sollen wir tun? Es scheint so, als ob nun das Leben in anderer Weise weitergehen müßte.

Auch die Menschen damals waren getroffen. Einer, der dabei war, schrieb über eine solche Versammlung:

»Es war eine unvergeßliche Stunde, in der der teure Mann Gottes sein Bestes gab. Der Ernst der Ewigkeit lag auf der großen Versammlung. Kein Geräusch wagte sich durch die dichten Reihen. Die Männer auf der Plattform saßen da mit tief gebeugten Häuptern, die ganze Versammlung neigte sich tief vor dem unsichtbaren Herrn, der so nahe war, sein Volk zu zerbrechen, zu reinigen, zu heilen und in eine wunderbare Gemeinschaft mit sich selbst zu ziehen. Keiner merkte, wie die Zeit verstrich. Es wurde dunkler und dunkler im weiten Saal. Die Schatten der Abenddämmerung breiteten sich über das große, heilige Schweigen der Menschenschar.«

Dann kündigt der Leiter der Versammlung eine halbstündige Pause an. Die Menschen sind nicht zum Reden miteinander aufgelegt, sie nicken sich zu und bleiben bei ihren Gedanken. Sie wollen die Höhen, auf die sie geführt wurden, noch nicht verlassen.

Nach der Pause beginnt die Versammlung mit einem Gebet und dem Lied »Für dich ist ewig Herz und Leben«. Die Gemeinde singt mit vollem Ernst. Die Strophen sind ein Bekenntnis der Hingabe zu Jesus. Dann folgt ein weiteres, kürzeres Referat und die Aussprache. Bleiben wir doch noch für einen Moment im Saal!

Die Aussprache

Der Versammlungsleiter – ein Adeliger – beginnt: *Kann man sich zur Vollkommenheit bekehren? Von einem »Auf-einmal-vollkommen-Sein« kann ja keine Rede sein, sondern daß es darauf ankommt festzuhalten, daß die Vollkommenheit des Christen wächst. Prediger Stockmayer meint, daß ein Mensch im gegebenen Falle vollkommen sein könne, dabei aber noch nicht fix und fertig ist.*

Darauf erhebt sich noch einmal Otto Stockmayer: *Ich glaube, wir sind im Vertrauen auf den Herrn und auf seine Gegenwart hier, nicht unser Selbst gewiß im fleischlichen Sinn, aber darin sind wir einander gewiß und haben das feste Vertrauen zueinander, daß wir die Diskussion nicht auf schlüpfrigen Boden bringen werden. Der Begriff Vollkommenheit ist unklar. Die Gefahr ist: Wir reden von etwas, was* ***wir*** *machen. Aber ich glaube, daß der biblische Begriff etwas anderes meint und deshalb nicht Unvollkommenheit ausschließt. Paulus zählt sich nicht nur zu den Vollkommenen, sondern war auch überzeugt, daß in der Gemeinde Vollkommene waren; und doch redet er von deren Unvollkommenheit. Sind wir heilig? Ja! Redet das Wort Gottes zu Heiligen? Ja! Nun gut! Ist dadurch aufgehoben, daß noch etwas Unvollkommenes vorkommt? Durchaus nicht! Wir müssen mit unserer Sprache biblisch werden. Wir müssen durchaus zu dem objektiven Boden auf Grund der Bibel kommen. Ich habe gesprochen von den Gründen, von den Verhältnissen, warum gegenwärtig so wenig normale Geburten da sind, Leute, die wirklich aus dem Geist geboren sind, nicht im Handumdrehen, auch nicht in 50 Jahren, sondern dadurch, daß der Geist wieder auf den Plan kommt und daß Geist und Wort mit uns aufräumen und unsere Begriffe wieder biblisch werden. Ich glaube, daß der Apostel sich und andere zu den Vollkommenen rechnet. Das schließt nicht aus, daß noch Unvollkommenheit vorkommt.*

Darauf wieder der Diskussionsleiter: *Was verstehen Sie unter Vollkommenheit?*

Otto Stockmayer beantwortet die Frage ohne Unwillen und Ungeduld. Ich verstehe nicht ganz: Soll er festgelegt werden, will man ihn in eine Ecke drängen? Gibt es Menschen hier im Saal, die mit ihm nicht einverstanden sind?

Mit einem kurzen Wort sagt der Apostel: Wie viele nun von uns vollkommen sind … (Philipper 3,15).

Vollkommen ist, um es einfach zusammenzufasssen, ein Mensch, der nichts mehr haben und nichts mehr wissen will als Christus. Von »sündlos« sagt die Schrift nichts. Wir wollen nichts wissen als ihn. Unser Wille hat nur den Herrn ganz allein im Auge, und viele kommen nicht vorwärts, weil sie nicht dem Herrn angehören wollen. Man muß den Mut haben, einmal zu wollen, was Jesus will, dann wird man ihn kennenlernen. Wir müssen den Mut haben, zu glauben an den Heiligen Geist, der uns neu geboren hat, daß er uns durch und weiterbringt. Der Herr hat Geduld. Dieser Wille, den Gekreuzigten kennenzulernen und dadurch immer mehr umgestaltet und los-

gelöst zu werden von manchem, was noch unvollkommen ist, ist das Merkmal eines im biblischen Sinne Vollkommenen.

Aha, daher weht der Wind. Vollkommenheit soll noch weiter gefaßt werden! Das aber wäre anfechtbar, denn es würde bedeuten, daß der Mensch sündlos wäre wie Gott, sich über sich selbst erhöbe und der Errettung durch Jesus nicht mehr bedürfe. Und dann wäre der Glaubensweg des Menschen ein Weg, auf dem er sich stufenweise zu Gott emporarbeitet.

Diesen Gedankengang hat Otto Stockmayer abgewehrt, indem er den Begriff der Vollkommenheit ganz mit Jesus verknüpft hat: Wir können nur durch Jesus vollkommen sein, und nur wenn wir ganz in Jesus sind, dann sind wir vollkommen! Ich verstehe!

Jetzt steht ein anderer würdiger Mann auf: *Unser lieber Bruder Stockmayer hat uns ermahnt – und ich bin ganz damit einverstanden –, wir müssen in unserer Sprache wieder biblischer werden. Ich habe mit großem Interesse und großer Freude dem Referat folgen können, aber in einer Sache bin ich mit dem Referenten nicht ganz einig: Er hat gesagt, wenn ich mich recht erinnere: Von da an, wo wir durch den Glauben Gottes Kinder werden, sind wir von Gott vollendet. Aber ich sage: Oh schon viel früher, das geht in die Ewigkeit zurück! Die er berufen hat, hat er zuvor verordnet, und die er verordnet, hat er zuvor ersehen, und indem er sie ersehen hat, sind sie schon in der Vollkommenheit. Gott hat uns vollkommen gesehen, als wir noch gar nicht geschaffen waren. Das heißt aber, ich muß gar kein anderer werden als der, der ich nach Gottes Bestimmung bin. Meine lieben Freunde! Wie viele haben wir vielleicht schon gelitten unter Brüdern und Schwestern, die etwas anders sein wollten, als was sie sein sollten und konnten. Wie mancher macht sich und andern das Leben schwer, weil er etwas anders tun will, als was Gott durch ihn ausrichten will und was schöpfungsmäßig in ihn gelegt ist. Da ist einer, der möchte heilig werden wie der Bruder Stockmayer. Das wird gar nichts werden, wenn er sich nicht korrigieren läßt. Sei doch zufrieden und wolle nur werden und gar nichts anders sein, als was dein Gott aus dir machen will; o sei doch mit deinem Gott zufrieden! Und das andere ist: Viele halten sich und andere damit auf, daß sie in ihrem Streben nach Vollkommenheit und Vollendung sich selbst suchen. Da habe ich besonders eines erfahren: Sobald ein Bruder oder eine Schwester glauben, ich habe doch ein besseres Christentum als dieser oder jener, so sind sie schon auf dem Abwege.*

Und noch eines: Der Weg zur Vollendung ist der Weg des Gehorsams. Wir sind auf der Stufe unserer Entwicklung so vollkommen, als wir gehorsam sind. Wir überlegen uns, was wir alles tun müssen, um vollkommen zu werden. Aber es gilt: Wir sind sein Werk, der Vater wird es vollenden. Unsere Aufgabe ist es nur, dem Herrn so ganz und völlig zur Verfügung zu stehen, daß er mit uns anfangen kann, was er will. Und wenn er das kann, sind wir ihm recht und er kann uns zur Vollendung führen.

Otto Stockmayer nickt so heftig mit dem Kopf, daß sein ganzer Körper in Bewegung gerät.

Er geht auf den Sprecher zu: *Ich möchte nur meinem lieben Bruder herzlich danken. Ich glaube, es ist gar kein unwichtiger Punkt, daß wir wissen und sagen, unsere Erwählung geht in die Ewigkeit zurück.*

Verwirrung und Orientierung

Der nächste Bruder vom Podium steht auf und nimmt das Wort: *Mein Vorredner hat bereits ausgesprochen, was ich auch meine: Der Weg zur Vollendung ist doch nur Nachfolge Jesu! Und wenn der Heiland von sich spricht, hebt er zwei Charakterzüge besonders hervor: Ich bin sanftmütig und von Herzen demütig. Wo die Demut fehlt, wo man immer von sich redet, viel von sich redet und auch über die Heilige Schrift hinausgeht, und wo man sagt: »So lange habe ich nicht gesündigt«, da ist Christi Bild nicht rein. In Christi Bild gehört nicht Gefallsucht, sich Rühmen, Hochmut und Richtgeist. Es ist ein betrübtes Bild, der Vollendung nachjagen zu wollen und ein getrübtes Bild darstellen – das macht andere irre, macht scheu und hält auf. Daher ist es wesentlich, daß wir es immer wieder aussprechen: Christi Bild muß vor uns stehen! Je reiner sein Bild vor unserer Seele steht, desto mehr werden wir vorwärts kommen als Kreuzträger. Und für das Kreuztragen ist gesorgt in unseren Tagen. Das Durcheinander und die Verwirrung in unseren Tagen ist so groß, daß man bei jedem Schritt, den man vorwärts geht, Schwierigkeiten hat. Und was wir besonders erbitten müssen, ist, daß wir Väter und Mütter in Christo haben, damit wir auch etwas mehr Anschauungsunterricht haben können, daß Christi Bild aus uns hervorleuchtet uns zur Belobung. Wir haben so viel Entmutigung und Hindernisse. Darum haben wir heute so reichlich zu danken, daß wir so ermutigt werden. Das Ziel ist Vollendung. Und da wollen wir dem Herrn keine Grenzen setzen und nicht immer rechnen mit unseren Nullen, sondern mit dem Herrn und uns ihm hingeben und von ihm uns führen lassen.*

Jetzt erhebt sich ein Mann in der schneidigen Uniform eines Oberstleutnants: *Wie fürchtet mancher sich vor Vollkommenheit. Aber ich denke, es wäre sehr töricht, wenn ein Reiter immer auf Wegen reiten wollte, wo sich keine Lokomotive befindet, weil dann das Pferd vielleicht Angst bekommt. Schließlich könnte es doch so kommen: Es käme plötzlich an ein solches Ungetüm heran. Darum ist es gut, wenn man das Pferd von vorn an eine Lokomotive heranführt, damit es sieht, was das eigentlich ist. Wir sind heute vor die Vollkommenheit gestellt, und da haben wir gesehen, was die Schrift unter Vollkommenheit versteht. Es ist sehr gut, daß wir uns nicht mehr zu scheuen brauchen, davon zu reden. Die Schrift nennt uns Heilige, und wir dürfen uns getrost diese Ausdrücke aneignen. Wir können und dürfen in der Sprache der Bibel reden, auch von der Vollkommenheit! Und das hat mich so glücklich gemacht!* Zackig tritt er ab.

Nun tritt noch ein weiterer Bruder vor, ein Pastor aus dem Ruhrgebiet, und sagt: *»Meine Teuren, soweit ich sehen kann, bin ich mit dem Bruder Stockmayer ganz einverstanden. Ich glaube, daß der liebe Bruder in seiner Definition von Vollkommenheit gesagt hat, daß es Kinder Gottes gibt, die die Vergebung der Sünden empfangen haben – aber ihnen genügt noch nicht die Gnade. Sie haben die Erfahrung gemacht: sie bekehrten sich, und dann kamen sie wieder in ein eigenes Wirken hinein. Solchen geht es wie den Galatern: Ihnen genügte noch nicht die Gnade, so richteten sie eine Selbstheiligung an der Stelle der Jesusheiligung auf. Nun gibt es viele Kinder Gottes, die ebenso stehen, die den lieben Heiland bei sich nicht zu seinem Recht kommen lassen. Das aber muß geschehen, wenn er aus uns etwas soll machen können. Denken wir uns zum Beispiel, wir legen Metall in den Schmelztiegel, so fängt das Metall an heiß zu werden. Damit ist aber die Sache noch nicht so weit, wie sie der Schmelzer haben will; er wartet auf den Augenblick, wo auf einmal das bis dahin harte Metall ins Fließen kommt. Ist es soweit, dann ist die Sache auch noch nicht fertig, dann soll's erst zum Gusse kommen. Aber das Metall ist nun für den Guß vorbereitet. Es ist »vollkommen«. So ist es auch zwischen uns und dem Herrn: Christus soll in uns gestaltet werden! Wie aber kann Christus in uns gestaltet werden, wenn wir wohl heiß, aber nicht geschmolzen sind? Das Gießen fängt erst an, wenn geschmolzene Masse da ist. Es muß also ein Schmelzprozeß vor sich gehen. Wenn nun das Metall so ins Schmelzen kommt – ich meine den Durchbruch zum Schmelzen; es muß zum Durchbruch kommen! –, dann kann man sagen, hier hat der Schmelzer etwas Vollkommenes, dies kann er gebrauchen. Durch einen solchen Prozeß in* *uns kann es dahin kommen, daß Christus in uns gestaltet wird, denn dann sind wir vollkommen, das heißt zubereitet, daß uns der Vater hineingestaltet in seines Sohnes Bild.*

Teure Brüder und Schwestern! Ich möchte nicht lange und nicht langweilig sein, aber mein Gebet ist, möchte der Herr durch diese Versammlung hier in Gnadau praktische Segnungen geben. Mein Schmerz ist, daß viele Kinder Gottes sich nicht genügen lassen an Jesus. Jesus muß uns genügen! Wir müssen wissen, wir haben in ihm alles, auch unsere Heiligung, daß er verherrlicht werde. Wenn jemand Jesus erkennt, so kann dieser seine Kraft in diesem Menschen entfalten. Paulus sagt: Ich will mich am allerliebsten meiner Schwachheit rühmen, auf daß die Kraft Christi in mir wohne«, oder genauer: »daß die Kraft Christi über mir zelte.« Das ist ein wunderbarer Ausdruck für mich. Die Kraft Christi soll über uns zelten; wir sollen eingehüllt sein in seine Kraft. Christi Macht zeltet über uns!

Meine Teuren, Gott schenke uns allen diese Vollkommenheit, daß Jesus alles in uns sei. Mögen wir alle unter einem Zelte sitzen, und dieses Zelt ist die Kraft Christi!«

Mit diesem Votum schließt die brüderliche Aussprache über das im Referat Gebotene. Nach dem Gesang des Verses: »Wir reichen uns zum Bunde die treue Bruderhand« und einem Schlußgebet verläßt die zahlreiche Versammlung die Kirche, um sich zum Essen teils in den Gasthof, teils in das Schwesternhaus, teils in das Mädchenheim, teils auch nach Elmen zu begeben. Denn die so zahlreich erschienenen Gäste konnten in Gnadau allein nicht untergebracht werden. Was wohl beim Essen miteinander geredet wurde?

Stockmayers Lehre und der Widerruf
(1909)

Die Braut Jesu

Für einen Nachgeborenen wie mich muten natürlich manche Begriffe, die damals gebraucht wurden, seltsam an. Man pflegte eine andere Sprache und drückte sich – zumindest nach heutigem Verständnis – umständlich aus. Heißt das aber, daß die Lehre Stockmayers eben nur zeitbedingt war und uns Heutigen nichts mehr zu sagen hat? Ist das, was damals gedacht, geredet und worüber gestritten wurde, nur noch unter »Geschichte« einzuordnen? Handelt es sich also nur um einen Rückblick? Nein!

Otto Stockmayer lebte sehr stark von der Erwartung der Wiederkunft Jesu her, sein Blick war nach vorn, in die Zukunft gerichtet. Dabei sah er es als nicht richtig an, wenn die Gemeinde auf ihren Herrn wartet, er war vielmehr der Überzeugung, es sei umgekehrt: Der Herr wartet auf seine Gemeinde. Und er wartet wie ein Bräutigam auf seine Braut (Offenbarung 19,7; 21,2-3; 22,17). Er wartet, bis sie endlich soweit ist, bis sie sich gerichtet hat und ihre volle Schönheit präsentieren kann, bis sie ihm untadelig und bereit entgegengeht.

Stockmayer fragte: »Was ist Gottes Ziel mit uns?« Und er gab zur Antwort: »Eine Braut, ein Weib zu haben für seinen Sohn, eine Gehilfin, die ihm entspreche; die mit ihm regiere, Seine Herrlichkeit, Seinen Sieg und Sein Leben durch künftige Äonen hindurch hinaustrage und hinausstrahle von Kreis zu Kreis, bis alles in der sichtbaren und unsichtbaren Welt dem Vater zu Füßen liegt. Christus kann und wird Sein Reich nicht antreten, bis Er Seine Gehilfin an Seiner Seite hat. Diese Braut zu gewinnen hat Er den Vater und das Vaterhaus verlassen, ist auf die Erde heruntergestiegen und hat sein Leben am Kreuz geopfert. Sein am Kreuz zerrissenes Fleisch sollte der Mutterschoß werden für sein Wesen, das Fleisch von seinem Fleisch ist, in dem Er sich erkennt und wiederfindet, ein Wesen, Ihm vollständig ebenbürtig. Wie Gott mit einer Rippe Adams die Eva gebaut hat, so baut der Heilige Geist im gegenwärtigen Äon mit dem am Kreuz ausgeschütteten Leben des Sohnes dem Sohn ein Weib. Solange dieses Weib nicht ausgestaltet ist, kann unser jetziger Äon nicht abschließen und harrt die ganze in Geburtswehen sich krümmende Kreatur vergeblich auf Erlösung.«

Diese Brautgemeinde zu wecken und zu formen, darin sah Stockmayer wie der Apostel Paulus in Philipper 1,9-11 und 1. Korinther 1,8 seinen prophetischen und apostolischen Auftrag, dort lag seine Berufung: Der Mann bereitet die Braut dem Bräutigam, er ist der, der sie zärtlich weckt und ermuntert, der ihr aber auch in den Schwierigkeiten beisteht und sie ins Leben drängt. Wie ein Vater möchte er ihr alle Hindernisse aus dem Weg räumen und sie so zubereiten, daß sie strahlend und schön dem Bräutigam Jesus entgegengehen kann. Dabei hat er keine Zeit zu verlieren, es eilt, denn Otto Stockmayer war überzeugt, die Wiederkunft Jesu stünde unmittelbar bevor und die Geburtswehen seiner Zeit kämen bald zum Ziel.

Er erwartete, daß der Jüngste Tag bald anbrechen würde, sein ganzes Sehnen und Hoffen richtete er darauf. Dann, wenn Jesus sichtbar erscheinen würde, wären die offensichtlichen Unstimmigkeiten und alle leidvollen Polarisierungen, unter denen er litt, aufgehoben.

Von diesem Zeitpunkt her dachte Otto Stockmayer, und weil er diesen Augenblick so nah herankommen sah, setzte er alles ein, um die Gemeinde darauf vorzubereiten. Sie sollte vollkommen und gerüstet ihrem Herrn entgegengehen.

Natürlich sind auch hier wieder die zeitlichen Umstände als der Rahmen zu sehen, in den diese Botschaft paßt:

In den goldenen Jahrzehnten von 1870-1914 gingen die patriotischen Wogen hoch, und nationale Gefühle feierten fröhliche Urstände. Das deutsche Volk wurde nach der Krönung Wilhelms I. zum Kaiser für ganz Deutschland als Witwe besungen, die den Witwenschleier ablegt und sich also wieder als strahlende Frau ohne Jammer und Trauer darstellt. Und der Kaiser galt als der erste Mann, als Urbild der Männlichkeit, der sich mit Germania auf ewig vermählt. Für heutige Ohren sind das schwülstige Worte. Wollte Stockmayer damals schon mit seinen Gedanken zu dieser Stimmung einen Gegenpol aufbauen und die Verhältnisse geraderücken? Wenn ja, so hat er es sehr unauffällig getan. Nirgends hat er sich zu den politischen Vorgängen geäußert oder gar Stellung bezogen, was erstaunlich ist, weil ja die Begeisterung nach dem Sieg der Preußen bei Königgrätz 1866 – und dann vor allem bei der

Niederlage Frankreichs bei Sedan 1870 – ins Unermeßliche gestiegen war. Aber Stockmayer hat nicht mitgejubelt und erlag den Nationalgefühlen nicht. Er blickte auf Jesus und blieb dabei, daß er der Bräutigam sei, der seine Braut heimholen wird. Und vielleicht wollte Otto Stockmayer, wenn er an die Mündigkeit appellierte und ein erwachsenes Christsein beschwor, die Christen aus dem preußischen Untertanengeist wachrütteln und in die Verantwortung vor Gott stellen. Otto Stockmayer hatte ja durch seine vielen Reisen um die ganze Welt und durch seinen Standort in der Schweiz eine weitere, distanziertere und differenziertere Sicht der Weltlage als viele seiner Zeitgenossen, die mehr dem Zeitgeist huldigten als dem Heiligen Geist.

Stockmayer ist es nur begrenzt gelungen, die Christen aufzuwecken, er konnte die Braut nur ungenügend dazu bringen sich zu bereiten und dem Bräutigam entgegen zu gehen. Sie waren zu sehr gefangen in den Umständen ihrer Zeit und nicht bereit, in das Rad der Geschichte einzugreifen, indem sie zu den gesellschaftlichen und politischen Vorgängen Stellung bezogen. Statt mit dem Bräutigam Jesus waren sie mit dem Zeitgeist verlobt, statt die himmlische Herrlichkeit zu erwarten, wollten sie den Himmel auf Erden schaffen.

Er selbst aber war und blieb zeit seines Lebens ausschließlich ein glühender Patriot des himmlischen Reiches. Er war ein Gefolgsmann Jesu, ihm gehörte seine Hingabe, ihm diente er im Gehorsam und bedingungslos. Und das war bereits ein Zeichen des Widerspruchs in einer Welt, die andere Herren, Mächte und Fürsten ehrte.

Für ihn war klar: Für die Christen galten andere als weltliche Bedingungen! Und es bekümmerte Stockmayer zutiefst, daß sie sich anders verhielten und auf beiden Seiten hinkten. Das ging nicht nur ihm so, sondern auch anderen geistlichen Führern, wie die resignierende Äußerung eines Leiters der deutschen Gemeinschaftsbewegung, Fürst Pückler, 1904 zeigt:

»Ich sprach heute, als ich in den Saal ging, einen jungen Freund, und der sagte mit Recht: Wo sind denn die Erweckungen in Deutschland? Wo wird denn wirklich geerntet? Ich weiß es auch nicht, meine Freunde. Unser Volk steht heute tiefer als vor 30 oder 20 Jahren. Oh, bittet Gott! Wenn wir alles andere vergessen und uns niederwerfen und seines Kleides Saum berühren und ihn bitten, daß seine Gnadenflut komme, daß in das ganze Gemeinschaftswerk sein Lebenshauch komme und wahrhafte Segens- und Heilkräfte auf unser Volk ausgehen, so wird der Herr Kräfte geben. Wir sind Patrioten; ich würde mich schämen, wenn das Christentum mich aufhören ließe, Patriot zu sein. Wenn jetzt Brüder das nicht für biblisch halten, so berufe ich mich auf Paulus und auf Christus, wie er zu seinem Volk gestanden hat. Der Zustand unseres Volkes ist eine Schmach, ein Hohn für ein evangelisches Volk. Wir wissen, daß nicht ganze Völker sich bekehren, aber das Volk muß merken, daß ein Prophet unter ihnen sei. Wenn Sie das deutsche Volk nicht auf Ihr Herz nehmen, so sind Sie nicht geschickt, an unserem Volk zu arbeiten. Bitten Sie für unser armes Volk.«

Die Christen sollten ihre Verantwortung wahrnehmen, sie sollten aufwachen! Sie sollten der Gesellschaft zeigen, daß es mehr gab als ein vordergründiger nationaler Triumphalismus. Die Gemeinde sollte ein klarer Spiegel sein für das Licht Gottes, um es in die Welt hineinzustrahlen. Die Gemeinde sollte Sprachrohr Gottes sein. Aber das war gar nicht so einfach:

Der »Kanzelparagraph« des preußischen Kultusministers Falk 1871 bedrohte jeden Geistlichen oder anderen Religionsdiener mit Strafe, die in Ausübung ihres Amtes »Angelegenheiten des Staates« in einer »den öffentlichen Frieden gefährdenden Weise zum Gegenstand einer Verkündigung oder Erörterung« machten. Damit waren den Predigern, Kündigern, Warnern die Hände gebunden, nicht verboten aber war, sich nach dem himmlischen Königreich auszustrecken und die herrliche Wiederkunft des großen Herrschers aller Welt zu erwarten und zu ersehnen.

Lehre von der Entrückung

Und diese Sehnsucht nach dem Morgenglanz der Ewigkeit gab Stockmayer auch die Möglichkeit, aus dem eigenen Zwiespalt zwischen seinem starken Willen, der Erfahrung der Zerbrechlichkeit des »Heute« und der eigenen Unfähigkeit, die Umstände zu ändern, herauszukommen. Stockmayer war in einem großen Maß zukunftsorientiert – und das bedeutete für ihn Konzentration auf *die Wiederkunft Jesu*. Das Warten auf die Wiederkunft hieß für Otto Stockmayer *Reinigung*. Es fällt auf, daß er, was die Erfüllung der Vorbedingungen zum Kommen des Herrn betraf, von der Gemeinde ein großes Maß an Einsatz forderte. Er

fühlte sich ganz als Herold des herannahenden Herrn, mehr noch, er war der Wegbereiter, der alles so vorbereiten sollte, damit die Ankunft gelänge. Auf ihm lag eine hohe Verantwortung! Das forderte nicht zuletzt ihn selbst bis an den Rand seiner Kräfte.
Niemand konnte Otto Stockmayer bremsen, der als ein unermüdlicher Eiferer nach dem sichtbaren Anbruch des Reiches Gottes strebte. Er malte das ersehnte Ereignis in schillernden Farben aus und rührte dabei eigene Jenseits-Erwartung bei seinen Zuhörer an, die sich eine neue Welt mit besseren Bedingungen erhofften.
»Da lauschten die zu diesem Ziel Berufenen auf. Eine wunderbare Bewegung zog durch die Herzen. Schuppengleich sanken Nebel und Dunst selbst gemachter und angelernter Religionsanschauung von vieler Augen. Und das heilige Land ihres Lebens, nach dessen ferner, tief geahnter, aber nie geschauter Küste sie unter tausend Schmerzen gesucht hatten, lag vom Sonnengold göttlicher Offenbarung beleuchtet, vor ihren staunenden Blicken. Sie beteten an ...« So berichtete Alfred Roth, und er betonte: »Hier lag der Höhepunkt seines Wirkens. Hier hat Otto Stockmayer Durchbruchsarbeit geleistet.«
Aber Stockmayer ging noch weiter, für ihn war Jesus bereits so nahe gerückt und er rechnete so fest mit seinem Erscheinen, daß die Strahlen des Kommenden bereits jetzt schon in die gegenwärtige Zeit hereinbrachen und ihre Wirkung verbreiteten – er bezog sich dabei auf Hebräer 12,14ff und Philipper 3,20-21. Er sah bereits den Morgenglanz der Ewigkeit als das Licht des anbrechenden Tages am Horizont – auch wenn alles noch dunkel war. Heilung und Erlösung würde dieser Tag bringen! Und Erlösung verstand er im umfassenden Sinne, es war ja nicht seine Art, sich nur mit halben Sachen zufrieden zu geben. Erlösung bezog für ihn auch den Tod mit ein, und dabei vertrat er nicht die Ansicht einer Erlösung *durch* den Tod, vielmehr eine Erlösung *vom* Tod. Das sah er als das den neutestamentlichen Linien allein Entsprechende an. So verkündigte Otto Stockmayer als ersten Akt der Wiederkunft des Herrn Jesus Christus die *Erlösung des Leibes in der Entrückung*. Wie das Morgenrot den neuen Tag ankündigte und die noch nicht aufgegangene Sonne die Nebel vertreibt, so war für ihn der herankommende Herr bereits jetzt schon greifbare und fühlbare Realität.
Der Tod *ist* besiegt, die Schar der Überwinder geht, ohne ihn zu schmekken und zu fühlen, ihrem Herrn entgegen. Stockmayer konnte mit Ge-

wißheit sagen: »Die Zeit ist nahe, da zum letzten Mal der Leib eines Gliedes der Gemeinde durch den Tod zu gehen hat.« Und er sagte das bei einer Beerdigung im Angesicht des Todes.
Weil er schon besiegt war, deshalb war der Tod für ihn der letzte Feind, gegen den es aufzustehen und zu kämpfen galt (nach 1. Korinther 15,20-26). Er wollte sich nicht mit der unumstößlichen Tatsache der menschlichen Begrenztheit abfinden. Wenn Sieg, dann sollte es ein totaler und konsequenter Sieg sein – und der betraf auch den Tod.
Otto Stockmayer hat in seinem ganzen Leben gegen den Tod gekämpft, hier ist er gegen Mauern gerannt. Der Tod war die große Herausforderung seines Lebens – die er letztlich selbst verloren hat. Er mußte in seinem nahen Umfeld die Erfahrung der Niederlage machen und sehen, daß der Tod doch noch das letzte Wort hatte. Und auch er selbst mußte den Tod schmecken, was er bis zuletzt nicht akzeptieren wollte. Hatte Stockmayer Angst vor dem Tod, weil diese Macht doch stärker war als er und seinem Willen eine absolute Grenze setzte und ihn, den aktiven Kämpfer, zur Passivität, zum Hinnehmen verdammte? Gehörte das zu seiner inneren Auseinandersetzung mit den Abgründen seiner eigenen Persönlichkeit, den beängstigenden Tiefen in seinem eigenen Leben?
In seinem Bemühen, nicht nur in der Heiligung fortzufahren, sondern die Heiligung zu vollenden, ging er weit über Luther hinaus und hat sich selbst wohl auch überschätzt und seine Position überzogen.
Elias Schrenk sagte einmal über ihn: »Ja, der Otto Stockmayer, der hat große Schritte gemacht! Manchmal so große, daß wir andern alle ihm nicht folgen konnten.«

Der Widerruf

In diesem Teil seiner Lehre hat Otto Stockmayer – eben in seiner konsequenten und kompromisslosen Art – übertrieben. Später sah er das selbst ein.
Es ging dabei um so spezielle Fragen wie die, ob denn unmittelbar vor der Wiederkunft Christi die ganze Gemeinde oder nur eine kleine Auswahl entrückt werden würde. Einheitlich herrschte in weiten Kreisen der Gemeinschaftsbewegung die Grundstimmung vor, jetzt sei die Zeit gekommen, diejenigen zu sammeln, die vor der großen Trübsal entrückt

werden sollten. Erwartete man aber vielfach die Entrückung aller Gläubigen, so gewann daneben die Lehre von der Entrückung einer Auswahl (wie in Philipper 3,11 und Offenbarung 20,5-6) immer mehr an Boden. Stockmayer hatte zeitweise vertreten, daß der wirklich durchgeheiligte Christ auch die Erlösung des Leibes habe (Hebräer 12,14), er also deswegen auch nicht sterben würde.

Logischerweise implizierte diese Lehre einige Schlüsse, die so von Stockmayer nicht ausgeführt wurden, die aber schnell die Runde machten: Die Lehre von der stufenweisen Entwicklung bis hinauf in die Höhen der Erlösung und die Lehre von einer Eliteschar der Überwinder, die über der Gemeinde steht. Folglich gäbe es dann auch Gemeinden, die auf dem Weg Jesus entgegen weiter vorangeschritten waren als andere, dadurch blühten Konkurrenzdenken, Vergleichen und ungeistliches Leistungsdenken auf.

Aber Stockmayer ist falsch verstanden worden. Er folgte lediglich in einer unbedingten Auslegung der Heiligen Schrift konsequenten Schlußfolgerungen. Schnell hatten sich seine Gedanken verselbständigt. Sie wurden wörtlich genommen und ohne Nachdenken weitergegeben. Was von ihm geistlich gemeint war, wurde in den Bereich menschlicher Erwartungen verpflanzt und fand dort in den übertriebenen endzeitlichen Hoffnungen fruchtbaren Boden. Wo Stockmayer diese Gedanken als Herausforderungen an sich und die Gemeinde verstand, im Glauben zu wachsen, wurden sie in weiten Teilen so umgekehrt, daß die persönliche, subjektive Heiligung die Hauptrolle spielte, man sich um sich selbst drehte und damit beschäftigt war, sich zu beobachten, zu bewerten, zu reinigen und immer vollkommener im Sinne eines ungesunden Heilsperfektionismus zu werden. Dabei setzte man sich ausdrücklich zunehmend deutlicher von einer Kirche ab, die sich immer mehr dem Zeitgeist verschrieben hatte und unbiblische Wege ging; die einzelne, fromme Gemeinschaft galt mehr als das Ganze der Kirche.

Stockmayer wurde deswegen Darbysmus vorgeworfen, seine Aussagen seien separatistisch, elitär und viel zu sehr auf die Auswahl einzelner oder einer speziellen geistlichen Gruppe angelegt, in der die Sünde bereits überwunden und der Stand der Erlösung erreicht sei. In der Tat hatte Stockmayer sicher solche Gedanken aus England mitgebracht.

Vor allem die Evangelische Allianz war offen für die Lehren Darbys, die Blankenburger Konferenzen entwickelten sich immer mehr zum Mittel-

punkt darbystisch gerichteter Gemeinschaftskreise, die mehr oder weniger starke Abspaltungstendenzen zeigten. Sie wollten die reine, die heilige Gemeinschaft sein und sich loslösen von der Welt – und dazu gehörte auch die Trennung von der Landeskirche, die sie als »Weltkirche« verschmähten. Vor allem im Organ der Gruppierung, dem Allianzblatt, wurden 1904 und 1905 diese Impulse in verschärfter Form diskutiert und unter das Volk gebracht. Man arbeitete mit Nachdruck an der Herausbildung der »Überwinder«, auf deren »Vollendung« Christus droben »wartet«, daß er den »Männlichen«, wenn er geboren sei, entrücke.
Das waren tatsächlich Stockmayers Gedanken, aber er war selber erschrocken über die Auswirkungen seiner Lehre, so hatte er es nicht gewollt! Vor allem aber wollte er nicht, daß sich die Christenheit in immer mehr und kleinere Gruppen zerspaltete, weil man sich eifrig bemühte, sich gegen alles Unheilige abzugrenzen und deswegen konsequent die Gemeinschaft verließ, wenn sich irgendwo ein Makel zeigte.
Als dann 1907 die Lage mit den Ereignissen von Kassel eskalierte (wir kommen später zu diesen Vorgängen) und die Übertreibungen in dem Sinne überhand nahmen, daß man sich richtiggehend in eine Heilseuphorie hineinsteigerte und genau unterschied in solche Christen, die erfüllt waren vom Heiligen Geist, und solche, die noch unter der Knute der Sünde standen, war für Otto Stockmayer ein Punkt erreicht, wo er sich von den Auswirkungen seiner Lehre distanzierte. Das entsprach nicht seiner Intention, das war nicht seine Überzeugung! Hier zählte die Leistung des Menschen mehr als die Gnade Gottes. Hier wurde nicht in göttlicher Liebe die Gemeinde aufgebaut, sondern es wurde getrennt und verurteilt.
Zwar wurde in der Gnadauer Konferenz von 1908 ausgiebig über die Lehre von der »Auswahl der Gläubigen« diskutiert – das Gleichnis von den fünf klugen und den fünf törichten Jungfrauen war dabei der Ausgangspunkt gewesen. Aber Stockmayer nahm in der Diskussion gegen die explizite Unterscheidung zwischen Geretteten und den Gliedern am Leib Christi Stellung. In der Sache war er damit einverstanden, daß nicht alle, die zum Leib Christi gehörten, auch Gerettete wären. Aber er wehrte sich gegen eine menschliche Einordnung und war der Meinung, daß letztlich alles auf Jesus ankäme, der das Haupt der Gemeinde ist. Ausschließlich durch sein Handeln wurden Menschen gerettet, nicht durch die menschlichen Anstrengungen! Nicht die Menschen scheiden

die Spreu vom Weizen, sondern Jesus tut das – zu seiner Zeit und auf seine Weise.
Die sehr hitzig geführten Diskussion führte 1910 die Gnadauer Gemeinschaft zu der Entscheidung, die Lehre von der Auswahl einiger Frommer zu verwerfen.
Zu diesem Zeitpunkt hatte Stockmayer unter dem Eindruck der Entwicklungen seine Gedanken bereits widerrufen. Er schrieb 1909:
»Gestützt auf Offenbarung 12 in Verbindung mit Offenbarung 2 und 3, wo von Gemeinden und Überwindern die Rede ist, hatte ich mich mehr und mehr in den Gedanken hineingelebt, daß sich eine Überwinderschar heranbildet, weil, wie ich meinte, die Gemeinde als Ganzes nicht aufwachen will und nicht zu einem wirklichen Aufwachen gebracht werden kann. Der Herr hat mich gestraft über meine Vermessenheit, vorauseilen zu wollen. Ich wollte um jeden Preis bereit sein, auch wenn es sonst niemand wäre. Der Herr hat mir seither – auch an Hand von Geschwistern – die Herrlichkeit des Organismus des Leibes Christi aufgeschlossen in einer neuen Weise, die mich tief beugte und es mir als das Herrlichste erscheinen ließ, irgendein Plätzchen in diesem Leibe zu haben. Es gibt ja Glieder am Leibe, die eine hervorragende Stellung einnehmen; aber die bedeutendsten Zentralfunktionen haben Glieder, die niemand sieht, deren Wirksamkeit verborgen ist. Ob in den Augenschein tretend oder im Verborgenen wirkend, bekommt in diesem wunderbaren Organismus der Gemeinde jedes Glied seinen Platz vom Herrn angewiesen. Und da gibt es heutzutage wie fast noch nie eine Wechselwirkung durch die Presse, durch Versammlungen, durch Einzelbesprechungen und gegenseitigen Austausch zwischen den Gliedern des Leibes, durch welche Wechselwirkung alles, wenn's im einzelnen wirkt, sofort Besitz des Ganzen wird. Das lerne ich immer besser verstehen: ›Wartet aufeinander‹, nicht bloß für das Heilige Abendmahl (1. Korinther 11), sondern für das große Abendmahl, für die Sammlung der Kinder Gottes. Wer Gottes Natur hat, kann warten! Wir können nicht ohne einander vorwärtskommen, ohne einander vollendet werden.«
Dieses Bekenntnis zeigt etwas von der Größe der Persönlichkeit Stockmayers, von seiner Demut und seinem Glaubensernst. Was er erkannt hatte, das bekannte er vorbehaltlos und schonte sich dabei selbst nicht.
Wie wenig Otto Stockmayer ein kluger Taktierer war, dem es auf die Anerkennung durch andere geistliche Führer ankam, zeigt sich daran,

daß dieser Widerruf von offizieller Seite zurückgehalten und erst nach seinem Tode 1920 in der Gemeinschaftszeitschrift »Licht und Leben« veröffentlicht wurde. Seine Gedanken, die er darin korrigierte, wurden aber fröhlich weiterverbreitet und auch noch 1925 mit einem Vorwort Stockmayers von 1895 veröffentlicht. Er hat sich nie dagegen gewehrt, wenn ihm Unrecht geschah. Was er einmal eingesehen und bekannt hatte, war für ihn erledigt, er kümmerte sich nicht weiter darum und war nicht darauf bedacht, seinen Ruf zu wahren und der Nachwelt gegenüber untadelig dazustehen.

Löwennatur und Lammesart

So sehr Otto Stockmayer ein Streiter für die Sache Gottes war, für sich selbst kämpfte er niemals. Er nahm sich selbst nicht wichtig und stellte sich mit seinen Bedürfnissen, mit seiner Ehre und Anerkennung stets nach hinten. Er machte nichts aus sich, ganz im Gegenteil, es gefiel ihm, sich selbst schlecht zu machen und ungünstig darzustellen. Wer Otto Stockmayer begegnete, konnte denken, er hätte es mit einem einfachen und einfältigen Mann zu tun. Im unverfänglichen Gespräch war er zurückhaltend und wirkte eher gehemmt. Er machte eben nicht gern große Worte, was er sagte, sollte Hand und Fuß haben und dem Herrn Ehre bereiten. Wenn das nicht möglich war, dann war er lieber still.

In einer Pension, in der er auf einer seiner Reisen abstieg, saß er zum Beispiel schweigend im Gastraum und die Bedienung dachte, sie hätte es mit einem unbedarften Gemüt vom Lande zu tun. Entsprechend ging sie mit ihm um und trieb ihre Scherze mit ihm. Er ließ es sich gefallen und reagierte nicht. Als die Pensionswirtin kam und das Verhalten ihrer Angestellten bemerkte, holte sie ihre Bedienstete sofort in die Küche und fuhr sie scharf an: »Weißt du nicht, mit wem du es zu tun hast, das ist Pastor Stockmayer, ein berühmter und frommer Mann!«

Oder als Otto Stockmayer einmal in Tübingen vor Studenten reden sollte, wurde er von einem Studenten am Bahnhof abgeholt, der ihn zum Versammlungsort geleitete. Auf dem ganzen Weg sprach Stockmayer kein Wort, nur immer wieder ließ er ein Stöhnen vernehmen. Der Student dachte bei sich: »Was für ein kleines und unscheinbares Licht haben wir hier eingeladen, das wird ja ein Reinfall werden!« Aber wie

erstaunt war er, als Otto Stockmayer am Rednerpult stand und mit kraftvollen Worten den Zuhörern die Wahrheit Gottes vermittelte.
So hatte der große Mann zwei Seiten: eine sehr unscheinbare und schwache in den persönlichen Begegnungen und eine starke und beeindrukkende, wenn er vor einem Auditorium sprach. Im einen Fall konnte er nachgiebig, hörend und zartfühlend sein, im anderen wie ein eifernder Prophet, der gewaltig und kühn die Sache seines Herrn vertrat, kompromißlos und hart. Zwischen diesen beiden Extremen gab es nichts. Das Verhalten war für die Umgebung von Otto Stockmayer nicht immer leicht zu verkraften.
Er diente mit seiner Löwennatur in Lammesart, deshalb mußte seine Löwennatur umgestaltet werden in Lammesähnlichkeit. Hier hatte er Jesus, das Lamm Gottes, vor Augen. So wollte er werden. »Ich kann nie zum Lamm werden«, sagte er, »ohne auf Schritt und Tritt Erfahrungen zu machen, die gegen meine Löwennatur und meinen Trotz, meine Selbstgerechtigkeit streiten, die diesen Dingen ans Leben gehen.« Und er bekannte: »Bisher mag ich mein eigenes Leben gesucht haben, meine Ehre und meinen Namen, dachte, ich will auch meinen Platz haben hier unten, ich lasse mich nicht zur Seite schieben, ich habe auch mein Recht, meinem Gott zu dienen, es soll niemand auf mein Arbeitsfeld kommen, mein Gott hat mir diese Seelen anvertraut, wer will sie mir nehmen? Aber jetzt soll das Lamm Jesus mein Leben bestimmen!«
Und während in den Anfängen seiner Tätigkeit sein Handeln und Predigen mehr seiner trotzigen und unbändigen Löwennatur entsprach, so wurde sein Wesen zunehmend in die Art des Lammes umgestaltet. Während er zunächst die unabdingbare Veränderung des Menschen betonte und seine Sündhaftigkeit angriff, so sah er immer mehr auch die andere Seite des Menschen: die Ebenbildlichkeit Gottes. Auf einer Brieger Woche trat Otto Stockmayer vor einen Referenten mit folgenden Worten: »Sie haben, lieber Bruder, mit Ihrer fleißigen Arbeit bewiesen, wie grundverdorben und unverbesserlich der gefallene Mensch, auf sich selbst gestellt, ist. Jetzt aber, werter Bruder, habe ich Ihnen ein Wort des Herrn zu sagen, und Sie dürfen auch nicht widersprechen: Bruder, Sie sind eine Majestät! Und das haben Sie vergessen. Das aber ist die andere Seite der Wahrheit.«
Das beschreibt einen weiteren Wesenszug Stockmayers: Er sah immer auch die andere Seite der Wahrheit. Es ging ihm um die volle Wahrheit,

er gab sich nicht mit einem Detail zufrieden, nein, die ganze Sache mußte ausgeleuchtet werden, er duldete keine Halbwahrheiten. Das führte dazu, daß er immer wieder vermittelte, indem er in den verschiedenen Streitigkeiten den jeweils anderen Standpunkt vertrat. Diese Haltung hat ihm nicht nur Freunde geschaffen, und manchmal wurde ihm vorgeworfen, er würde sein Fähnchen in den Wind hängen. Aber sich anzupassen und mit dem Strom zu schwimmen, war nicht seine Art! Er wollte einfach die gesamte Sicht darstellen.
Und obwohl Stockmayer seine eigene profunde Meinung hatte und seine Meinung auch sehr eindeutig vertreten konnte, so war es ihm doch ein Anliegen, immer wieder Kompromisse vorzuschlagen und den Weg der Versöhnung zu vermitteln. Die Spannung zwischen dem eigenen Standpunkt und einer Kompromißlösung ging oft zu seinen Lasten, er nahm das Problem auf seine eigenen Schultern und löste die Gegensätzlichkeit in sich selbst.
In der harten Auseinandersetzung um die aufbrandende Pfingstbewegung gab Otto Stockmayer beispielsweise als versöhnlichen Vorschlag den Rat, sich nicht weiter mit den seelischen Entgleisungen abzugeben, sondern das Werk des Herrn in positiver Weise weiterzutreiben und es ihm zuzutrauen, daß Gott zuerst in den Leitern der Gemeinden und dann auch in den Versammlungen den Sieg davontragen würde. Er versuchte zu vermitteln und wies darauf hin – wie einst Gamaliel in der Bibel –, daß sich Gottes Werk durchsetzen würde. Trotzdem hat er wenig später (1909) die Berliner Erklärung unterschrieben und einige seiner engsten Freunde aus der »Pfingstbewegung« vor den Kopf gestoßen. Er sah sich gezwungen, eine geistliche Position gegen sie zu beziehen. Das war nicht seine Art, vor allem auch nicht auf diese Weise kirchenpolitische Positionen einzunehmen. Er befand sich in einer Zwickmühle: Sollte er für die Sache Gottes und eine unmißverständliche Klarstellung eintreten, oder für die Freunde sprechen, die ja nur das konsequent weiterführten, was auch er, Otto Stockmayer, immer gesagt hatte? Er entschied sich auch in diesem Fall gegen sich und seine eigenen Gefühle und hat den Entschluß in seinen letzten Lebensjahren bereut. Er war seltsam hin- und hergeworfen, sagte im persönlichen Gespräch, daß er seine Unterschrift zurückziehen würde, erklärte dann aber in der Öffentlichkeit, er könne das nicht tun, solange die »Pfingstleute« an der Verwirrung festhielten.

Hier tritt eine eigenartige Schwäche im Leben von Otto Stockmayer zutage – oder sollte ich eher sagen: Stärke? Er hat vor allem am Ende seines Lebens gesehen, daß die extremen Positionen zwar so, wie er sie lehrte, biblisch richtig waren, aber im Vollzug des Alltags nicht gelebt werden konnten. Viele seiner Aussagen waren zu ausschließlich, zu theoretisch und abstrakt gewesen. Diese Tatsache erkannte er schließlich und erlebte sie auch am eigenen Leib oder in seinem näheren Umfeld, zum Beispiel durch die Erfahrung von Krankheit und Tod. Denn Gott heilte nicht jede Krankheit, das Leid und der Schmerz waren noch nicht ausgetilgt und der Tod hatte immer noch das letzte Wort.
Stockmayer hat die steilen Positionen verlassen und mehr die Menschenfreundlichkeit Gottes betont, denn auch in dieser Hinsicht wurde er beim Studium der Bibel fündig. So konnte er zunehmend erbarmender und tröstender mit den Menschen umgehen, wenn sie zu ihm nach Hauptwil in die Seelsorge kamen. Er brachte ihnen immer mehr Verständnis entgegen und predigte eher die Versöhnung Gottes, seine Liebe und sein Erbarmen als das Gericht.

Ermahnung und Ermutigung

In der Auseinandersetzung um die rechte *Lehre*, die in den letzten Jahren des 19. und zu Beginn des 20. Jahrhunderts tobte und sich in den vielen Konferenzen und Tagungen niederschlug, verwies Otto Stockmayer immer mehr auf das rechte *Verhalten*. Es ging ihm immer weniger um theoretische Positionen, sondern um das Leben des Christen. Hier war er für eine entschlossene Nachfolge, die keine Halbherzigkeit duldete. Mit diesem Ansatz erreichte er seine Zuhörer und traf sie auch direkt in ihren Sorgen und Nöten. Er vermittelte den Menschen, die sich nach einem Leben mit Gott ausstreckten, Orientierung und Weisung.
Fruchtlose Diskussionen waren ihm zuwider. Er war kein Theologe, der Theologie aus wissenschaftlichem Interesse betrieb, er war ein Seelsorger, der das Leben der Gläubigen fördern wollte. Kategorisch erklärte er einmal: »Alle Theologie ist Gift, ich würde meinen Sohn niemals Theologie studieren lassen!«
Als es in einer Versammlung in langen und mühevollen Stellungnahmen um die Frage ging, ob die Gemeinde nach der Zeit der Apostel den

Heiligen Geist betrübt habe, stand endlich Otto Stockmayer mit der eindringlichen Frage auf: »Brüder, haben *wir* den Heiligen Geist betrübt?« Das war ein Volltreffer! Ein Zuhörer bekannte: »Diese einfache, schmucklose Frage unseres alten Bruders führte uns mit einem Schlage weg von dem unfruchtbaren Boden der Spekulation und warf uns alle in den Staub, in Beugung und Buße.«

Es war seine Gabe, das Herz der Zuhörer zu erreichen. Dies gelang ihm vor allem, indem er sie persönlich ansprach. Stockmayer beteiligte die Menschen, er nahm sie ernst, und sie dankten es ihm von Herzen. Ernst Modersohn schreibt in seiner Biografie: »Ganz anders in seiner Art war Otto Stockmayer, der mit heiligem Ernst und der Würde eines Propheten unter uns war. Unvergeßlich ist es mir gewesen und reichen inneren Gewinn hat es mir gebracht, daß er so oft darauf hinwies: Manche Menschen erbitten und erwarten etwas vom Herrn, was der Herr vielmehr von ihnen erwartet.«

Otto Stockmayer forderte andere heraus, so wie er sich selbst von Gott durch sein Wort herausfordern ließ. Ohne Menschenfurcht ging er auf die Ratsuchenden mit ihren Bedürfnisse ein und spürte heraus, was nötig war. War es unnachgiebige Strenge, die dem Gegenüber half, oder mitfühlender Trost? Stockmayers Sensibilität traf den Punkt, manchmal nicht ohne Überraschung.

So schlug er zum Beispiel einmal in einer Versammlung für junge Männer den Teilnehmern vor, ihm Fragen zu stellen, die er spontan beantworten wolle. Im Verlauf der Versammlung wurde ihm dann ein Zettel überreicht, auf dem stand: »Ein junger Mann wüßte gern, wie er die Schwierigkeit, den Herrn Jesus zu bekennen, überwinden könne.« Stockmayer schwieg eine Weile – so berichtet Alfred Roth –, dann antwortete er ernst: »Darf ich den jungen Mann bitten aufzustehen, wenn er in der Versammlung ist?« Wieder entstand eine Pause; danach erhob sich ein junger Mann, während sich die Anwesenden nicht des Lachens erwehren konnten. Stockmayer sah ihn an und sagte: »Mein Bruder, Sie haben sich soeben die Frage selbst beantwortet, und hinter dem Lachen steckt mehr liebende Anteilnahme und Verständnis, als Sie vielleicht denken. Verzeihen Sie Ihrem Bruder Stockmayer, daß er Sie so behandelt hat.«

Otto Stockmayer brachte suchende und zweifelnde Christen wieder ins Lot, indem er durch biblische Werte Orientierung gab. »Sprach er vom

Kreuz, so meinte man einen Propheten vor sich zu haben«, bezeugt ein Biograf. »Wie meisterhaft verstand er es, mit einem kurzen Satz einen schwankend gewordenen Menschen wieder ins Gleichgewicht zu bringen! Ja, er hatte etwas vom Propheten und Apostel an sich, und wir preisen den Herrn der Gemeinde, daß er uns diesen Mann gegeben hat.«

Zu seiner prophetischen Berufung gehörte es, den Menschen, die zu ihm kamen, ihre Schuld aufzudecken, denn er hatte Einblick in die Herzen der Menschen – sie lagen vor ihm wie ein aufgeschlagenes Buch.

Viele Besucher, die nach Hauptwil zur Seelsorge kamen, berichteten nachher, es hätte bereits genügt, in dieses alte Schloß einzutreten, und schon hätten sich die Türen zu den verborgensten Bereichen ihres Lebens aufgetan. Und wenn Stockmayer dann zu ihnen trat und sie anblickte, so fühlten sie sich bis ins Innerste durchschaut und offengelegt. Sie konnten letztlich nicht anders, als ihre Schuld zu bekennen, während der Seelsorger oft nur aufmerksam zuhörte.

Zuweilen ermahnte er auch, wies zurecht und gab eindeutige Ratschläge, warnte Menschen oder hielt sie eindringlich vor einem falschen Weg zurück. Er fragte nicht danach, warum ein Mensch so hatte handeln müssen, er interessierte sich nicht für ihre Prägung oder ihre Herkunft, er prüfte den Menschen anhand des Lichtes Gottes und an dem, was in der Bibel stand.

Nicht jeder hat das verkraftet. Es gab auch Besucher, die das Schloss in Hauptwil nach kurzer Zeit verstört und traurig wieder verließen. Sie hatte die Konfrontation mit sich selbst überfordert – oder war es nur die bedrückende Strenge der Worte oder die belastende Schwere der Atmosphäre gewesen?

Dabei begegnete Stockmayer jedem einzelnen mit Respekt und Liebe. Auch für den verstocktesten Sünder hatte er ein freundliches Wort. Jeder fühlte sich von ihm angenommen und wertgeschätzt. Otto Stockmayer brachte jedem, auch dem schwächsten Kind Gottes, unbegrenzte Hochachtung entgegen. Er repräsentierte in seiner Art die strenge und gerechte Vatergüte Gottes, er spiegelte die Freundlichkeit Gottes wider, die den Sünder zur Umkehr leitet.

Deshalb begegneten die Menschen auch ihm mit großem Respekt und einer tiefen Achtung. Wo er auftauchte, verstummten oberflächliche Reden und breitete sich ein heiliger Ernst aus. Ihn umgab eine Aura von größter Vertrauenswürdigkeit und Seriosität – darin hat er auch niemals jemanden enttäuscht. Was er im persönlichen Gespräch erfahren hatte, ruhte so sicher wie in einem Grab, denn es war tatsächlich mit ins Grab Jesu versenkt.

In allen Kontakten achtete Stockmayer darauf, nicht selbst in den Mittelpunkt zu rücken und Menschen von ihm abhängig zu machen. Wo er gelobt wurde, wehrte er ab, auf alles Überschwengliche im Blick auf seine Person reagierte er so allergisch, daß er Lobesworte ruppig zurückwies und sich nicht scheute, Menschen, die von ihm angetan waren, vor den Kopf zu stoßen.

Leiderfahrungen und die Zeit in Hauptwil (1878-1917)

Lieben und Leiden

Auf meiner Spurensuche im Leben Otto Stockmayers habe ich gesehen – je mehr ich mich mit seiner Verkündigung befaßt, alte Protokolle studiert, Tagungsberichte durchforscht und seine eigenen Schriften gelesen hatte –, daß seine Lehre und sein Leben Hand in Hand gingen. Stockmayer bestand aus dem, was er lehrte. Alles, was er sagte, ging zuerst durch ihn persönlich hindurch, wurde erfahren – und das hieß nicht selten: erlitten. Er war echt, predigte nicht nur, sondern lebte das, was er verkündigte, er ermahnte und bezog sich selbst mit ein, er sprach über Schuld und bekannte seine eigene Sünde. Er sprach davon, wie Jesus, das Lamm, den Löwen überwindet – und er ließ sich dabei selbst überwinden; er wies auf den Ernst der Nachfolge hin und lebte ein Leben in konsequentester Hingabe. Das betraf auch das Leiden: Für Otto Stockmayer gehörte Lieben und Leiden zusammen, das eine war ohne das andere nicht möglich. Er wollte keine Anerkennung für seine Dienste, er wollte sich verausgaben, sich selbst opfern. Für seinen Herrn zu leiden, war für ihn der größte Lohn, und nichts sollte diesen Lohn schmälern! Im Gegenteil: Was sein Leiden vergrößerte, das nahm er gern an. Darin war Otto Stockmayer sehr einsam, und das ganz bewußt und mit Überzeugung. Er sagte: »Lieben heißt: auf den Altar steigen und sich dort verbrennen lassen«, und »Lieben und Leiden ist es, was dem Menschenleben seinen Wert verleiht.«

Weil er das Leiden suchte, verstand er die Leidenden, konnte er mitfühlen, ja, er machte sich eins mit ihnen und nahm ihr Leiden auf sich – auch hier folgte er Jesus nach. Er sagte es sich selbst und rief es den Menschen zu: »Schreckt nicht vor Leiden zurück, hinter jedem Leid ist Gnade verborgen!«

Und Jesus schonte ihn auf dem Weg der Nachfolge nicht, nein, er lud ihm eine große Bürde an eigenem und familiärem Leid auf den ungebeugten Rücken. Und das schwere Leid trug vielfältige Frucht, auch sein

eigener inwendiger Mensch gewann noch dadurch – wie viele bezeugten und wie er selbst immer wieder bekannte.
Seine gereifte und abgeklärte Haltung zeigt sich in einer Rede, die er 1907 gehalten hat:
»Es ist etwas unendlich Großes, von unserer königlichen Freiheit reden zu dürfen in einer Welt, die beherrscht ist vom Fürsten der Finsternis –, als Staubkinder eines gefallenen Geschlechts –, in einer Welt, wo in Familien, Geschäften und allen Lebensverhältnissen alles darauf angelegt ist, daß ein Kind Gottes nicht ungeschlagen durchkommt. Wie dürfte ich es wagen, mich zu freuen über das eben Gehörte und mitzujubeln, wenn mein Herz nicht ruhen dürfte, jeden Augenblick ruhen in der seligen Gewißheit, einen Vater zu haben, der am Steuer sitzt, in der seligen Gewißheit, daß er, der Lenker der Schlachten, auch der Lenker meiner Tagesarbeit und meiner Pulsschläge und der Zustände meines Leibes und meiner häuslichen Verhältnisse ist und daß er seine weise, treue Hand überall hat und nie vergißt, was für ein armseliges Gemächte ich bin, wenn er mich einen Augenblick meiner Natur oder den Verhältnissen preisgeben würde; wenn ich nicht ruhen dürfte in der Vaterliebe Gottes und in der Heilandsliebe Christi und in der Treue des Heiligen Geistes, was mein inneres Leben, die Pulsschläge meines Geisteslebens betrifft, die bald in Stockung kämen, wenn nicht ein anderer darüber waltete. Welche Seligkeit zu wissen, daß er nicht erlauben wird, daß ich über meine Kräfte versucht werde, wenn alles zusammenkommt von innen und außen, rechts und links! Welche Seligkeit, ruhen zu dürfen in der Gewißheit, der Herr hat alle Fäden auch in den gegenwärtigen Übeln in seiner Hand; ruhen zu dürfen in seiner Liebe, in seiner Weisheit, in seiner Geduld und in seiner Allmacht! Er weiß nicht nur alles, sondern er ist auch mächtig, da einzugreifen, wo alles aufhört, wo in uns und um uns her keine Hilfe mehr ist und alles ins Stocken gerät. Er ist nie am Ende. Er war treu und wird treu sein und wird uns keine Stunde in unserem privaten, persönlichen, Einzel- oder Familienleben über unsere Kräfte versuchen lassen.«
Hier schwingen die eigenen Erfahrungen von Leid, Schmerz und Zerbruch mit. Dieser Mann des Segens für andere Menschen hat selbst viel Schweres erlebt.
Ein Freund hatte Stockmayer einmal an seinen eigenen Ausspruch erinnert: »Durch die Trümmer der Kirchengeschichte hindurch führt Gott

seine Gemeinde zum Tage Jesu Christi.« Darauf hätte Stockmayer tief aufatmend erwidert: »Ja, auch durch andere Trümmer! Was ist auch bei mir nicht alles in Trümmer gegangen, zu Scherben zerschlagen worden – aber durch alle Trümmer hindurch führt der Herr uns weiter, weiter, bis er kommt!«

Das sagte der starke, titanenhafte Otto Stockmayer, der sich als Kämpfer für seinen Herrn Hölle, Tod und Teufel entgegenstellen wollte, der die Verlorenen aus dem Schlaf reißen und in Vollkommenheit dem wiederkommenden Christus entgegenführen wollte als eine Heilige Schar, zu deren Edelsten er selbst gehörte.

Seine Erfahrung war: »Der Herr führt uns auf geistlichem Gebiet von Armut zu Armut, von Entblößung zu Entblößung, um uns aufgrund tieferer Erfahrung unserer Ohnmacht in seine Kraft kleiden zu können, damit es uns nicht einfalle, uns mit der Kraft, die Gott uns für unseren Dienst anvertraut hat, zu brüsten. Gott sei Dank, der allezeit über uns siegt und seinen Triumph über uns feiert. Er wird mit uns fertig. Er führt uns als seine Gebundenen, die er mit dem letzten Treiben ihres Wesens immer völliger in seine Gefangenschaft nimmt, im Triumphzug mit und offenbart den Geruch seiner Erkenntnis an allen Orten durch uns in Christus Jesus.«

Wo Licht ist, gibt es auch Schatten

Wie sah die Konfrontation mit dem eigenen Leiden konkret im Leben von Otto Stockmayer aus? Die Spurensuche brachte erschütternde Fakten zutage.

1878 zieht Familie Stockmayer von Peseux am Genfer See nach Hauptwil um. Dort haben Freunde ein Schloß gekauft, das sie nun Otto Stockmayer für seinen Seelsorge-Dienst zur Verfügung stellen.

Stockmayer ist nach einigen Jahren als Evangelist seiner Kirche aus deren Dienst ausgeschieden, er kann und will sich von nichts und niemanden in dem einschränken lassen, was ihm Gott auf das Herz gelegt hat. Ganz unmittelbar Gott zu dienen ist sein Wunsch, als ein freier Arbeiter im Reich Gottes so wie ein Apostel der ersten Christenheit durch die Lande zu ziehen, um zu predigen, zu evangelisieren und das Reich Gottes zu bauen. Nicht selten läßt er seine Familie allein, der rastlose Drang

zur Nachfolge ist stärker als die Geborgenheit der Familie. Die beiden Kinder Samuel und Elisabeth müssen oft ihren Vater entbehren.
Seine Frau, Marie Henriette, verbindet deshalb mit dem Umzug in das Schloß die Hoffnung, ihr Mann würde seßhafter werden und sie könnten nun öfters gemeinsam ihrem Herrn dienen. Sie fühlt sich so unwichtig und bedeutungslos an seiner Seite. Sie will doch auch Anteil an seiner Berufung haben und etwas von den gewaltigen Segnungen mitbekommen, die Otto erfährt. Sie hofft nun auf ein ruhigeres und geregeltes Leben und erwartet auch, daß die finanzielle Versorgung der Familie gleichmäßiger läuft, hatten sie doch in den letzten Jahren nur von dem gelebt, was an Kollekten zusammengelegt wurde oder was ihnen betuchte Freunde zugesteckt hatten. Für Marie Henriette ist dieses Leben eine ständige Anfechtung gewesen, immer wieder mußte sie die Sorgen um die leibliche Versorgung ihrer Familie dem Herrn hinlegen und die bedrohliche Existenzangst überwinden. Jeder Einkauf war ihr zur Qual geworden. Sie war in einem Haus aufgewachsen, wo die Mühe und Last der täglichen Versorgung keine Rolle gespielt hatte, in einem behüteten Elternhaus voller Wärme und Geborgenheit. In diesen harten Jahren vermißte sie die gewohnte Sicherheit sehr und hatte oft Heimweh danach.
Otto Stockmayer bekommt die Gedanken seiner Frau nicht mit. Er ist mit seiner Arbeit beschäftigt. Wenn er daheim ist, vertieft er sich in seine Studien oder führt Gespräche mit den vielen Menschen, die ihn aufsuchen. Dann ist er auch wieder viele Tage auf Reisen. Marie Henriettes Wunsch erfüllt sich nicht, auch in Hauptwil wird es nicht besser. Zu Hause ist ihr Mann ganz für die Gäste da, die bald in großer Schar das Seelsorge-Angebot wahrnehmen. Nur das Frühstück verbringt er mit seiner Familie, aber da ist er oft in Gedanken an der Andacht, zu der gleich darauf die Glocke des Hauses ruft. Danach macht er die Runde durch das Haus, verteilt die Post an die Bewohner und sucht das seelsorgerliche Gespräch mit ihnen, nachmittags geht er mit dem einen oder anderen seiner Gäste spazieren. Sein Turmzimmer ganz oben im Schloß ist sein Refugium, hier will er ganz für sich allein sein. Dort liegt sein Studierzimmer, in dem er gesegnete Zeiten mit Gott verbringt.
Einen Stock tiefer sitzt seine Frau am Fenster und schaut hinaus. Der Strickstrumpf ist ihre einzige Betätigung, da ihr fast alle Hausarbeiten von den Bediensteten abgenommen werden. Sie blickt hinüber zum Gip-

fel des Säntis, der sich bereits wieder eine weiße Schneekappe übergezogen hat. Sie friert, innerlich wird es ihr nicht warm in diesem Haus mit seinen langen Korridoren, den gedämpften Stimmen und den bedrückt aussehenden Menschen, die durch die Flure huschen und von niemandem angesprochen werden wollen, außer von Jesus. Die Räume ihrer Wohnung sind groß, und ihr Mann hat auf eine zweckvolle Einrichtung bestanden, ohne jeden Zierat. Sie ist etwas anderes gewöhnt, in ihrer Familie zu Hause war es immer fröhlich zugegangen, eine Künstlerfamilie, die feinsinnig das Schöne liebte und viel Sinn für die erfreulichen Seiten des Lebens hatte. Marie Henriette kann sich nicht an das strenge Leben im Schloß gewöhnen, in dem es kein Lachen gibt, keine wohltuende Musik – außer dem Klang des Harmoniums zu den Erweckungsliedern in den Andachten. Sie schaudert, ihr Mann ist so unnahbar, so streng, sie findet keinen Zugang zu ihm, sie fühlt sich so allein. Der Kontakt zu den Gästen ist ihr verwehrt, denn diese sollen ihre Tage im Schloß im Schweigen verbringen, und die Beziehung zu den Bewohnern des kleinen Ortes an der Sorn fällt ihr schwer. Sie spricht als französische Schweizerin nur mühsam die deutsche Sprache, das wird sich auch in all den Jahren kaum ändern. Sie fühlt sich einsam und allein gelassen.

Immer wieder kämpft sie gegen Regungen der Eifersucht Schwester Emilie gegenüber an, der wichtigsten Mitarbeiterin im Schloß. Oft hat sie das Gefühl, daß diese Frau mit ihrem Mann verheiratet ist. Schwester Emilie ist als Ottos rechte Hand eine treue Helferin und Mitstreiterin, sie übernimmt das Kommando, wenn er nicht da ist. Sie bespricht sich mit Otto und ist auf dem laufenden, was die Geschehnisse im Haus betrifft – sie selbst als seine Ehefrau bekommt fast nichts mit. Diese resolute Person hat sogar einen gewissen Einfluß auf ihren Otto und kann ihn bestimmen, sie selbst nimmt er nicht ernst – oder meistens sogar nicht einmal wahr. Immer wieder versucht sie, mit ihm über geistliche Themen ins Gespräch zu kommen oder sie fragt nach und will herausfinden, was ihren Mann beschäftigt, wenn er grübelnd ins Wohnzimmer kommt. Aber jedesmal winkt er ab, als wolle er sie mit seinen schwierigen Fragen nicht behelligen. Sie weiß, daß er sie liebt und ihr zugetan ist, das ist für sie keine Frage, aber so hat sie sich ihre Ehe nicht vorgestellt. Ihr Mann, Otto Stockmayer, ist mit einer anderen Braut verlobt, die er zubereiten möchte und für die er sich mit Haut und Haaren einsetzt: die Gemeinde Jesu Christi.

Irgendwann gibt Marie Henriette auf und zieht sich in sich selbst zurück. Sie ist oft krank, liegt leidend im abgedunkelten Zimmer und läßt sich von ihrem Mann pflegen, wenn er einmal da ist. Aber sie weiß, sie darf ihm nicht im Weg stehen, er muß ja seinen Weg gehen und sie ist ihm dabei nur eine Last, sie ist eine Randfigur in seinem so gesegneten Leben. Und während Menschen im Schloß in Hauptwil Befreiung finden und zu einem neuen Leben mit Jesus durchbrechen, verschließt sich seine Frau immer mehr, vertrocknet wie eine Blume, die kein Wasser bekommt. So ist das oft: Unmittelbar neben den großen Scheinwerfern Gottes ist es am dunkelsten. Dort gibt es Menschen, die ohne großes Aufsehen ihr Leben zum Opfer bringen und ihren Dienst tun, damit ein anderer dienen kann. Und ihr Einsatz bleibt im Verborgenen zum Segen vieler, aber ohne öffentliche Würdigung. Ihr Dienst besteht darin, einfach aus dem Weg zu gehen, damit Größeres geschehen kann, sich selbst mit den eigenen Bedürfnissen und Lebenserwartungen aufzugeben, um dem Raum zu geben, was ihnen selbst keinen Raum zuteilt.

Marie Henriette Stockmayer, geborene Glardon, stirbt im Dezember 1914, zweieinhalb Jahre vor ihrem Mann an einem Nervenleiden.

Der Tod ist verschlungen in den Sieg

Doch es gibt auch noch die beiden Kinder: Samuel und Elisabeth.

Die Tochter Elisabeth ist der Sonnenschein der Mutter, ohne sie wäre das Leben im Schloß noch unerträglicher. Elisabeth ist ein hilfsbereites und angepaßtes Kind. Mit einem freundlichen Knicks begrüßt sie die Eltern und liest ihnen die Wünsche von den Augen ab. Ihr gelingt es immer wieder, die harte Schale ihres Vaters aufzubrechen und ihm ein Lächeln zu entlocken. Sie sorgt für eine unbekümmerte Fröhlichkeit und ist sehr bemüht, die Wolken der Kümmernis wegzuschieben. Sie macht sich nützlich, wo sie kann. Nach dem Tod ihrer Mutter pflegt sie mit größter Hingabe den Vater, der zuletzt in ihren Armen stirbt. Dann wird es auch um sie dunkel. Ganz allein auf sich gestellt, fällt ihr das Leben schwer, sie weiß nicht, wer sie ist und was sie soll, die Bezugspunkte fehlen ihr, sie verfällt in Schwermut. Die Familiengeschichte weiß nicht, was aus ihr geworden ist.

Ganz anders ist Samuel, ihr älterer Bruder. Er rebelliert gegen die engen Bedingungen, in die er hineingepreßt werden soll. Im Schloß darf nicht getobt werden, die große Eingangshalle würde sich dazu anbieten, aber das paßt nicht zu dem großen Hinweisschild: »Schicke dich und begegne deinem Gott.« Samuel hat sich immer überlegt, was mit »schicken« gemeint ist und hat sich dabei vorgestellt, daß die Menschen, die ins Schloß kommen, hier einen Brief an Gott abschicken.
Der Vater geht sehr streng mit seinem Sohn um, er ist der Meinung, der natürliche Mensch muß zerbrochen werden, damit der geistliche Mensch geboren werden kann. Alle natürlichen Regungen müssen ausgemerzt werden. Um das zu üben, verbietet er dem Sohn Dinge, die Freude machen. Wenn er mitbekommt, daß Samuel eine Verabredung mit Freunden getroffen hat, befiehlt er ihm eine Arbeit zu Hause, damit der Sohn auch dort Gehorsam lernt, wo es schwerfällt. Bekommt Samuel etwas geschenkt, nimmt ihm der Vater das Kleinod wieder ab, damit keine Abhängigkeit zu Menschen entsteht, er solle nur Gott als Besitz haben, meint der Vater.
Samuel rebelliert gegen diese Strenge, immer wieder versucht er auszubrechen. Sein Vater sagt als Begründung für seine strenge Zucht: »Der alte Mensch muß sterben.« Aber Samuel will leben, und er ist ja auf der Suche nach sich selbst, er will sein eigenes Leben führen. Dieses »eigene Leben« findet er bei zwielichtigen Freunden, ihre Sprache, ihre Freiheit fasziniert ihn, und so kommt er in ihren unguten Einflußbereich. Sie stiften ihn zu einer Straftat an, er will ihnen beweisen, daß er nicht nur der brave Sohn des frommen Pfarrers ist, er will den Ruf des Heiligen abstreifen. Dabei wird er erwischt, kommt in die Arrestzelle, aus der ihn sein Vater herausholt. Aber was ist besser, in die Arme der menschlichen Justiz zu fallen oder in die strafende Gerechtigkeit seines Vaters? Sein Vater ist unerbittlich, das Böse muß sterben! In der Gerichtsverhandlung, zu der es kommt, sagt der Vater gegen den Sohn aus: »Ja, er könne für seinen Sohn keine Hand ins Feuer legen. Er sei von Grund auf böse und ein Lügner.« Er meint das nicht so, wie es ankommt. Otto weiß ja, alle Menschen sind von Grund auf böse und man kann dem natürlichen Menschen, der nicht von Jesus überwunden ist, keineswegs trauen. Im Gerichtssaal schütteln die Leute den Kopf, wie ist es möglich, daß ein Vater seinen Sohn so schlechtmacht? Aber Otto Stockmayer steht auch hier vor dem weltlichen Richter für die ganze Wahrheit ein und schont

sein eigenes Fleisch und Blut nicht. Die Reinigung und Umgestaltung seines Lebens bezieht seine Familie schließlich mit ein.
Nur dem Anwalt ist es zu verdanken, daß die drohende Strafe in eine Einweisung in die Irrenanstalt umgewandelt wird. So landet Samuel dort, wo die Menschen lebendig tot sind, wo der Wille mit Gewalt gebrochen wird, indem die Patienten in eiskalte Wasserzuber gesteckt werden, bis ihr Widerstand erlahmt und sie das Toben gegen die Umstände ihres Lebens aufgeben.
Das erinnert Samuel schmerzlich an das Erlebnis seiner Taufe. Zunächst hatte sein Vater, weil er gegen die Säuglingstaufe war, beschlossen, die Kinder nicht taufen zu lassen. Dann änderte er seine Meinung und kam zu der Ansicht, daß bei Kindern gläubiger Eltern die Taufe vollzogen werden kann. Seine beiden Kinder waren zu diesem Zeitpunkt schon groß genug, um alles verstehen zu können. Der Vater besorgte einen Zuber und füllte ihn mit Wasser, denn nur ein Besprengen mit Wasser kam für ihn nicht in Frage, wenn, dann sollte die Taufe mit Untertauchen geschehen. Er erklärte den Kindern, daß in der Taufe der alte Mensch ertränkt wird und ein neuer Mensch, von Gott geschaffen, aus dem Wasser steigt. Er machte seinen Kindern dieses Geschehen so streng und ernst deutlich, daß sie Angst bekamen und zu schreien begannen. So war es eine qualvolle Zeremonie, die Kinder wehrten sich mit Händen und Füßen, im kalten Wasser untergetaucht zu werden, sie dachten, der Vater würde sie ertränken. Der Vater mußte alle Kräfte aufbieten. Noch lange nach diesem Ereignis waren die Kinder verstört, und es schüttelte sie jedes Mal, wenn der Vater wieder davon sprach, daß der alte Mensch sterben muß. Das »Sterben des alten Menschen« begleitet ihre Kindheit, und vor allem bei Samuel dringt es tief in die Seele ein, daß der Mensch nur durch den Tod zum Leben kommen kann.
Wie hat Samuel in der Zeit in der Irrenanstalt nach seinem Vater geschrien! Aber die Eltern sind zu einer einjährigen Reise um die Welt aufgebrochen. Konsequent hat der Vater nach der Verurteilung seines Sohnes alle geistlichen Ämter niedergelegt, denn wie kann jemand ein geistlicher Leiter sein, der nicht einmal seinem eigenen Haus richtig vorzustehen vermag?
Samuel beschließt, es seinem Vater recht zu machen. Er sehnt sich ja nach seiner Liebe und Anerkennung, er sucht seine Nähe und er weiß doch – trotz allem –, daß sein Vater ihn liebt.

Nach der Zeit in der Anstalt beginnt er in einer beschützenden Werkstatt eine Ausbildung. In seiner Zerbrochenheit braucht er den schützenden Raum und helfende Hände, die ihn aufbauen und ermutigen. Seine Betreuer entdecken bei ihm künstlerische Fähigkeiten, sie loben ihn und fördern ihn darin. Samuel ist stolz auf das, was er kann. Es ist für ihn nur sehr schmerzhaft zu erleben, daß sein Vater mit seinen Kreationen nicht viel anfängt. Er beurteilt seine Arbeiten als unnützes Menschenwerk und erklärt seinem Sohn, er solle für Gott nützlich sein. Der spürt, daß sein Vater ihn immer noch nicht akzeptiert. Vielleicht sind es die Bereiche, die der Vater auch bei sich selbst nicht ertragen kann und auch früher schon bei sich abgelehnt hatte?
Samuel bemerkt, wie »das alte Leben« wieder über ihn kommt. Aber »der alte Mensch« war doch gestorben, er war dem Tod anheim gegeben, denn nur dadurch konnte das Neue entstehen, das Neue, nachdem Samuel sich sehnte! Und er will unter allen Umständen das Alte hinter sich lassen!
In seiner großen Verzweiflung flieht er vor diesem Rückfall in das frühere Leben, die alten Zweifel, die tiefe Depression, die grundsätzliche Ablehnung der eigenen Existenz, die bodenlose Angst. Er kauft sich einen Revolver, stellt sich an das Ufer des Rheins und erschießt sich. Das Wasser nimmt seinen entseelten Körper auf.
Er stirbt 1899 als ein sehr junger Mensch von 26 Jahren.

Ein langer und schwerer Weg

Otto Stockmayer ist in diesen Tagen auf einer Konferenz in Schlesien, in der es um die Neuordnung der Evangelisationsbemühungen geht, als ihn kurz vor seinem Vortrag die Depesche erreicht: »Sohn vermißt«. Ohne sich etwas anmerken zu lassen, gibt er zwei Telegramme auf, eines an seine Frau, in dem er ankündigt, er werde sofort abreisen, und eines an eine Freundin mit der Bitte, sich gleich um seine Frau zu kümmern. Dann bestellt er eine Droschke zum Bahnhof, sie soll bereitstehen, wenn er mit seinem Vortrag fertig ist, und packt seine Sachen.
Er predigt wie immer wortgewaltig und konzentriert, läßt sich nichts anmerken. Da Stockmayer sowieso immer nach einem Dienst sofort in die Stille verschwindet und keine Gespräche mehr wünscht, fällt es nicht

auf, daß der Prediger gleich nach dem Ende der Veranstaltung seine Tasche packt und in die Kutsche steigt. Mit einem kleinen Vorortzug erreicht er nach Mittag den großen Bahnhof von Kattowitz. Er hat Hunger, denn er hat seit dem zweiten Frühstück nichts mehr gegessen. Da er noch einen kurzen Aufenthalt hat, bestellt er sich im Bahnhofsrestaurant eine Erbsensuppe. Die Suppe ist heiß und das Brot dazu hart. Otto Stockmayer stöhnt auf. Er merkt unmißverständlich, daß es nicht nach seinem Willen geht und zwingt sich zur Geduld. Eigentlich müßte er ja jetzt die nachmittägliche Gebetsstunde auf der Konferenz leiten. Er hat den Eindruck, als hätten die Mächte der Hölle sich gegen ihn verschworen und würden ihn von seinem geistlichen Wirken mit Hohngelächter zurückhalten.
Wieder stöhnt er, so laut, daß sich die Dame am Nachbartisch umdreht und ihn besorgt fragt, ob ihm nicht gut sei. Doch, ihm fehle nichts, er habe ja Jesus, sagt er. Die Dame schaut ihn erstaunt an. Aber er meint es ernst. Jetzt braucht er Jesus, muß er sich ganz auf ihn verlassen, er hat ja nichts mehr in der Hand. Wenn er jetzt aufgibt, dann hat er verloren, dann ist alles in Frage gestellt, was er geglaubt und verkündigt hat. Er gibt sich einen Ruck, sein starker Wille, sich nur nicht unterkriegen zu lassen, hält ihn aufrecht. Er ist ein Überwinder, er ist ein Sieger – durch Jesus. Er steht auf und läßt den Rest seiner Suppe stehen, dem Kellner gibt er im Hinausgehen einen Geldschein, er wartet nicht auf das Restgeld. Was bedeutet jetzt Geld? Er muß durch den Zoll. Die Beamten winken den würdig aussehenden Herrn mit dem langen Bart anstandslos durch den Zoll, man sieht ihm den geistlichen Stand von weitem an.
Um 2 Uhr 10 fährt der Zug pünktlich ab, es ist ein Bummelzug nach Oswiecim. Wieder muß sich Otto Stockmayer in Geduld üben, es geht ihm nicht schnell genug, aber er kann das Tempo nicht bestimmen, andere bestimmen über ihn, das fällt ihm schwer. Er kommt sich vor wie eingesperrt. Mit seinen Gedanken ist er daheim. Wie es seiner Frau wohl jetzt geht, ob man etwas von seinem Sohn weiß? Seine Frau ist sicher sehr hilflos, sie nimmt doch alles so schwer. Hoffentlich kümmert sich die Freundin um sie! Aber was ist, wenn das Unfaßliche passiert ist ...? Otto wagt es sich kaum auszudenken, welche Auswirkungen solch ein Frevel auf seinen Dienst haben wird. Auf der einen Seite Menschen, die mit dem Finger auf ihn zeigen und ihn verspotten, auf der andern Menschen, die ihn bedauern. Mit diesen mitleidigen Zeitgenossen kann er

am wenigsten anfangen, er will nicht bedauert werden, das ist seelisch. Dann erträgt er doch lieber Hohn und Spott. Er muß jetzt stark sein, er muß durchhalten; nun bewährt sich sein Glaube, nun prüft ihn Gott. Er will diese Prüfung bestehen. Der Zug fährt in Oswiecim ein, er sieht galizische Trachten, Bauern und jüdische Verkäufer. Er sucht den Bahnsteig, wo der Zug nach Wien abfährt, ein Gepäckträger bringt ihn zum richtigen Gleis. Hier beherrscht ein internationales Publikum die Szene, vornehme Herrschaften werden von ihren Bediensteten zum Eilzug geleitet. Otto Stockmayer hat keine Augen für die Abschiedsszenen. Er nimmt innerlich Abschied von einem unbeschwerten Leben, von einer Zeit, in der alles so klar und einfach war. Er ahnt, daß die Zeit, die vor ihm liegt, schwerer sein wird als die vergangene. Er wird vieles, was er bisher so leicht gesagt hat, durchbuchstabieren und erleiden müssen. Er kommt sich vor wie Abraham, der seinen Sohn als Zeichen des Gehorsams opfern mußte. Aber er fürchtet, bei ihm könnte die Geschichte nicht so gut ausgehen wie bei Abraham.

Als Otto in den Polstern des nobel ausgestatteten Zuges sitzt und durch die herrlichen Gebiete von Österreich-Ungarn fährt, überfällt ihn sein altes Leiden mit Macht, ein furchtbares Nervenkopfweh scheint ihn fast zu zerreißen. Er zieht den Vorhang des Abteils vor, er will es dunkel haben, er will sowieso nichts von der Gegend sehen. Er zieht sich in sein Innerstes zurück – auch dort ist es dunkel. Aber genau dort ist er richtig. Er will das Dunkel, er will die Not, er will das Leid, weil er dort Jesus nahe ist. Je schlimmer, desto näher ist er seinem Herrn. So gewinnt er dem Schmerz, dem Leid, der Sorge eine tiefe Bedeutung ab. Draußen wird es Abend, die Dämmerung bricht an, der Schaffner zündet die Lichter im Zug an. Otto bittet Jesus, daß er, das Licht in seiner Dunkelheit, nicht verlöscht. Kurz nach halb zehn Uhr am Abend schnauft die große Lokomotive in den Bahnhof von Wien. Er muß sich beeilen, wenn er den Eilzug in Richtung Deutschland noch bekommen möchte, der schon unter Dampf steht. Auch er, Otto Stockmayer, steht unter Dampf, er kommt sich vor – wie schon oft in seinem Leben – wie auf dem Dekkel eines Dampfkessels, mit Gewalt muß er ihn festhalten, damit nicht alles explodiert. Er fühlt sich müde und ausgelaugt, so leer, ihm fehlen die Worte, die ihm sonst wie von selbst zugeflogen sind. Er spürt nur ein unbestimmtes Grauen vor dem neuen Tag. Er will alles Gott vor die Füße werfen und ihm den Dienst aufkündigen. Nein, er ist doch nicht so stark, wie er immer gedacht hat. Nein, er ist doch nicht der Kämpfer, der er sein möchte. Er kommt sich so schwach, so krank, so hilfsbedürftig vor. Am liebsten möchte er irgendwohin, wo er sich verstecken kann. Er erinnert sich an die Arme seiner Mutter, in denen er sich bergen konnte. Nein, er will keine Gefühle zulassen. Er beschließt, hart zu sein, er macht sich zu und setzt sich trotz seiner starken Kopfschmerzen aufrecht hin, bewahrt Haltung. Aber er weiß, tief in seinem Innern, das ist nur der äußere Schein! »Herr, Du bist mir zu stark, ich bin am Ende«, betet er in seinem Herzen, »wenn Du mich weiter haben möchtest, will ich mein Leben neu Dir geben.« Auf einmal fällt ihm der Jünger Petrus ein, den Jesus trotz seiner Schuld und seines Versagens angenommen und im Dienst behalten hat. Mit diesem Gedanken döst Otto Stockmayer im Sitzen ein – ein Schlafwagenabteil wollte er sich nicht gönnen. Er wacht auf, weil ein Bahnbeamter ins Abteil tritt, draußen ist es wieder hell geworden. Der Zug ist in Salzburg angekommen, erneut muß Otto umsteigen – in den Zug nach Innsbruck. Wieder ist es ein Bummelzug, der überall hält. Aber Otto ist in einem Stadium, wo er alles losläßt, er hat nichts mehr in der Hand. Er sagt nur immer wieder »Herr, dein Wille geschehe«; sein Wille ist gebrochen, er weiß, er kann an allem, was geschieht, nichts ändern. Er hat nicht alles in der Hand, er ist nicht der, der Gottes Pläne beeinflussen kann. Er ist nichts ...

Otto versucht in seiner Bibel zu lesen, aber es gelingt ihm nicht, sie rutscht ihm aus den Händen – er hat nun wirklich nichts mehr in der Hand, nicht einmal mehr das Wort Gottes, das er so gern als Waffe benutzt hat, er ist wehrlos, er ist ganz klein, ganz schwach. Er hat Hunger. Auf seine Bitte hin bringt ihm der Schaffner eine Kleinigkeit zu essen. Der Tag im Zug vergeht, ohne daß er es bemerkt, er ist in einem Zustand der inneren und äußeren Erschöpfung. Er will nichts mehr.

Abends erreicht er Innsbruck, wieder bricht eine Nacht an, die er unterwegs verbringt. Jetzt hätte er gern ein Schlafwagenabteil, aber alles ist belegt, er hat ja nicht reserviert. Erst am frühen Morgen erreicht er um 4.40 Uhr in Bregenz den Bodensee. Jetzt rückt die Heimat, seine Familie wieder ins Blickfeld. Was soll er tun, was soll er sagen, wenn er heimkommt? Muß er bekennen, daß er als Vater versagt hat? Ja, hat er versagt? Er hat sich doch um das Reich Gottes gekümmert und seine Familie immer wieder Gott anbefohlen. Wenn er ihn zu diesem Dienst berufen hat, dann muß er sich doch auch um die Seinen kümmern. Hatte

Gott versagt? Nein, das konnte nicht sein – oder doch? Otto Stockmayer ist verwirrt, er versteht Gott nicht, und er ahnt, daß er Gott doch nie verstehen wird, aber er ist genötigt, ohne alles genau zu wissen, ihm nachzufolgen. Er wird also ohne eine Erklärung, ohne eine geistliche Begründung zu Hause eintreffen. Im Bahnhofshotel in Bregenz, das schon geöffnet hat, bekommt Otto Stockmayer einen schwarzen Tee, der tut ihm gut, sein Kopfweh klingt ab. Er fühlt sich gewappnet für den Rest der Reise, die mit dem Zug nach St. Gallen und dann mit der Appenzeller Bahn vollends nach Hauptwil führt, dort wird ihn Fritz, der Gärtner, abholen.

Zu Hause angekommen, tritt Otto Stockmayer in das Zimmer seiner Frau, sie sitzt mit rotverweinten Augen am Fenster. Er legt ihr die Hand auf die Schulter und sagt: »Wir sind alle in Gottes Hand.« Das ist alles, dann geht er in sein Zimmer. Niemand ahnt, was er auf dieser Reise durchgemacht hat. Alle bewundern seine Fassung, seine Überlegenheit, seine Ruhe. Er leidet nicht, er trauert nicht, er strahlt Ruhe und geistliche Stärke aus.

Als endlich nach Tagen bangen Wartens die Nachricht kommt, die Leiche des Sohnes sei am Rheinufer bei Dinglingen gefunden worden, bricht er sofort auf. In einem dunklen Bootsschuppen steht er vor dem entstellten Leichnam. »Ja, es ist mein Sohn«, sagt er mit fester Stimme. Und er sagt es mehr zu sich selbst als zu den anderen, er sagt es wie einst David zu Absalom, mit Gebärden tiefer Trauer. Er stellt sich zu ihm, jetzt in der Dunkelheit, dort, wo es keiner sieht, bekennt er sich zu ihm, zu diesem entstellten und verqueren Leben. Es ist sein Sohn, sein eigen Fleisch und Blut, er ist es selbst. Gott öffnet ihm in diesem Augenblick die Augen für die Wahrheit, für seine eigene Wahrheit. Und als er aus dem Bootschuppen tritt, ist er ein anderer geworden, ein alter Mann, der so in die Ferne schaut wie in die Ewigkeit Gottes; er sieht über die Nacht hinaus den kommenden Tag des Herrn, das Morgenrot Gottes. Und er sieht den Anbruch des neuen Lebens wie über ein Schlachtfeld hinweg, auf dem ein furchtbarer Kampf getobt hat, der noch nicht einmal zu Ende ist.

Versteht der Vater seinen Sohn wirklich? Der wollte ja seinem Vater gefallen und genau so konsequent sein wie er. Er hat doch nur das getan, was dieser immer gesagt hatte. Er hat den alten Menschen getötet und den Weg durchs Wasser hindurch zum neuen Leben gewählt!

In einer harten Predigt am Ort, an dem Samuel beerdigt ist, warnt Otto Stockmayer: »Irret euch nicht! Gott läßt sich nicht spotten. Was der Mensch sät, das wird er ernten.« Aber Samuel wollte doch Gott nicht verspotten, im Gegenteil, er wollte ihm ganz nahe sein. Und er wollte auch seinen Vater nicht kränken, sondern genau das tun, was er ihm vorgezeichnet hatte. Oder hat Otto Stockmayer etwa diese Predigt sich selber gehalten?

Der besiegte Sieger

Auch das Schwere, Dunkle gehört zum Leben Otto Stockmayers, des gesegneten Predigers. Und es war nicht wenig, was Stockmayer zu tragen hatte! Wie bei Hiob prüft Gott seinen Knecht auf vielfältige Weise. Es scheint so, als ob Gott ihn auf seine Echtheit abklopft und ihn deshalb durch manches Feuer gehen läßt. Der Lebenslauf von Otto Stockmayer ist von schweren Schicksalsschlägen und Einbrüchen markiert. Was er verkündigt, wird in Leid und Schmerzen geläutert.

Da ist das ständige Kopfweh, das ihn immer wieder dann überfällt, wenn er eigentlich voranstürmen will. Die Schmerzen sind für ihn wie eine Kette, an die ihn Gott legt und mit der er ihn immer wieder zwingt, langsamer zu gehen. So muß er es immer wieder am eigenen Leib büßen, wenn er die Grenze überschreitet, die Gott ihm vorgezeichnet hat, und mehr arbeitet, als Gott möchte. Er liegt dann oft in seinem Studierzimmer auf dem Sofa im Dunkeln und ist lahmgelegt – für ihn sind das die Einkehrzeiten, die er von den Gästen im Schloß verlangt. Dann ist ihm ebenfalls jeder Kontakt unmöglich, und es bleibt ihm nichts anderes übrig, als sich selber in die Hand Gottes hineinzuschicken, und nun darf er ihm begegnen.

Immer wieder muß Stockmayer auch erleben, wie Menschen sich von ihm abwenden. Als er sich nach seiner Bekehrung als erwachsener Mann noch einmal taufen läßt, wenden sich die alten Freunde, die seinen Weg aus der Württembergischen Kirche heraus nicht mitgehen wollen, von ihm ab. Er steht allein da und muß sich neue Gefährten suchen. Er findet sie in der freien Kirche, der er sich anschließt, dort trifft er auf Gesinnungsgenossen. Aber als er in seiner Verkündigung radikaler wird und viele Gedanken aufnimmt, die er als Licht Gottes aus England mitbringt, erlebt er auch in dieser Gemeinschaft, daß viele seiner Vertrauten ihm den Rücken kehren. Sogar seine eigenen – leiblichen – Brüder wenden sich von ihm ab. Seinen jüngsten Bruder Ernst, der auch Pfarrer geworden war und den er heiß und innig liebt, versucht er von der Richtigkeit seiner Gedanken zu überzeugen, er schreibt ihm während seiner Weltreise im Jahr 1894 einen langen Brief aus Bombay, in dem er seine ganze Theologie darlegt. Aber er bekommt keine Antwort. Dann schickt er ihm seine Schriften und Bücher, bleibt aber auch hier ohne Reaktion. Erst 1908 schreibt ihm sein Bruder eine Antwort und bittet um Vergebung für sein langes Schweigen. Er begründet es damit, daß er »mit manchen Auslegungen in den betreffenden Büchlein nicht einverstanden war«, und er »in Bezug auf das Kommen des Herrn, wie auch in Bezug auf Braut resp. Leib Christi«, sowie auch in Bezug auf die von ihm in den Schriften vertretene Ansicht über »Auswahl«, »Elite«, »Erstlingsschar« und »männlicher Sohn« anderer Ansicht war.

Der Bruder schreibt ganz ehrlich und offen: »Da ich aber wußte, wie Du im Innersten durchdrungen warst von der Überzeugung, daß des Herrn Kommen in unmittelbarer Nähe bevorstehe, und da Du in jenem Brief von Bombay ausdrücklich betont hast, daß der Herr Dir über diese Punkte mehr Licht gegeben habe gegen früher, so wäre es mir gegen den Sinn gewesen, gegen Deine Anschauung zu opponieren, obwohl ich seit Jahrzehnten mich viel mit diesen Fragen beschäftigt habe. Du wirst es verstehen, warum ich mich – als Dein in jeder Beziehung kleinerer Bruder – scheute, dem älteren und an Tiefe des Glaubenslebens mir weit überlegenen Bruder gegenüber einen entgegengesetzten Standpunkt geltend zu machen.«

Es ist offensichtlich schwierig, mit Otto Stockmayer zu diskutieren und zu streiten, es scheint unmöglich, seinen Argumenten standzuhalten. Deshalb ziehen sich die Freunde und Brüder zurück, und er wird einsam. Aber auch das nimmt er willig auf sich, geht seinen Weg unbeirrt und autark weiter.

1899 nimmt sich sein Sohn das Leben, und am 24. Juli 1902 stirbt seine engste Mitarbeiterin, Schwester Emilie, in furchtbaren Qualen nach einer schweren Erkrankung. Dabei hat er doch immer verkündigt, der Tod habe keine Macht mehr, sondern sei überwunden! Er rechnete damit, die Seinen und er würden dazu gehören, wenn die Entrückung geschehen würde und deshalb müßte auch seine treue Mitarbeiterin den Tod nicht schmecken. Es ist wie ein Schlag Gottes, als er das furchtbare Sterben von Schwester Emilie miterlebt; weinend steht er an ihrem Grab, fassungslos, daß der Tod hier doch obsiegt hatte. Es sind Tränen ohnmächtigen Zorns ...

1907 erlebt er das Scheitern der Aufbrüche in Kassel und Großalmerode. Was zunächst nach Aufbruch und nach einer neuen Ausgießung des Heiligen Geistes aussah, erweist sich bald weithin als menschlich gemacht oder seelisch verunreinigt. Er wird in die unliebsamen Vorgänge um die Zungenbewegung hineingezogen und genötigt, einen eigenen Standpunkt zu beziehen – auch gegen viele Freunde, die er damit brüskiert. Er ist hin- und hergeworfen und weiß in diesem Fall nicht, was richtig ist. Dann muß er sich selbst verteidigen. Seine eigene Lehre steht auf dem Prüfstand und wird von den leitenden Brüdern der Gemeinschaftsbewegung kritisch beurteilt. Er wird hinterfragt und muß begründen, was ihm viel ausmacht. Er lebt ja für die Wahrheit, ihn verlangt nach der reinen Lehre ohne das eigene Zutun.

Und nun sieht er sich gezwungen, einige Aussagen, die ihm so wichtig sind, wieder zurücknehmen und widerrufen zu müssen. Er revidiert seine Meinung und damit wird sein bisheriges Lehrgebäude zerschlagen. Einige seiner wesentlichen Glaubenssätze – von der Erwählung und Entrückung einer Erstlingsschar – sind jetzt aus dem Fundament herausgerissen und er befürchtet, es würde nun alles zusammenstürzen, was er aufgebaut hat. Dennoch erlebt er, daß es nicht so weit kommt. Im Gegenteil: Das, was von seiner Lehre Bestand hat, wird dadurch nur bedeutsamer, das pure Gold glänzt heller hervor, nachdem das überflüssige Beiwerk beiseite geschafft worden ist. Seine Aussagen gewinnen an Prägnanz und Durchschlagskraft, und sie erreichen die Menschenherzen, weil ihr Gold vom Feuer des Leides geläutert ist. Die Menschen spüren, hier trägt einer nicht nur erlernte oder im Studierzimmer erarbeitete Sätze vor, sondern hier steht einer mit seinem ganzen Leben hinter dem, was er sagt.

Trotzdem trifft es Otto Stockmayer ins Mark, daß er den Zusammenbruch der Erweckungsbewegung erleben muß und die Spaltung, die anschließend durch die evangelische Christenheit geht. Das alles beschämt und demütigt ihn persönlich zutiefst.

Ein weiterer schwerer Schlag ist schließlich der Tod seiner Frau 1914. Erst jetzt bemerkt er existenziell, was er an ihr hatte, sie fehlt ihm. Und

wieder ist es der Tod, der ihm hohnlachend ins Angesicht schaut: »Ich bin doch stärker!«
Zu allem muß er erleben, wie der Tod auch auf den Schlachtfeldern in Europa eine reiche Ernte hält. Wo Stockmayer mit der Wiederkunft Jesu rechnete, kommen statt dessen Tod und Verderben, kommen die Verführer, die die Menschen zu einem weltlichen Kampf aufstacheln. Und er beobachtet in seinen letzten Jahren mit Entsetzen, wie die Menschen fröhlich singend und jubelnd in diesen Kampf ziehen, den ehrenvollen Tod suchen, statt ihn als die Überwinderschar Jesu Christi zu besiegen. Otto Stockmayer war sich sicher gewesen, er sollte eine neue Zeit ankündigen, eine Zeit der Herrschaft Gottes, und nun kommt es ganz anders: die Herrschaft des Krieges, der Zerstörung und des Leides.
Noch kurz vor seinem Tod erlebt er, wie die Soldaten verwundet und an Leib und Seele zerstört, gezeichnet von dem furchtbaren Grauen der Grabenkriege nach Deutschland zurückkehren und nicht mehr für den Sieg Gottes in Jubel und Freude bereit sind, sie sind von Ironie und Skepsis, von Zweifeln und Sarkasmus erfüllt und für lange Zeit verschlossen für die befreiende Botschaft des Evangeliums.
Das alles muß Otto Stockmayer erleiden und erdulden. Er sieht, wie es auch unter den Gläubigen ganz anders kommt, als er es gedacht und angekündigt hatte – und trotzdem hält er an dem fest, was er sein Leben lang geglaubt hat, stärkt die Brüder, tröstet und ermutigt. Er läßt sich von diesen Schicksalsschlägen nicht beirren, obwohl sie ihm zusetzen und ihm tiefe Wunden schlagen. Er setzt sein Vertrauen auf Gott, so wie er es in Oxford einst bekannt hatte, denn er weiß: Die, die Gott vertrauen, werden trotz allem nicht zuschanden werden. Er glaubt bis zuletzt, daß ihn Gott vor dem eignen Tod bewahren werde und er als ein zu Gott entrückter Mensch seinen Schöpfer schauen darf.
Und so war Otto bis zu seinem Lebensende bereit, seinem Herrn entgegenzugehen. Aber dann besiegte auch ihn der Tod. Es blieb ihm zuletzt nichts anderes mehr übrig, als sich als Geläuterter im Sterben in die Hände Gottes zu legen, weil er wußte, daß es nur auf den Sieg ankommt, den Jesus für ihn und alle Menschen am Kreuz erstritten hatte. So konnte sich der unermüdliche Kämpfer Otto Stockmayer mit seinen vielen Narben und Wunden am Ende seines leidvollen und gesegneten Lebens vertrauensvoll in die Hände Jesu fallen lassen. Er vertraute Gott – bis zum Ende. Das zeichnet ihn aus und bestätigt sein Lehren und Wirken.

Die Erweckung und ihr Ende
(1904-1909)

Unterwegs zum Ziel

Nun habe ich auf meiner Suche die Spur gefunden, die ich selber gern verfolgen möchte: Der Durchhaltewille von Otto Stockmayer beeindruckt mich. Er war ein Kämpfer, der nicht aufgab und dranblieb – auch bei Niederlagen und Rückschlägen. Er war kein Mann der schnellen Triumphe, der kam, sah und siegte, sondern er verfolgte Gottes und seine Ziele beständig und ausdauernd. Durch tiefe Täler hindurch und über weite Höhen des Geistes ging er unbeirrt seinen Weg, er blieb seinen Grundsätzen treu, auch wenn er die Richtung korrigieren mußte – so kam er letztlich dort an, wo ihn Gott erwartete. Deshalb gilt für ihn das gleiche, was auch Paulus über sein eigenes Leben sagte:
»Ich habe den guten Kampf gekämpft, ich habe den Lauf vollendet, ich habe Glauben gehalten; hinfort liegt für mich die Krone der Gerechtigkeit bereit, die mir der Herr, der gerechte Richter, an jenem Tag geben wird, nicht aber mir allein, sondern auch allen, die seine Erscheinung lieben« (2. Timotheus 4,7+8).
Darin ist mir Otto Stockmayer ein Vorbild, dem ich gern nacheifere (nach Hebräer 12,1)!
Noch etwas beeindruckt mich: Welche Mühsal und Anstrengung bedeuteten die langen Reisen! Und wie oft war Otto Stockmayer unterwegs, quer durch Deutschland, den Osten hat er oft besucht, die ganze Schweiz wurde von ihm bereist, in Frankreich, England war er zu Vorträgen und Konferenzen. Jede Reise – mit Kutsche, Bahn oder Schiff – bedeutete eine lange Zeit des Unterwegsseins, Entbehrung und Heimatlosigkeit. Das konnte Otto Stockmayer wohl nur deswegen durchhalten, weil er wußte, daß seine Heimat nicht in dieser Welt war, er befand sich auf dem Weg zu seinem himmlischen Zuhause. Ja, er ist auf dieser Erde ein Fremdling gewesen, ein »Exodus«-Mensch, der immer wieder aufbrach und auszog und in seinem Handeln und Denken sich frei und unabhängig von den Menschen und den Umständen bewegte, so eigenständig, daß es ihm manchmal schwerfiel, den Bezug zum Hier und

Heute zu finden. Alfred Roth berichtete, wie er Otto Stockmayer einmal zur Bahn begleitete. Als sie vor dem Bahnhof ankamen, blieb Otto plötzlich stehen, sah betroffen zu Boden und sagte: »Aber wo reise ich jetzt eigentlich hin?« Sein Ziel war die Herrlichkeit Gottes, und er war eifrig bestrebt, diese Herrlichkeit bereits hier zu finden, er wollte den Einbruch des Reiches Gottes in dieser Welt erleben – und es gab ja auch starke Anzeichen für das Anbrechen einer neuen Zeit. Das motivierte ihn, immer wieder aufzubrechen. Denn es gab so viel zu tun!

Morgenluft der Erweckung durchwehte die Christenheit um die Jahrhundertwende. Von der Oxforder Heiligungsbewegung ausgehend, entstand im Volk Gottes ein ernstes Verlangen nach praktischer Heiligung in der Nachfolge Christi. In ihrem Bemühen nach Vollkommenheit und völliger Reinigung erfuhren viele Christen ihren Mangel an Geisteskraft im täglichen Leben, und sie klagten darüber, wie schwach das Zeugnis des gegenwärtigen Herrn verkündigt würde. Viele Gotteskinder sehnten sich nach einem Siegesleben, wie sie es ihnen aus der Apostelgeschichte entgegenkam. Mit der wachsenden Gemeinschaftsbewegung entstand eine Bewegung, die dieses Sehnen aufnahm, verstärkte und lebendig hielt. In vielen Tagungen und Konferenzen wurde die Erwartung geschürt. Die Bibelarbeiten und Referate sollten die Zuhörer auf das Kommende vorbereiten. In vielen Gebetsversammlungen wurde Gott um eine neue Ausgießung seines Geistes bestürmt.

1904 hatte eine Erweckung in Wales begonnen, nachdem dort Reuben Archer Torrey und Charles Alexander evangelisiert hatten. Evan Roberts, ein ehemaliger Bergmann, wurde der Führer der wallisischen Erweckungsbewegung. Diese Männer betonten den Empfang der Geistestaufe als das Überströmtwerden mit der Kraft des Heiligen Geistes, die zu einem lebendigen Geistesleben und zum Dienst in der Gemeinde befähigen sollte. Wer wünschte sich nicht diese Kraft aus der Höhe?! Die Menschen zog es zu den Versammlungen und Evangelisationsstunden, in denen mehr gesungen als gepredigt wurde. Die Leitung der Versammlung lag häufig nicht in den Händen eines Einzelnen, sondern wurde völlig dem Heiligen Geist überlassen. Das bedeutete, daß keine vorbereiteten Ansprachen gehalten wurden, sondern jeder Zeugnis ablegte, betete und sang, wie ihn der Geist dazu trieb. Besonderen Nachdruck legte man in den Versammlungen auf das öffentliche Bekenntnis begangener Sünden. Fast sämtliche Verkündigung gipfelte in dem Satz: »Gehorcht dem Heiligen Geist!«

Anfang des Jahres 1905 stieg das sehnlichste Verlangen in den deutschen Gemeinschaften, die Erweckung möge sich auch hier ereignen. Zeitschriften wie das »Evangelische Allianzblatt« und »Auf der Warte« schürten diese Hoffnung. Sie berichteten davon, die christliche Gemeinde stehe am Vorabend großer Ereignisse, die Ausgestaltung der Brautgemeinde sei bald beendet und die Entrückung stehe bevor. Das Allianzblatt schrieb beispielsweise: »Beten, dienen, opfern wir weiter, damit bald der heiß ersehnte Tag anbricht, da der Herr in der Luft herniedersteigt, um Seine erlöste Gemeinde zu sich emporzuheben in Seine sichtbare Gegenwart und Herrlichkeit.« Immer wieder wurde in schillernden Farben von den Vorgängen in England und Wales berichtet und die Frage gestellt: Wenn solche Erweckungen dort möglich sind, warum nicht auch hier in Deutschland? Das am häufigsten gesprochene Gebet in dieser Zeit war: »Herr, schenke uns eine Erweckung und fange bei mir an!«

Schließlich hielten die Pastoren Martin Girkon und Ernst Modersohn 1905 Versammlungen in Mülheim an der Ruhr ab, die ganz nach dem Muster von Wales gestaltet waren. Das Feuer sprang über! Von Himmelfahrt bis Pfingsten fanden die Veranstaltungen einen enormen Zuspruch, Christen aus den traditionellen Kirchen, Gemeinschaften und Freikirchen drängten zu den Versammlungen, die schließlich in einem großen Zelt fortgeführt wurden. Von dort aus breitete sich die Erweckung in kurzer Zeit über ganz Deutschland aus.

Bei der Gnadauer Konferenz 1906 wurde mit Inbrunst gebetet: »Wir erwarten Wunder in diesen Tagen, mach uns bereit!« Otto Stockmayer stand nach einer Gebetsrunde auf und betonte, man solle nicht singen und beten: »Lass uns die Fenster öffnen« – die Zeit des Durchbruchs sei jetzt gekommen, da Gott gegenwärtig handelt. Gott wartet auf uns, darum muß man nicht darum bitten, Gott möge es tun, sondern die Türen und Tore selbst öffnen und es auf die Realität eines offenen Himmels wagen. Statt: »Laß mich Dich wirken lassen«, soll man sprechen: »Ich lasse Dich wirken.«

Auch andere bestätigten: Es ist Erweckungszeit, man wisse jetzt, was Erweckung sei. Bisher sei alles nur ein Sturm im Wasserglas gewesen. Es sei der Wille Gottes, jetzt eine weltumfassende Erweckung zu schenken. »Vor zwei Jahren war die Versammlung vorpfingstlich. Möge es heute Pfingsten werden!« rief ein Redner den Zuhörern begeistert zu – und er fand offene Ohren, denn ein starkes Verlangen nach Erweckung beherrschte die Menschen.

Aber es waren auch ermahnende Worte zu hören, die Erweckung könne nur kommen, wenn folgende Vorbedingungen dafür geschaffen seien: 1. Bekenne alle Sünden und lege sie ab. 2. Beseitige alles Zweifelhafte. 3. Übergib Leib und Seele völlig und unbedingt an Gott. 4. Gehorche unbedingt der Stimme des Heiligen Geistes in Deinem Gewissen. 5. Benutze jede Gelegenheit, Christum öffentlich zu bekennen. 6. Halte an am Gebet.

Immer mehr wurde gedrängt, damit Erweckung entstehe: »Wo ein Wille ist, ist ein Weg. Wenn wir deutschen Christen glauben wollen, so muß sie kommen. Wenn von hier aus etwas geschehen ist, weil hier ein Wille war, so wird noch mehr geschehen, wenn mehr Wille da ist. Noch einmal: Wenn wir wollen, muß sie kommen.« Wurde damit die Erweckung herbeigeredet und künstlich gemacht?

Vorsicht ist geboten!

Otto Stockmayer war von seiner Persönlichkeitsprägung her allem Seelischen gegenüber mißtrauisch. Wenn es allzu gefühlvoll zuging, knöpfte er sich innerlich zu, so wie man bei schlechtem Wetter seine Jacke zuknöpft. Er machte sich dicht gegen die Einflüsse von Stimmungen und Gefühlsausbrüchen. Für ihn hatte solches im Glaubensleben keinen Platz. Er sah mit Erschrecken, wie sich nun in der heranbrandenden Erweckungsbewegung Seelisches und Geistliches in einem hohen Maße mischte und eine ungute Verbindung einging, was schließlich das Positive dieser Bewegung in Frage stellte.

Jakob Vetter erzählte: »In einer Versammlung versuchte ein englischer Bruder die Weise von Wales einzuführen, indem er die Rede unterbrach und behauptete, man solle jetzt nicht mehr reden, sondern beten. Ging man auf die Knie, so brachte er es fertig, daß die ganze Versammlung in hellen Aufruhr kam. Stockmayer stand auf und sagte: ›In der Kraft unseres Gottes befehle ich, daß dieses seelische Wesen nun aufhöre.‹ Jener englische Bruder wurde still, war aber sehr beleidigt und streute das Gerücht aus, man habe den Geist Gottes gedämpft; und es war doch nicht der Heilige Geist, sondern das seelische Wesen, sein eigener Geist. Als wir nun allein waren auf dem Spaziergang, fragte ein Bruder, was man diesem seelischen Gebaren gegenüber tun solle, das sich jetzt so unter den Gläubigen breitzumachen suche. Stockmayer antwortete: ›Das Erste ist, man mache nicht mit, sondern man widerstehe dieser Art, die nicht göttlich, sondern menschlich ist. Und das Zweite‹, dabei nahm er seinen Rock und knöpfte ihn zusammen – ›so verschließt man sich gegen das seelische Zeug.‹«

Stockmayer gefiel der äußere, ungeordnete und freie Ablauf der Erwekkungsversammlungen nicht. Er begrüßte es zwar, wenn der Heilige Geist Raum bekam und auch die Gemeindeglieder oder Konferenzteilnehmer zu Wort kamen – er erhoffte sich davon eine glaubensmäßige Vertiefung und eine klare Schriftauslegung. Aber es war nicht seine Sache, wenn nun alle Formen aufgehoben wurden und es angeblich dem Wirken des Heiligen Geistes überlassen blieb, wie der Fortgang der Veranstaltung sein sollte. Er sah darin die Gefahr, daß doch menschliches Machen-Wollen und Manipulieren das Kommando übernahm und nicht der Heilige Geist regierte. Er konnte nicht in solche begeisternde Aussagen mit einstimmen, wie sie in der Zeitschrift »Auf der Warte« standen: »Gottlob, unsere Glaubenskonferenzen haben aufgehört, eine Reihe von wohlgeordneten, programmäßig erledigten Vorträgen und Referaten zu sein!« Otto Stockmayer war ein Mensch der Ordnung, der Zucht und geregelte Abläufe nicht für ungeistlich hielt.

Bei einer Konferenz im Jahr 1904, der Stockmayer beiwohnte, sprach der Prediger in einer hitzigen und aufrüttelnden Weise von der Notwendigkeit, den Heiligen Geist zu empfangen, und führte aus, wie die Geisttaufe das Leben eines Christen ganz plötzlich verändere, aber daß es vor dieser Geisttaufe zu einem Rückgang der Segnungen käme. Dann rief er unvermittelt zum Gebet, um gegen die Hindernisse des Wirkens Gottes persönlich und öffentlich anzugehen.

Einer aus der Versammlung betete daraufhin laut und inbrünstig um die Taufe mit Feuer, ein anderer, Gott möge verhüten, daß Leute ohne Auftrag hier den Mund auftäten. Mehrere fingen gleichzeitig an, und es entstand solch ein Durcheinander, daß der Versammlungsleiter eingriff und eine Reihenfolge festlegte. Ein Lied wurde angestimmt ...

In diesem Chaos stand Stockmayer auf und wies mit seiner klaren und festen Stimme darauf hin: »Das Wort Gottes muß wieder auf den Plan!« Und er bekannte ganz einfach: »Die Fülle können wir niemals haben, aber das schwache, kleine Herz kann gefüllt werden.« Das saß, die Menschen wurden ruhig, sie überlegten. Ein Zwischenrufer fragte: »Verstehe ich Sie recht, daß die Nachfolge Christi der Weg sei, mehr Geist zu bekommen?« Stockmayer erwiderte einfach: »Wenn man wiedergeboren ist, dann hat man den Geist.« Der Frager ließ nicht locker: »Und wenn man nun mehr Geist haben will?« Und Stockmayer darauf: »Es gilt, mit der Gemeinde zusammen zu wachsen.«

Das war Otto Stockmayers Credo in dieser heiklen Situation, in der die Gemüter in Aufruhr waren und die Menschen in übertriebener Weise egoistisch nach einer Erfahrung mit dem Heiligen Geist strebten und für sich persönlich die ganze Fülle des Reichtums Gottes wollten als eine Krafterfüllung für ein Leben in der Heiligung: »Die ganze Fülle hat gewohnt in Christus, die ganze Fülle der Gottheit wohnt in der Gemeinde, soll einmal ganz in ihr widerstrahlen, aber nie in einzelnen Christen. Alle diese Dinge müssen wir fernhalten und auch in der Sprache vorsichtig sein, denn sonst setzen unbiblische Folgerungen ein.«

Der Aufbau der Gemeinde

Stockmayer trat zwar selbst für den konsequenten Weg der Heiligung des einzelnen ein, aber noch mehr zählte für ihn die Gemeinde, die Schar der Überwinder. Er sagte bei einer anderen Gelegenheit (1908): »In einer so ernsten Frage und Zeit ist es Pflicht, daß man sich frei ausspricht. Ich kann in dem einen Punkt – und es ist der einzige – mit meinem teuren Bruder nicht einerlei Meinung sein, wenn er sagt, daß der Pfingstgeist, die Gabe des Heiligen Geistes, wie er an Pfingsten gegeben wurde, wesentlich bestehe in einer Kraftausrüstung. Für mich ist das wunderbar Neue an Pfingsten: Da wurde der Leib Christi angefangen zu bauen, da hat das verklärte Haupt Christus Glieder bekommen, die organisch mit ihm vereinigt sind. Die Kraftausrüstung ist eine Folge von diesem zentral Neuen, daß dadurch Gottes Kinder geschaffen wurden, eine Familie Gottes, die sonst nie existiert. Die Propheten, die mit wunderbarer Kraftausrüstung aufgetreten sind, ein Elias, ein Elisa und andere, die alle die Gaben hatten, nach denen ein Kind Gottes nicht mit

Unrecht dürstet, waren keine Kinder Gottes im Sinne der neutestamentlichen Gemeinde, wie sie gegründet wurde am Pfingsttage. Das geht weit hinaus über alle Fragen der Ausrüstung. Ich sage nicht, daß diese untergeordnet sei, aber das eine: eine Familie Gottes, ein Leib Christi, das ist das Wesentliche; wir sind – damit kommt ein neues Licht – an Pfingsten getauft zu einem Leibe.«
Otto Stockmayer stellte die Gläubigen immer wieder auf den Boden des Evangeliums, brach die Enge des persönlichen Strebens nach der Fülle Gottes auf und verwies auf die Gemeinde. Er kämpfte gegen die einseitige Sucht nach dem Außergewöhnlichen, gegen die Suche nach faszinierenden Wundern und Geistwirkungen. Eindringlich wies er immer wieder darauf hin: »Das nackte Glaubensleben wird immer das Normale bleiben. Bei dem wird es bleiben bei allen hohen und niedrigen Wellenschlägen. Der Glaube muß dadurch männlich gestärkt werden, daß, wenn nachher die Wellenschläge nachlassen in Wales – und sie haben schon nachgelassen –, unser geistliches Leben nicht nachläßt; und wenn wir wieder daheim sind und die Erweckungsluft nicht da weht, daß wir dastehen im Geist und im Wort gegründet und wir uns freuen, zusammengeschlossen zu sein mit der ganzen Blutsgemeinde unseres Herrn und Heilandes ... Wenn ich morgen in eine schwere Lage komme und nicht mehr Geistesluft da ist, wenn ich irgendwelchen Todesgang zu gehen habe, darf ich sagen: Ich glaube an den Heiligen Geist, daß er mich nicht im Stich läßt, wenn ich zu gehen habe! Wo ich keine Kraft in mir spüre, für jeden schweren Gang hat Gott eine besondere Mitteilung des Geistes. Der da ist ein Geist der Kraft, der Liebe und der Zucht.«
Aus diesen Worten spricht das seelsorgerliche Herz Stockmayers. Sein Anliegen war, die Menschen fest und sicher auf dem Wort Gottes zu gründen, innerlich gewiß und unabhängig von den Einflüssen äußerer Stimmungen zu machen. »In den Tiefen unseres Wesens, viel tiefer als das Gebiet des Gefühls, der Stimmungen oder Eindrücke, vernehmen wir nach der einen Seite hin ein ›Halt‹, nach der anderen ein ›Vorwärts‹. Hier geht die Tür auf, dort wird ein Riegel vorgeschoben.«
So schärfte Otto Stockmayer die Gewissen der Menschen und machte sie innerlich fest und sicher. Sie sollten tief in dem Vertrauen gegründet sein, daß Gott zu ihnen spricht, sie leitet und führt – so wie er dieses Vertrauen selbst lebte. Sie sollten verankert sein im Wort Gottes und in der Gemeinde, damit sie kein Sturm, sei er fromm oder weltlich, auf ein

ungewisses und gefährliches Meer tragen könnte. Stockmayer war sehr besorgt, wenn er die Entwicklungen seiner Zeit betrachtete. Er sah – prophetisch – das Wetterleuchten kommenden Unheils am Horizont, er fürchtete, daß dieses Drängen nach mehr die Menschen in die Knechtschaft der eigenen Empfindungen führte und die Christenheit in ein ungutes Bewerten zwischen geistlich und ungeistlich spalten würde. Wer wäre dann da, um den Schaden zu heilen, wer würde die zersprengte Herde wieder sammeln? Ihn grauste vor solch einer Zukunft, und voller Sorge rief er auf der Brieger Woche 1907 aus: »Ich habe genug von diesem Stürmen auf Gott. Es ist auch nicht alles echt. Echtes und Unechtes kann in der Gegenwart, wo alles in Bewegung ist, nebeneinander gehen in einer Weise, daß kein Mensch sich herausnehmen dürfe festzustellen, was von Gott ist und was nicht von Gott ist. Wir wollen uns freuen, wo Seelen zum Durchbruch kommen. Aber diese Seelen sollen Männer in Christus finden, die dastehen wie Felsen und sich nicht in solche Strömungen hineinreißen lassen. Das alte Evangelium ist noch gut genug zum Durchbruch in die Herrlichkeit.«
Stockmayer sollte recht haben mit seiner Sorge; die Entwicklungen spitzten sich so zu, daß es nicht mehr möglich war zu sehen, was Gottes Werk und was Menschenwerk war, und es gab nicht genug Männer und Frauen, die hier Orientierung und Klarheit vermitteln konnten.
Das gilt nicht nur für die Zeit Otto Stockmayers, das gilt auch für uns zu Beginn des 21. Jahrhunderts. Stockmayers Warnung vor dem menschlichen Machen und Drängen und der seelischen Überflutung einer – selbstgemachten – geistlichen Erweckung ist sehr aktuell. Auf meiner Spurensuche begegne ich in meinem Vorfahr einem Mann, der auch mich eindringlich und ernst ermahnt und mir die Augen für das öffnet, was heute geschieht. Bei allem Optimismus und aller Begeisterung, daß Gott auch heute ein neues loderndes Feuer in der Christenheit anzündet, klingt die Mahnung Otto Stockmayers durch die Zeit hindurch bis in die Gegenwart: »Laßt uns Sorge tragen, daß es ein Geistesfeuer sei!« Denn: »Was hilft uns jedes Baden in Geistesluft, wenn wir nicht persönlich tiefer in der Reformation wurzeln, das heißt, daß neben der Rechtfertigung das Wort Gottes wieder auf den Plan gesetzt und alles nach dieser Regel gemessen wird, nach diesen unantastbaren Normen; denn das ist gewiß: Wenn Gott den Himmel auftut, dann kommt der Teufel auch auf den Plan.«

Was der Teufel aber nicht verhindern kann, treibt er so auf die Spitze, daß das Gute unerträglich wird, umkippt und abstürzt.
So geschah es auch bei der sogenannten »Zungenbewegung«. Die Vorgänge um diese Bewegung sind aus heutiger Sicht schwer nachzuvollziehen und vor allem kaum zu bewerten. Es gibt etliche Quellen mit unterschiedlichsten Darstellungen – je nachdem, wie der Beobachter der Vorgänge sie selbst beurteilt. Wie lautet die Wahrheit? Sie wird wohl letztlich im Dunkel der Geschichte bleiben, und vermutlich gilt auch hier, daß in allen Berichten eben nur ein Teil der Wahrheit Gottes steckt und sich bei allen Beteiligten eigene Wünsche und Vermutungen und der tatsächliche Ablauf vermischen, genauso wie sich in den Vorgängen von Kassel 1907 Seelisches und Geistliches vermischte. Otto Stockmayer hatte genau das prophetisch angekündigt.
Wie wir gesehen haben, war die allgemeine Stimmung aufgeheizt und empfänglich für eine Ausgießung des Heiligen Geistes, die von Zeichen und Wundern begleitet war. Die ersten Gottesdienste nach der Art der Erweckung in Wales hatten die Erwartungen und Hoffnungen ins Unermeßliche gesteigert. Auch Stockmayer hatte diese Entwicklung in ihrem Grundsatz für gut befunden: »Das Neue in Wales ist dies, daß dort ein Ende gemacht wird mit der Herrschaft des Menschengeistes in den Versammlungen. Nicht mehr der Geist der Pastoren und Prediger ist dort am Ruder, sondern die einfältigen Brüder in Wales haben den Mut aufgebracht, in Wahrheit zu glauben an die göttliche Leitung durch den Heiligen Geist in den Versammlungen der Glaubenden.«
Dann kam es zu jenen Übertreibungen im Juli des Jahres 1907 im Blaukreuzheim in Kassel. Man wollte nun endlich Erfolge sehen, wollte erleben, wie der Heilige Geist ausgegossen wurde. Was so lange als unmittelbar bevorstehend angekündigt wurde, mußte nun einfach eintreffen! Und vielleicht wurde im übergroßen Eifer dem Wirken Gottes selbst ein wenig nachgeholfen – bewußt oder unbewußt. Zum Beispiel feuerte ein Prediger in Kassel die Zuhörer an, indem er sagte: »Wenn ihr euch dem Herrn völlig überlaßt, dann dauert es keine fünf Minuten und ihr habt den Heiligen Geist.«
Tatsächlich, die einen bekamen den Heiligen Geist, sichtbar, spürbar und in ungeheurer Macht, sie stürzten zu Boden, sanken auf die Knie oder

hüpften herum. Sie begannen in Zungen zu reden, sie priesen Gott wie von Sinnen, teilweise so laut, daß es aus den geöffneten Fenstern hallte und viel Volk neugierig anlockte. Andere blieben außen vor, sie streckten sich nach dieser Geisterfüllung aus, bekamen aber nicht das Erwartete. Hatten sie nicht genug Glauben, waren sie in ihrer Heiligung noch nicht weit genug fortgeschritten? Hier tat sich ein tiefer Graben auf. Die einen beobachteten sich selbst auf ungute Weise, die anderen erhoben sich über die Geschwister, die (noch) nicht beschenkt wurden.

Prophetisch wurden Verfehlungen und Schuld öffentlich und namentlich angesprochen. Menschen wurden dadurch bloßgestellt und zur Buße gezwungen. Auch hier wurde das Gute pervertiert: Der Heilige Geist deckt zwar die Sünden auf und führt den Sünder zur Umkehr, aber weder stellt er öffentlich bloß, noch beschämt er.

Viele prophetische Aussagen waren direktiv und festlegend. Weil sie nicht geprüft wurden, waren die Menschen den Befehlen und Weisungen hilflos ausgeliefert. Teilweise sprach Gott selbst durch den Mund von Menschen: »Ich, der Herr sage euch ...« – aber der Maßstab der Heiligen Schrift wurde nicht prüfend angelegt – war es wirklich der Herr, der sich hier offenbarte? Viele Aussagen waren platt und banal weit unter dem Niveau der Heiligen Schrift – warum hatte Gott es nötig, sich so zu äußern, wenn er es doch bereits in viel tieferer Weise getan hatte? Auch das erzeugte nur das unbestimmte Gefühl, daß sich hier etwas besonderes ereignete. Es war wie ein Sog, dem man sich kaum entziehen konnte. Hatte Gott es nötig, so die Menschen zu bewegen, um die Stimmung anzuheizen?

Sprachengebet wurde öffentlich geäußert, aber nicht ausgelegt, es blieb für die Gemeinde unverständlich und erzeugte nur eine ungewisse Stimmung der Ergriffenheit. Jeder redete oder tat, was er als unmittelbar vom Heiligen Geist eingegeben ansah.

Überhaupt fehlte eine Leitung, die den Fortgang der Dinge regelte, strukturierte und alles in gute Bahnen lenkte. Man war der Ansicht, das Wirken des Heiligen Geistes dürfe nicht von Menschen bestimmt, geprüft und geordnet werden, deshalb ließ man alles laufen. Es gab zwar geistliche Führer, aber sie waren wie blockiert und unsicher. Die vielen Wunder – z. B. auch Krankenheilungen –, die geschahen, zeigten ja offensichtlich, daß hier tatsächlich der Heilige Geist am Werk war; wie konnten sie sein Wirken bremsen oder sogar abstoppen? Würden sie

dann nicht den Heiligen Geist dämpfen und betrüben? Es gab keine Anleitung, wie man mit diesen Phänomenen umgehen sollte, man stand ihnen hilflos gegenüber. Statt die Geister zu prüfen und zu scheiden, wie es Aufgabe der Leitung gewesen wäre, und für eine gute geistliche Ordnung in den Versammlungen zu sorgen und die Glieder der Gemeinde vor sich selbst zu schützen, wurde abgewartet. Das sollte sich als verhängnisvoll erweisen! Denn eine derartige Dynamik, sich selbst überlassen, hat die negative Tendenz, sich zum Schlechten zu entwikkeln. Und eine Entwicklung, die auf die schiefe Bahn geraten ist, läuft immer schneller bergab und ist zuletzt nicht mehr aufzuhalten.
Bald hatte die Öffentlichkeit Wind von den Vorgängen im Blaukreuzheim bekommen, der laute Tumult und die sensationellen Ereignisse ließen sich ja auch nicht verborgen halten. Der Presse und den Gerüchten anheimgegeben, machten sich die Entwicklungen erst recht selbständig, neugierige Menschen strömten hinzu, nur um den Kitzel des Besonderen zu erleben. Die Polizei mußte eingreifen. Immer weniger ging es um Gott und seinen Heiligen Geist, immer mehr ging es um den Erlebnishunger und die Bedürfnisse der Menschen. So wurde aus der Erweckung ein Spektakel; was gut begonnen hatte, endete im Chaos. Genau das ist das Werk des Teufels! Er beschleunigt die normale Entwicklung so, daß neben gesundem Wachstum ungesundes, triebhaftes Auswachsen geschieht. Das führt zu Auswüchsen, und damit zerrt der Durcheinanderbringer das Heilige aus dem Schutzraum der Heiligkeit in die Öffentlichkeit, um es den egoistischen Interessen und eigennützigen Bewertungen unverständiger Menschen auszusetzen.

Gibt es Rettung?

Nun mußten doch die Leiter einschreiten, es gab nichts mehr zu ordnen, sondern nun galt es nur noch, Schlimmeres zu verhüten. Hier konnte nichts mehr gesteuert werden, sondern es mußte dem ungeistlichen Treiben ein Riegel vorgeschoben werden.
Etwa ein halbes Jahr nach den tumultartigen Szenen in Kassel trafen sich die bedeutendsten Leiter der christlichen Welt in Deutschland in Barmen, um sich über die Vorgänge klar zu werden, um sie zu bewerten und eine Orientierungshilfe für das Volk Gottes zu geben. Doch die Ver-

wirrung war bereits schon sehr weit fortgeschritten. Die einen waren der Meinung, alles sei falsch und dämonisch gewesen und der Geist von unten habe regiert. Andere wollten kein allgemeines Urteil fällen, sondern die Vorgänge von Fall zu Fall klären. Einige wollten zunächst einmal abwarten, um zu sehen, was weiter geschehen würde, das Unkraut unter dem Weizen aufwachsen lassen – wie es das Gleichnis Jesu vorsah –, um dann erst anhand der Früchte zu urteilen. Wieder andere waren noch so erfüllt von dem, was sie erlebt hatten, daß sie der Meinung waren: »Das war Geisteswirken, das war zum größten Teil göttlich!« Aber welcher Teil war nun göttlich und welcher nicht?
Dann begann man, Menschen für die Entwicklung verantwortlich zu machen. Wenn die Schuldigen gefunden wären, konnte man sie ausstoßen und dann hatte man wieder den gewünschten Frieden. Aber so einfach war es nicht, andere wehrten sich gegen die Verurteilung von Brüdern – und so wurde der Riß, der durch die deutsche Christenheit ging, immer tiefer. Zuletzt ging es nicht nur um die Frage, welches Urteil gefällt werden sollte, sondern vor allem darum, wie man überhaupt mit dieser Frage umgehen sollte, wie man zu einer einhelligen Stellungnahme gelangen konnte – schon hier war man geteilter Meinung.
Stockmayer versuchte zu vermitteln, er war darauf bedacht, zu einer Einigung zu kommen, damit der Teufel letztlich nicht doch siegen würde, indem er jetzt nicht nur die Aufbrüche für sich vereinnahmte, sondern auch Geschwister gegeneinander aufbrachte. Nach zweitägigen Verhandlungen kam es zu einem Kompromißbeschluß, den aber nicht alle Anwesenden – wohl aber Otto Stockmayer – unterschrieben:

1. Wir bekennen, daß Gott auch in unseren Tagen alle biblischen Geistesgaben geben kann. Vor allem gilt es, daß sich die Gemeinde zubereiten läßt.
2. Wir stellen die ernste Tatsache fest, daß in der Bewegung unserer Tage in Kassel und an anderen Orten manche, die als Gläubige anerkannt werden, ein Zungenreden und Weissagen bekommen haben, das nicht vom Heiligen Geist war.
3. Wir müssen feststellen, daß es in einem erschreckend hohen Maß an der Prüfung der Geister nach den klaren Richtlinie des Wortes Gottes und an der Fähigkeit, von vornherein die Geister zu unterscheiden, gefehlt hat.

4. Wir bekennen diese Armut als eine Schuld, die uns und weite Kreise der Gemeinde trifft. Wir bitten alle Geschwister dringend, sich mit uns darunter zu beugen und ernstlich zu flehen, daß der Herr sich unser erbarme und unseren Schaden heile.
5. In dem tiefen Bewußtsein, wie not es tut, sich gegen jeden fremden Geist völlig abzuschließen, warnen wir unsere Geschwister, sich mit fortreißen zu lassen, und raten ihnen dringend, sich eine heilige Zurückhaltung aufzuerlegen, mit Wachen und Beten. Was uns not tut, sind nicht sensationelle Erfahrungen und Erscheinungen, sondern fleißiges Forschen in der Schrift mit Ausdauer, Hingabe und nüchternem Sinn und ein heiliger Wandel in der Furcht Gottes.

Die Erklärung von Barmen vom 4. Dezember 1907 trägt die Handschrift Stockmayers. Aber wie es eben bei Kompromissen der Fall ist, sie sind von einer großen Weite und Offenheit gekennzeichnet. Jeder konnte bei seiner Meinung bleiben, die Positionen wurden nicht gewertet oder geschieden. Zwar wurde die drohende Spaltung aufgehalten, aber eben nur vorübergehend. Um das Auseinanderfallen des Gnadauer Verbandes zu verhindern, kamen am 15. September 1909 60 Vertreter der Gemeinschaftsbewegung, der Allianz und der Freikirchen in Berlin zusammen. Nach 19stündiger Beratung wurde die »Berliner Erklärung« verabschiedet und von 56 Anwesenden unterschrieben.
Hier wurde nun eindeutig und unmißverständlich Position bezogen, indem die Vorgänge von Kassel als »von unten« bewirkt angesehen wurden. Es war also nicht der Heilige Geist, der Erweckung schaffte, sondern es war der Teufel selbst, der mit Botschaften nach der Art spiritistischer Medien die Menschen verführte. Mit dieser Erklärung wurde auch eine endgültige Trennung von den Menschen vollzogen, die die Lehre vom »reinen Herzen« vertraten und der Meinung waren, daß der Mensch den Zustand der Sündlosigkeit erreichen könnte. Diese Erklärung machte klipp und klar deutlich, daß es nur *ein* Pfingsten gab, und zwar das in der Apostelgeschichte beschriebene, und der dringende Rat wurde ausgesprochen: Haltet euch von dieser Bewegung fern, die heute eine neue Geistausgießung, verbunden mit Zungenreden, Prophetie und Wundern, propagiert!
Damit war der Riß endgültig, die Abspaltung der beginnenden Pfingstbewegung war nun nicht mehr aufzuhalten.

Aber Achtung! Die Aussage in der Berliner Erklärung: »Die sogenannte Pfingstbewegung ist nicht von oben, sondern von unten; sie hat viele Erscheinungen mit dem Spiritismus gemein. Es wirken in ihr Dämonen, welche vom Satan mit List geleitet Lüge und Wahrheit vermengen, um die Kinder Gottes zu verführen«, ist schillernd und mißverständlich. Das klingt bedrohlich und legt Vorsicht nahe. Hier wird ohne Einschränkung der Stab gebrochen: Was von unten ist, ist satanisch, man hüte sich davor!

Doch wir haben bereits im Vortrag Stockmayers von 1896 gesehen (siehe Seite 62ff), daß »von unten« zumindest im Sprachgebrauch Stockmayers etwas anderes bedeutet, als vom Teufel besessen zu sein. Stockmayer war der Ansicht: »Im Anfang des Glaubenslebens greifen Natur und Gnade, Energie und Glauben, eigenes Schaffen und göttliche Machtentfaltung unterschiedlich ineinander. Das eine sieht dem anderen ähnlich, und doch sind sie in ihrem Wesen nach voneinander so verschieden, wie Himmel und Erde. Gnade, Glaube und neue Schöpfung sind von oben; Natur, Energie und eigenes Schaffen sind von unten.«

Und die Gemeinschaftsbewegung war in dieser Zeit noch jung und unerfahren, die meisten Christen standen am Beginn einer völlig neuen Entwicklung des Volkes Gottes. Viele waren frisch bekehrt und Säuglinge in der Nachfolge Jesu. »Von unten«, das war die Mischung aus Seelischem, Eigenem und Geistlichem, die zur Schwärmerei führt, einer ungesunden Spielart der Religiosität, bei der der Verstand ausgeschaltet wird – dabei ist doch der Verstand der Mitarbeiter des Heiligen Geistes, der vor allem dann, wenn er ganz Gott hingegeben, sein Diener ist, mitwirkt an den Ausführungen des Gnadenratschlusses. So hat es viele Jahre später Alfred Roth im Rückblick auf die damaligen Geschehnisse über die Gefährdung durch den Schwarmgeist beschrieben. Wo der Verstand diese Aufgabe nicht wahrnehmen darf, gewinnen die numinösen, unbestimmbaren Kräfte des Menschen die Herrschaft und steuern in ein heilloses Durcheinander.

Stockmayers Tod
(1917)

Die Dunkelheit beginnt

Otto Stockmayer hat die Berliner Erklärung vom 15. September 1909 mit unterschrieben. Dieser Schritt ist unverständlich, denn in einigen Teilen richtete sich die Spitze der Abwehr dieser Verlautbarung auch gegen das, was er selbst immer wieder gelehrt und gelebt hatte. Außerdem entsprach eine derart krasse Ablehnung von Positionen und vor allem auch von den Menschen, die sie vertraten und die zu dem engsten Freundeskreis von Otto Stockmayer gehörten, nicht seiner Art. Ebenso hatte er doch das Zutrauen gehabt, daß Gott es schon richtig machen würde. Und die Unterschrift Stockmayers war auch deshalb so schmerzlich, weil sich viele auf ihn beriefen und sagten: »Wenn auch dieser lautere Mann dieses Dokument unterzeichnet hat, dann muß es ja stimmen!«

Warum gab er seine Unterschrift? Diese Frage beschäftigte viele, und einer der »Verurteilten« fragte bei ihm an, wie es möglich gewesen sei, daß er seinen Namen unter das »Todesurteil so mancher seiner Freunde« habe setzen können. Vor allem wurde ihm vorgeworfen, er hätte nicht – wie in Matthäus 18,15-18 zwingend vorgeschrieben – vorher das Gespräch mit den Betroffenen gesucht. Dieser Vorwurf traf Otto Stockmayer zutiefst, und er war sofort bereit, das Versäumte nachzuholen. Er machte in jeder persönlichen Begegnung deutlich, daß er nicht für eine Trennung und auch nicht für eine schriftliche Ablehnung im Sinne der Berliner Erklärung gewesen sei. Am liebsten sei ihm gewesen, wenn jeder der Unterzeichner eine eigene persönliche Erklärung abgegeben hätte.

Otto Stockmayer fand das alles sehr leidvoll, er versuchte den gestörten Kontakt wiederherzustellen, indem er sagte, er selbst sei nicht über alles so umfassend informiert gewesen und wohl auch falschen Informationen aufgesessen. Was wie eine Entschuldigung klingen sollte, wurde von den Brüdern in der Hoffnung aufgenommen, Stockmayer würde seine Unterschrift wieder zurückziehen. Otto Stockmayer saß zwischen den Stühlen: Wenn er seine Unterschrift zurücknehmen würde, dann hätte er die andere Seite gegen sich. So verkroch er sich in sein Schloß in Hauptwil. Er war müde und wollte mit den menschlichen Querelen, die ihn so sehr in die Zwickmühle brachten, nichts mehr zu tun haben. Resignierend sagte er: »Ich glaube an das Licht, aber nicht an unsere Fähigkeit, Licht und Finsternis in dieser Frage zu scheiden.« Er hoffte und erwartete, der Heilige Geist würde sich selbst Bahn brechen und das Gute vom Schlechten trennen, der Morgenglanz Gottes würde endlich die Dunkelheit durchbrechen und nur das Licht Gottes hätte noch Raum. Wenn nur alles unter der Leitung des Heiligen Geistes geschähe und unter seine Inspiration käme, würde es schon recht werden! Gott kümmerte sich doch um sein Werk! Seine Meinung war: »Je mehr Mut wir haben, in diesem allem wirklich der Leitung des Heiligen Geistes zu vertrauen, um so schneller wird Er mit den menschlichen Beimischungen fertig werden, während das Eingreifen der menschlichen Hand den Schaden nur vermehren wird.«

Deshalb konnte Otto Stockmayer loslassen, er zog sich zurück, es lag ihm nicht daran, die Entwicklungen durch sein Eingreifen nur noch zu verkomplizieren – außerdem, wie hätte er auch entscheiden sollen?

Kurz vor seinem Tod suchten ihn leitende Brüder (Eugen Edel und Jonathan Paul) der Pfingstbewegung in Hauptwil auf. Von ihnen ließ er sich berichten, wie die Sache stand, und es schmerzte ihn sehr, daß es zu keiner Annäherung und Versöhnung kam, ganz im Gegenteil, die Ablehnung hatte immer grundsätzlichere und unbrüderlichere Formen angenommen. Sein mildes und auf Ausgleich bedachtes Herz zeigte sich jetzt im Alter, als er seinen Besuchern gegenüber mit Bewegung in der Stimme die hoffnungsvollen Worte aussprach: »Ich möchte nicht nur meine Unterschrift zurückziehen, sondern eine Revision jener Erklärung überhaupt veranlassen. Ich möchte dadurch dem Reich Gottes einen großen Dienst erweisen.« Und er bat die Brüder um Geduld, er wolle sie zu einem weiteren Treffen, zusammen mit den Leitern der anderen Seite, einladen. Er wollte sich selbst in die Waagschale werfen, damit es doch noch zu einer Angleichung der unterschiedlichen Positionen käme und das Schisma aufgehoben würde.

Aber so weit kam es nicht mehr. Die Brüder warteten vergeblich auf die Einladung. Hier hatte sich Stockmayer zu viel vorgenommen. Als die Brüder wieder abreisten, sagte der eine: »Wir werden unseren lieben, alten Bruder auf dieser Erde nicht wiedersehen.« Damit sollte er recht haben. In dieser Welt ist es zu keiner Versöhnung mehr gekommen, so sehr Otto Stockmayer sich das auch gewünscht hatte.

Was blieb, war sein Wunsch, und der wurde auch in den Jahren nach seinem Tod wie ein Gerücht weiterverbreitet: Nur dem Tod Stockmayers sei es anzulasten, daß es nicht mehr zu einer Neuaufnahme der Verhandlungen gekommen ist. Und diese Meinung gewann Jahre später ein solches Gewicht, sodaß Walter Michaelis 1931 im Gnadauer Gemeinschaftsblatt klarstellen mußte:

»Im Jahr 1914 kamen Jonathan Paul und ein anderer Führer der Pfingstbewegung zu Stockmayer nach Hauptwil, um mit ihm über die Wiedervereinigung der durch die Pfingstbewegung und die dagegen eingenommene Stellung Getrennten zu verhandeln. Dem alten, zu der Zeit schon sehr müden und schwachen Stockmayer stand ein ihm nahe verbundener Bruder bei der Besprechung zur Seite. Man kam schließlich überein, einen Bruderkreis zusammenzurufen, um über eine etwaige Revision der Berliner Erklärung zu verhandeln. Aber in der Nacht kamen dem anwesenden Freunde Stockmayers schwere Bedenken, und nachdem er sie erst Stockmayer und dann den zwei Pfingstbrüdern gegenüber ausgesprochen hatte, mußten die letzteren sich damit begnügen zu erklären, daß sie die Sache schriftlich weiterverfolgen wollten. Dann machte aber nicht etwa der Tod Stockmayers einem weiteren Verhandeln ein Ende, vielmehr schrieb er im Mai 1914 an einen der beiden Pfingstleute: ›Solange ihr eine solche Verwirrung aufrecht erhaltet, muß ich meinerseits meine Unterschrift zu der warnenden Erklärung aufrecht erhalten.‹ In einem um vier Wochen späteren Brief erklärte er, daß er zur Stunde keine Freiheit habe, die Sache weiterzuverfolgen und zu einer Begegnung mit einem (Pfingst-)Bruder aus Basel (die zur weiteren Besprechung vorgeschlagen war) die Hände zu bieten.«

Somit bleibt diese Geschichte Otto Stockmayers um seine Unterschrift unter der Berliner Erklärung seltsam wirr und ohne befriedigendes und eindeutiges Ende. Es war wohl so, daß er hin- und hergerissen war zwischen der einen und der anderen Seite und es ihm zuletzt lästig war, sich mit diesen menschlichen – oder besser unmenschlichen – Zänkereien abzugeben; er hatte anderes zu tun. Er schaute nach vorn, er war auf seinem Posten als Späher, der auf den Anbruch der Ewigkeit Gottes wartete. Für ihn war klar, wenn Gottes Morgen anbrach, dann hatten auch

diese Streitereien ein Ende. Sie waren Kleinlichkeiten im Angesicht der Majestät Gottes. Auf seinen Herrn konzentrierte sich Otto Stockmayer, auf sein Erscheinen hoffte er – mehr als jemals zuvor. Er wollte sehen, wie es war, wenn Jesus wiederkam, er wollte in der vordersten Reihe dabei sein.
In diesem gespannten Warten und Sehnen fand ihn der Herr bereit, als er ihn am 12. April 1917 um halb fünf Uhr abends in die himmlische Ewigkeit heimholte.
In den Stunden vor seinem Tod war Otto Stockmayer in seinen Gedanken beim Reisen. Als Fritz, der Gärtner des Hauses, der ihn immer an die Bahn geleitet hatte, ins Zimmer trat, fragte er ihn: »Sind zwei Fahrkarten gelöst?« Und seiner Tochter Elisabeth bedeutete er: »Und mein Hut und mein Rock, sind sie bereit? – Wo sind meine Stiefel?« So hat er sich innerlich für die letzte Reise gerüstet, um nun endlich zur Gemeinschaft der Überwinder versammelt zu werden.

Vater Otto

Zum Abschluß meiner Spurensuche überlege ich mir, Otto Stockmayer persönlich zu besuchen. Freilich, das ist nicht ohne weiteres möglich, denn ich bin einige Jahrzehnte nach ihm geboren. Aber ich versuche es trotzdem und male mir einen Besuch bei ihm in Gedanken aus. Was er wahrscheinlich sagen würde, kann ich ja aus den vielen Schriften entnehmen, die es von ihm und über ihn gibt.
Es ist kurz vor seinem Tod. Ich stelle mich im Schloß vor. »Sie möchten Pastor Stockmayer sprechen?«, werde ich gefragt und mißtrauisch von oben bis unten gemustert. Offensichtlich empfängt der alte Mann nicht mehr viele Gäste, und vielleicht hat er auch nach einigen Besuchern, die ihm viel Kummer und Herzeleid mitgebracht hatten, die Weisung gegeben, er wünsche niemanden mehr zu empfangen. Ich erkläre, daß ich mit ihm verwandt bin. Ein kurzes verständnisvolles Kopfnicken. »Er ist im Garten. Warten Sie, ich sage Fritz Bescheid, er bringt Sie zu ihm.« Ich stehe in der großen Eingangshalle und wappne mich mit Geduld – ich weiß ja, in diesem Haus haben viele Menschen Geduld gelernt – nicht zuletzt Otto Stockmayer selbst, warum sollte es mir anders ergehen? Im Haus ist es ganz still, so als würde niemand hier wohnen. Die große

Halle ist in ein dämmriges, schläfriges Licht getaucht. Wer hier eintritt, kommt sich vor wie vom Walfisch verschluckt – oder wie zurückgekehrt in den Uterus, geht es mir etwas leichtfertig durch den Kopf. Nun wird es mir doch bang zumute. Wie unsere Begegnung wohl aussehen wird? Wie wird es mir gehen, wenn ich ihm gegenübertrete? Mir kommt in den Sinn, was ich von ihm gelesen habe:
»Die höchste Reinigung wird dadurch erlangt, daß wir Brüdern begegnen, welche im Licht wandeln. Ich kann niemals, und ihr könnt niemals einem Bruder oder einer Schwester begegnen, die im Licht wandeln und das Wesen des Lammes an sich tragen, ohne gestraft zu werden, wenn ihr noch irgend etwas vom Ichleben in euch habt.«
Werde ich gestraft, habe ich noch etwas von meinem eigenen Leben an mir? Ganz bestimmt!
Ich höre, wie sich eine Tür öffnet, Schritte kommen durch den langen Gang auf mich zu. Dann steht Fritz vor mir, angetan mit einer Schürze, seine schwieligen Hände noch voller Erde. Er kommt aus dem Garten, es ist ja ein schöner warmer Herbsttag, da gibt es viel zu tun. Mit einem kurzen Gruß und einem Kopfnicken bedeutet er mir, ihm zu folgen. Es wird hier wohl nicht viel geredet.
Draußen umfängt uns die Wärme der nachmittäglichen Sonne. Ich folge Fritz hinunter in den Garten. Schnell überlege ich mir noch, wie ich Otto anreden soll, aber da stehen wir auch schon vor ihm. Er sitzt an einer geschützten Stelle in einem hohen Sessel, warm in ein wollenes Plaid eingehüllt. Er hat die Augen geschlossen – schläft er? Fritz besorgt mir einen Gartenstuhl und setzt mich Otto gegenüber. Kaum sitze ich vor dem alten Mann, da schlägt er die Augen auf, er hat also mitbekommen, daß ich da bin. Mit einem durchdringenden Blick schaut er mich an:
»Ah, du bist es«, sagt er. Kennt er mich? Weiß er, wer ich bin? Er nickt vor sich hin. Ich fühle mich klein und jung ihm gegenüber, sehr unerfahren und unbedeutend.
Ich greife nach dem Faden, der mir zu entgleiten droht, und frage ihn: »Geht es dir gut?« Sofort scheint mir diese Frage unsinnig, leer und wie ein nutzlose Hülle. Bei meinem Gegenüber verlieren die Worte ihre Bedeutung, nur das Wesentliche zählt. Eine oberflächliche Konversation und der Austausch von Höflichkeiten kommen mir vor wie heiße Luft, die schnell verdampft. Otto schlägt wieder seine Augen

auf und schaut mich abermals prüfend an. Er sieht wohl, daß ich es ernst meine.
»Es kommt nicht darauf an, wie es mir geht«, erwidert er, »es kommt nicht darauf an, ob ich es schwer oder leicht habe. Es kommt dies gar nicht in Betracht, wenn ich nur lerne, es meinem Gott recht zu machen.«
Er sagt es nicht wie eine Antwort auf meine Frage, sondern wie eine Feststellung, die über seinem Leben steht, unerschütterlich über allen Höhen und Tiefen seines Lebens.
Auf einmal erfüllt mich großer Respekt vor diesem Leben im unerschütterlichen Vertrauen auf Gott. Dabei wurde sein Glauben immer und immer wieder geprüft, in Frage gestellt und mußte sich neu bewähren!
Unwillkürlich bricht es aus mir heraus: »Es tut mir leid, daß du so viel durchmachen mußtest!«
Otto richtet sich in seinem Sessel auf und schaut mich streng an. Dann sagt er mit bestimmendem Ton:
»Sei nicht seelisch, es kommt nicht ein Tropfen Wermut mehr in meinen Kelch, als mein Meister es für meine Ausreifung für nötig hält.«
Es trifft mich wie eine Maßregelung. Ich frage mich im stillen, was Gott für mich dann wohl für nötig hält, aber gleichzeitig habe ich auch das Gefühl, daß seine Aussage arrogant klingt, wäre sie nicht vielfach durch erduldetes Leid gedeckt. Otto spürt, wie mich seine starken Worte erschüttern und verunsichern, und begütigend fügt er nach einer kurzen Pause hinzu:
»Wir sind Ewigkeitskinder, und denen wird die Zeit nicht zu lang, wie den Kindern der Zeit. Denen wird der Kampf und die Trübsal nicht zu heiß. Es wird ihnen lebendig, daß der Sieg Jesu Christi unendlich tiefere Bedeutung hat, als sie je geahnt haben. Gott senkt mit jedem neuen Trübsalstiegel mehr Ewigkeitsleben in ihre Herzen.«
Er lehnt sich zurück und wirkt erschöpft. Ich atme innerlich auf, er hat mich mit seinem »Wir« mit einbezogen! Oder sieht er in mir ein Kind der Zeit, das nur für sich selbst lebt und allen Schwierigkeiten ausweicht? Er hätte ja gar nicht so unrecht …
Bevor die Pause zu lang wird und ich fürchten muß, daß Otto – »Vater Otto«, wie ich ihn nun innerlich nenne – eingeschlafen ist, erkühne ich mich zu einer neuen Frage:
»War die Berliner Erklärung für dich nicht sehr schmerzvoll?«
Ich möchte gern noch mehr seinen Standpunkt erfahren und herausbe-

kommen, was er nun als alter Mann darüber denkt, das wäre ja für mich als Nachgeborener sehr wichtig. Aber Vater Otto ist spürbar ungehalten über meine Frage. Er will offensichtlich nicht daran erinnert werden.
»Alles, was von dem Bruder trennt, ist nicht von Gott gegeben«, sagt er knapp und so, daß ich verstehe, er will sich dazu nicht weiter äußern. Ich versuche es mit einer unverfänglicheren Frage:
»Was bezeichnest Du als Dein Lebenswerk?«
Vater Otto schweigt. Hat er meine Frage nicht verstanden? Dann schlägt er die Augen auf. Ich sehe, wie er nachdenkt und wie abwegig er meine Frage hält, er schaut mich verständnislos an. »Mein Lebenswerk?« Es ist, als hätte er Mühe, sich an sein Leben zu erinnern, als gäbe es gar keine Vergangenheit, kein Mühen und Wollen in vielen Jahren, kein Streben nach Vollkommenheit und nach der Ausgestaltung der Brautgemeinde. Er setzt ein paar Mal zu sprechen an, stockt aber jedes Mal, als würde er einen Lebensentwurf nach dem anderen wieder verwerfen. Dann sagt er müde:
»Es war nichts anderes als ein Ringen, die Gemeinde aus den Kinderschuhen zum vollkommenen Mannesalter in Christus zu bringen.«
Ich schaue ihn weiter erwartungsvoll an, er spürt, daß ich mit seiner Antwort noch nicht zufrieden bin. Dann winkt er mit einer schwachen Handbewegung ab.
»Das habe ich nicht erreicht«, gibt er resignierend zu, »die Gemeinde ist höchstens bis in die Adoleszenz gekommen.«
Er lächelt. Ja, er lächelt mir zu, als wollte er mich mit seinem feinen Humor, der durchs Leiden erst in den letzten Jahren seines Lebens gereift war, aufmuntern und mir mitteilen: Es gibt noch viel zu tun. Wir sind noch nicht am Ende! Und wie zu sich sagt er sinnend:
»Es war nur ein Morgenglanz, der Morgenglanz der Ewigkeit.«
Dann aber erstirbt sein Lächeln und sein Blick weitet sich, als schaue er in ungeahnte Fernen:
»Der Herr kommt! Er steht vor der Tür! Ich gehe ihm entgegen!« murmelt er, kaum zu verstehen. Er redet zu sich selbst, seine Gedanken sind wieder in der Ferne, nicht die Vergangenheit zählt, sondern die Zukunft. Und die Zukunft bedeutet Wiederkunft. Das allein ist bedeutend, das relativiert alles, unsere Bemühungen, sein Leben und auch mein eigener Eifer und alle Bemühungen etwa noch folgender Generationen. Vor diesem Hintergrund habe ich keine Fragen mehr. Vater Otto spürt es, er

schaut mich liebevoll an, und ich merke, daß er mir, als einem Nachfahren aus ganz anderer Zeit, etwas Bedeutungsvolles sagen möchte, das Resümee seines Lebens, das er mir als sein Erbe mitgeben möchte:
»Allem ist der Stachel genommen«, und während er das sagt, hat er einen weichen, kindlichen Gesichtsausdruck, »sobald wir den Mut haben, Jesus zu vertrauen, Gott zu lieben, das eine im Auge zu behalten: Es geht der Vollendung entgegen. Und da muß auf einmal alles mitarbeiten; wo es Stockung hätte geben können, da hatte der Herr gleich wieder einen Mitarbeiter; ein Leid, eine Verletzung, wo Selbstzufriedenheit hätte eintreten können. Aber alles wird doch Maß und Grenzen haben und so bemessen sein, daß wir es vertragen können und nicht mutlos werden, sondern neue Freudigkeit bekommen, uns von so sicherer und zarter Hand, die Barmherzigkeit ist, in so scheinbarer Unbarmherzigkeit, unbarmherzig aus lauter Barmherzigkeit –, von solcher Hand uns dem Ziel näher führen zu lassen.«
Ich verstehe nichts, aber ich nicke höflich. Vater Otto fährt fort, ohne mich zu bemerken:
»Nie etwas abschütteln, nie etwas aus dem Weg schaffen, was Gott als Übung hineinlegt in den engsten Kreis, in das eigene Haus, sonst hältst du deine Umgestaltung in das Bild des Lammes auf, wirst den Zielen Gottes untreu, kommst zurück in ein Stück deiner alten Natur. Es ist alles nötig, was kommt. So hat Jesus die Seinen durchgeliebt bis ans Ende. Dort, mein Lieber –, in der Erkenntnis dieses großen Zieles, daß alles, Freund und Feind, Weib und Kind und Mann und Großeltern, Mitarbeiter sind, uns umzugestalten in das Bild Jesu, des Lammes –, liegt das Geheimnis, treu zu bleiben in Liebe und Leiden. Dort liegt das Geheimnis, durch Weh und Leid in der Gemeinschaft der Kinder Gottes uns nicht erschüttern zu lassen; wir brauchen sie und ihre Verkehrtheiten, und wenn es ihnen mit ihren Schwachheiten und Verkehrtheiten nur erst gelungen ist, ein Stück Lammesnatur aus uns herauszuarbeiten, so ist Gott mit uns ein Stück weitergekommen.«
Vater Otto macht eine Pause, er wirkt erschöpft. Aber ich spüre, wie wichtig es ihm ist, was er mir mitteilt, deshalb halte ich schweigend aus. Er schaut mich nachdenklich an. Dann redet er weiter:
»Wie manchmal tun uns andere weh, ohne es zu wissen und zu wollen! Und da uns sagen zu dürfen: Was von Weh durch unsere Seele zittert, was uns durch Unart oder Ungerechtigkeit anderer auf den Weg kommt,

das ist alles von Gott hineingeordnet in unseren Entwicklungsgang, und da ist gar nichts, was er nicht brauchte und für nötig befunden hätte, um uns ein Stück weiter umzugestalten in das Bild des Lammes. Alles muß zum Besten dienen!«

Ich ahne: Hier spricht einer, der erschüttert und verletzt wurde, durch dessen Seele mannigfaches Weh gefahren ist, der aber dadurch durchläutert wurde. Ich sehe, wie sein Licht am Ende seines Lebens hell brennt, wenngleich die Flamme auch müde flackert. Vater Otto ist am Ende, er will nun wieder allein sein. Wer sollte es ihm verdenken? Er hat sein Leben gelebt und alles gegeben. Ich will aufstehen und mich dankbar verabschieden, da hält er mich noch einmal zurück.

»Ich will beten«, sagt er leise. Er legt seine knochige Hand auf meine Schulter, trotz seines hohen Alters hat er einen festen Griff. Er betet:

»Herr, komm, komm, es wartet alles auf Dich! Komm, um die Zügel der Weltregierung in Deine königliche Hand zu nehmen, die den Regierenden je länger, je mehr aus den Händen fallen! Komm, um über der stets hoffnungsloser werdenden Zerrüttung der Völkerwelt Dein Zepter auszubreiten! Das Geflüster des Seufzens und Sehnens in der Schöpfung, das Geflüster der Schlachtopfer der Sünde; das Geflüster aus den finsteren Stätten der Erde zeugt von dem Verlangen nach Dir, o Herr Jesu! Herr, ich danke Dir, wenn Du mir vergönnt hast, auch nur einem Sünder aus seiner Sünde zu helfen und auf Deine Zukunft warten zu lehren! Amen.«

»Amen«, sage auch ich. Die Verabschiedung ist kurz und ohne weitere Herzlichkeit. Es ist alles gesagt. Ich gehe in meine Zukunft hinein und lasse Otto – Vater Otto – zurück. Aber ich gehe ermutigt und gestärkt und gleichzeitig auch korrigiert und gereinigt auf einem Weg, der mein Weg ist, ganz anders als der seine, aber doch ähnlich; zwar zu einer anderen Zeit, aber doch mit ähnlichen Fragen und vor allem: mit dem gleichen Ziel: die Zurüstung der Gemeinde für die Wiederkunft Jesu.

Was ist nun das Resümee meiner Spurensuche? Was ist das Bedeutsamste an diesem Leben?
Otto Stockmayer ist das Beispiel eines Apostels für seine Zeit – und hier ist er ein lebendiges Vorbild für alle Überlegungen, wie auch im 21. Jahrhundert das Amt eines Apostels aussehen könnte. Es ist ein Signum des Apostelamtes, daß es von allen anderen Ämtern Bestandteile in sich vereinigt, um damit dem ganzen Reich Gottes zu dienen und in einem großen Maß für geistliches Wachstum fruchtbar werden zu lassen. Genauso können wir es bei ihm beobachten!
Wenn Stockmayer unter die Menschen trat, brachte er ihnen die Schrift, das Wort Gottes, mit. Er hatte die Vollmacht, so die Schrift auszulegen, daß die Herzen brennend wurden. Seine Botschaft war nichts anderes als die Ausrichtung eines Auftrages, man hörte die Stimme des erhöhten Herrn und Hauptes seiner Gemeinde daraus, und man fühlte: Jetzt wird es ernst! Es ging einem wie ein Schwert durch Mark und Bein, man fühlte sich entblößt bis auf die tiefsten Wesenswurzeln, man sah sich in einem Leben der Halbheit und Eitelkeit stehen, geschwächt durch unwürdige Gewohnheiten, beschmutzt durch energielos geduldete Unreinigkeiten.
Stockmayer hatte dabei die ganze Gemeinde im Blick, die er zubereiten wollte für die Wiederkunft Jesu Christi. Als Apostel verstand er sich als Geburtshelfer einer in den Seufzen der Geburtswehen liegenden Kreatur, die auf das Kommen ihres Herrn mit Sehnen wartet.
Deshalb war er ein Seelsorger der Gemeinde. Er hatte den Schlüssel zu den kompliziertesten Menschenseelen. Vermöge seiner Geistessalbung und vermöge der Durchbildung seines Charakters in all den schweren inneren Kämpfen seines eigenen Lebens konnte er allen verzwickten inneren Zuständen verständnisvolle Hilfe entgegenbringen. Er sah die Not der Herzen, die sich ihm gegenüber offenbarten, in ihren tieferen Zusammenhängen und führte sie zurück auf die letzten Ursachen. Stockmayer konnte aus dem Evangelium heraus ganz überraschende Aufschlüsse über Charakterseiten, Schwierigkeiten im Gemütsleben und die Ursache der Not geben. Er wußte mit den Müden zu reden zu rechter Zeit. Groß, sehr groß ist die Zahl derer, denen er durch diesen seelsorgerlichen, priesterlichen Dienst aus einer vollständigen

Seelenverwirrnis, aus einem radikalen Zusammenbruch herausgeholfen und sie einem gesegneten Leben und einem fruchtbaren Dienst zugeführt hat.
Sein Ziel war: Er wollte aus müden Christen eine Überwinderschar machen!
Und für damals gilt, wie zu allen Zeiten: Wer nicht überwindet, der wird überwunden. Nur wenige Jahre nach den Kasseler Vorgängen mit ihren schwerwiegenden Folgen für die evangelische Christenheit begann der Erste Weltkrieg. Statt daß, wie Stockmayer es sah, der Tod überwunden ist, zogen 1914 die Männer singend und frohgestimmt dem Tod entgegen, den sie als einen »ehrlichen Tod« verherrlichten, der endlich das zutage bringen würde, was als das Beste im Menschen schlummerte, all die heldischen Kräfte, die in einer normalen Existenz nicht erkennbar werden. Ernst Jünger schrieb: »Der Geist der Materialschlacht und des Grabenkampfes, der rücksichtsloser, brutaler, wilder ausgefochten wurde als je ein anderer, erzeugte Männer, wie sie die Welt bisher nie gesehen. Es war eine ganz neue Rasse, verkörperte Energie, mit höchster Wucht geladen ... *Überwinder*, Stahlnaturen, eingestellt auf den Kampf in seiner gräßlichsten Form ... Wenn ich sie beobachte ... erstrahlt mir die Erkenntnis: Das ist der neue Mensch!«
Der Krieg – nicht der Glaube an Jesus Christus – einte das Volk auf nie geahnte Weise, auf einmal waren alle Menschen gleich, ein ganz neues Gefühl von Volksgemeinschaft brach auf. Wo Stockmayer die Gemeinde sammeln wollte, damit sie bereit war für den wiederkommenden Christus, bereitete sich hier die menschliche Seele ein heroisches Bild von Vollkommenheit in der Abwehr der Feinde Deutschlands. Der Erbfeind war es, den man bekämpfte, das waren die Mächte der Finsternis, die besiegt werden sollten – nicht das Böse in den Menschen selbst. Der neue Tag sollte anbrechen für ein ganzes Volk; euphorisch besang man die Morgenluft einer glückseligen Zukunft – nicht die erwartete Wiederkunft Jesu. Welche Umkehr der Wahrheit, welche Verblendung! Man pries Gott öffentlich mit Chorälen und dankte ihm auf den Knien für die Weihe der Stunde des Kriegsbeginns und verstand sie als die Stunde der Wahrheit; Gottes Gnade sei es, daß nun der Verteidigungsfall eingetreten war, wo alle guten Kräfte mobilisiert werden konnten, das Gute zu läutern und dadurch zu stärken und das Böse zu besiegen – wobei es in vielfacher Hinsicht eher ein aggressiver Akt fataler Selbstüberschät-

zung war. Der Kaiser war der starke Mann Gottes, er wurde (zu dieser Zeit noch) als die Verkörperung des »vollen Mannes« hochgejubelt, er war der Führer in die bessere Zukunft – ein schwacher, bedürftiger, einzelner und einsamer Mensch – nicht das geeinte, gereinigte Volk Gottes.

Die Geschichte nahm genau das auf, was Otto Stockmayer und andere geistliche Männer, ihrer Zeit voraus, von Gott her verkündigt hatten und unter starken Schmerzen in das Volk Gottes hineingebären wollten. Sie sahen wohl als Gottes Propheten die drohenden dunklen Wolken am Horizont und wollten wenigstens die kleine Schar der Christen auf die richtige Spur bringen. Sie haben es nicht geschafft! Es kam, wie es kommen mußte. Sie wollten Zubereitung und Zurüstung des Volkes Gottes in geistlicher Weise. Aber was folgte, war die Reinigung auf ganz andere Weise: in den brutalen Schlachten des Ersten Weltkrieges, in den Stahlbädern von Kanonen, Giftgas und Blut, in der Aufrüstung eines Volkes, das dadurch ausgesaugt wurde bis aufs Mark.

Die »Überwinderschar« war so ungefestigt und so geschwächt durch die Auseinandersetzungen mit sich selbst, daß sie der Massenhysterie eines Volkes, das wie die Lemminge nach dem Abgrund gierte und kurz hintereinander in zwei Weltkriege taumelte, und der dunklen Verführungskraft teuflischer Ideologien nicht standhalten konnte.

Aber das ist für einen Menschen des 21. Jahrhunderts im Rückblick leicht zu beurteilen. Wie hätte ich wohl damals gehandelt?

Nein – Überwinder braucht es damals wie heute!

Otto Stockmayer ermutigte als Seelsorger zum Durchhalten und bestärkte die Menschen, an ihrem Glauben trotz allem festzuhalten:

»Es gilt jetzt, nüchtern und besonnen die Dinge zu sehen, wie sie in Wahrheit sind. Der Herr braucht solche, die an das von ihm ans Licht gebrachte Leben glauben, die weder in Stumpfsinn oder Verzagtheit noch in seelischem Heimweh der Todesmacht weichen, sondern an ihrem Posten bleiben, bis er selber sie ruft. Jedes Überwinden bringt den Tag seiner Ankunft näher ... Die vorhandene Gnade genügt fürs Überwinden, der neue und lebendige Weg ist da, die Tür ist geöffnet. Fußstapfen sind vorhanden, in die wir eintreten können und in denen wir bewahrt werden durch Gottes Gnade zu der Seligkeit, die in der letzten Zeit offenbar wird. Dieser Gnade rückhaltlos vertrauend, ermatten wir nicht; und wenn auch unser äußerer Mensch verfällt (oder: aufgerieben wird), so wird doch der innere Tag für Tag erneuert. Denn das schnell vorübergehende Leichte unserer Drangsal bewirkt uns ein über die Maßen überschwengliches, ewiges Gewicht von Herrlichkeit, indem wir nicht das anschauen, was man sieht, sondern das, was man nicht sieht (2. Korinther 4,16-18).«

Strebt nach der Heiligung!

Ein weiterer Haupt-Aspekt seiner Tätigkeit als Apostel war das Wirken als Lehrer vor allem im Rahmen der Heiligungsbewegung. Dabei hat er besonders die Erziehung Gottes, das Werden und das Reifen betont und an die Christen appelliert:
»Ihr seid erlöst, nicht um es euch wohl sein zu lassen, um eine kleine Weile fröhlich zu leben in besonderen Gnadenerfahrungen, sondern erlöst und bekehrt, um zu dienen und zu warten.«
In dieser Richtung lag auch die Bedeutung seines Dienstes in der deutschen Gemeinschaftsbewegung. Ihr hat Otto Stockmayer von Anfang an besonderes Interesse entgegengebracht, denn er fühlte sich ihr tief verbunden. Es dauerte verhältnismäßig lange, bis er in diesen Kreisen ein Wirkungsfeld bekam. Dann hat er diese Bewegung auf seine Weise mitgeprägt, indem er ihr das Ziel wies, das in der Unsichtbarkeit lag, da die Gemeinschaftsbewegung damals in der Gefahr stand, sich im Diesseitigen zu erschöpfen, nämlich in der Pflege persönlichen geistlichen Lebens. Sein Kontrapunkt dagegen war: Die Gemeinde Jesu Christi wird vollendet auf die Wiederkunft Jesu hin. Die Ausrichtung auf die Zukunft Gottes gab den Zusammenkünften der Christen eine Zielrichtung, eine Perspektive, eine klare Orientierung, die das Kreisen um sich selbst beendete.
Daß seine Lehre zeitweise schwer nachzuvollziehen und abstrakt war, war wohl mit der Grund, wieso ihm letztlich nur wenige auf seinem einsamen Hochweg folgten. Manche fanden seine Gedanken zu mystisch und dunkel. Aber das waren sie in Wirklichkeit nicht. Alfred Roth schrieb: »Nicht der Kampf zwischen evangelischem Glaubensleben und Mystizismus, sondern der Kampf zwischen Glauben und Willen hat ihm diese tiefen Wunden geschlagen und breite Narben zurückgelassen.«
Otto Stockmayer war ein Willensmensch, der seinen Willen ein für alle-

mal in den Dienst Gottes gestellt hatte und von sich und seiner Umwelt unendlich viel forderte. Für etliche Christen waren seine Forderungen zu hart und unerfüllbar, und nicht wenige wandten sich deshalb mit Schmerzen und Groll von ihm ab – so wie der reiche Jüngling, der nicht erfüllen konnte (oder wollte), was sein Herr ihm anwies.
Die Lehre Stockmayers war nicht populär, sie war herausfordernd harte Kost, er war kein Lehrer, »nach dem einem die Ohren jücken«. Und Stockmayer ging es wie anderen unbequemen Lehrern auch: Sein Wirken wurde nicht in einem Gesamtbild beurteilt, sondern allein nach dem, was aus seiner Lehre herausgenommen werden kann als Keim einer verkehrten, verwirrenden, unnüchternen Entwicklung. So kam es aus dem, was die Menschen aus seiner Lehre machten, zu Fehlentwicklungen, die ihm aber nur im Ansatz anzurechnen sind. Stockmayer hat sich einfach zu wenig um die Wirkung und um die Folgen seiner Äußerungen gekümmert. Was für ihn richtig war und nach der Bibel stimmte, das war für ihn die Wahrheit – nicht das, was die Menschen daraus machten.
Unverrückt hat er an Gottes Wort festgehalten, unabhängig von den äußeren Umständen seines Lebens. Auch wo er nichts gesehen hat, hat er Gottes Wort geglaubt und ihm vertraut. Er hat sein Vertrauen auf Gott gesetzt und deshalb trotz aller Trübsale, Mißerfolge und Anfeindungen nicht resigniert. Er war fest gegründet in den Verheißungen Gottes, an die er sich mit aller Macht geklammert hat.
Unabhängig von den Zeitumständen hatte Otto Stockmayer die Aufgabe von Gott, das Neue anzusagen, Gericht und Gnade zu verkünden, das Volk zuzubereiten für die Reinigung, die es dann in vielfältigem Leid erfahren mußte. Er mußte die Gewissen schärfen und die Menschen ausrüsten mit der Wahrheit Gottes, mit der allein ein Kampf gewonnen werden kann. Und hier ist Otto Stockmayer sehr aktuell, in diesem Punkt hat er auch uns heutigen Menschen – mir – etwas zu sagen: Seid wachsam! Paßt auf, wo sich durch euren frommen Eifer Seelisches und Geistliches vermengt! Versucht nicht, Erweckung selbst zu machen, das wird nur zur eigenen Macht-Vollkomenheit! Seid ehrlich vor euch selbst, voreinander und vor Gott und prüft immer wieder eure Gesinnung! Kehrt um und ändert euch dort, wo ihr auf dem falschen Weg seid!
Otto Stockmayer erfüllte seinen Auftrag auf seine Weise, und er tat es, wie es für einen Menschen des 19. und beginnenden 20. Jahrhunderts eben möglich war. Er sprach für seine Zeit, mit seiner Begabung, der

großen Breite seiner Fähigkeiten und mit seinem ganzen Leben. Er war genauso geprägt von den Stimmungen, die ihn umgaben, wie alle seine Zeitgenossen – uns heute eingeschlossen.
Seine Worte waren Worte Gottes für seine Zeit. Aber das ist trotzdem nicht alles! Vielleicht hören wir seine Worte, heute entkleidet von den geschichtlichen Umständen, ganz neu, schärfer, klarer – herausfordernder?
Denn die Lehre Stockmayers trug, entsprechend seiner Persönlichkeit, vorwiegend prophetischen Charakter. Das Aufweckende, Anregende, Herausfordernde stand im Vordergrund. Dazu gehörte auch eine profilierte Einsamkeit. Stockmayer besprach sich nicht mit anderen, er war kein Taktiker, der sich hätte einbinden lassen in eine gemeinsame Strategie. Er sagte, was er zu sagen hatte, klar und direkt – und ging dann wieder – genauso wie es die Propheten in den alten Zeiten getan hatten; für sie zählte allein ihr Auftrag. Stockmayer sammelte keine Anhänger um sich, gründete keinen Verein, menschliches Planen und Organisieren war nicht seine Sache. Er sah das als weltliche Weise an, zu Ergebnissen zu kommen, er aber ging im Gehorsam den göttlichen Weg. Das war für ihn der Lammesweg, den er in der Nachfolge Jesu ging.
In der Sache Gottes war er kompromißlos, was die Bibel betraf duldete er keine Verflachung und ließ keine Abstriche zu. In den Beziehungen zu anderen Menschen und in der Entwicklung der christlichen Gemeinschaft lernte er zunehmend auch Kompromisse zu machen und nachzugeben – um der Menschen willen.
Nach Stockmayers Tod stellte sein Biograph Alfred Roth 1918 fest: »Wenn wir so die ganze Gestalt Stockmayers ins Auge fassen, kommt es uns vor, als habe der Herr der Gemeinde noch einmal, ehe es in den letzten Kampf, in die Zeit der Endentwicklung hineingeht, wo es wimmelt von bisher unbekannten Versuchungen, eine Prophetengestalt vor Augen gestellt, einen Menschen, der seinem Leben einen göttlichen Inhalt gegeben. Er hat uns in ihm einen Anschauungsunterricht gegeben, damit wir es in dem zunehmenden Wirrwarr unserer Zeit auch auf religiösem Gebiet wissen sollen, was ein Werk Gottes, ein Werk des Geistes ist und damit die Gemeinde im Schwanken der Geister unter dem Hochdruck der Verführungsgewalten der Endzeit immer wieder ihres Zieles gewiß und sicher werde.«
Und so wie sein Herr wie ein Weizenkorn in die Erde fiel, um dort

sterbend zum Segen zu werden, so war sein Leben ein Sterbeprozeß. Er wollte ein Sterbender sein, um so als Überwinder den Tod zu besiegen und ihm die Macht zu rauben. Als einer, der den Tod überwunden hat, wollte er dem Herrn entgegengehen.

Otto Stockmayer hat damit gerechnet, daß die letzte Zeit angebrochen ist und er das Kommen des Herrn ankündigen sollte. Wie der Apostel Paulus, lebte er in der vollkommenen Gewißheit, daß er die Wiederkunft Jesu erleben würde. Er war der festen Überzeugung, daß er nicht sterben würde. Hier hat er sich getäuscht. Aber das gehört auch zur prophetischen Existenz eines Menschen, daß er Dinge sieht, die kommen werden, aber nicht weiß, wann es geschehen wird, und daß er das schon als überwunden bezeichnet, was noch zutiefst das Menschsein prägt. Stockmayer hat sich nur im Datum geirrt, in der Tatsache, daß dem letzten Tag Gottes entgegengehen und daß das Ende der Zeiten bereits mit dem Kommen Jesu in diese Welt angebrochen ist, hat er sich nicht geirrt! Diesem Datum sind wir heute noch näher als er damals. Und der Tod ist überwunden durch den Sieg Jesu auf Golgatha – aber der völlige Sieg wird sichtbar werden am Ende der Zeiten. Uns bleibt es als Nachgeborene – als einzelne und als Gemeinde – weiter zu warten und uns auszurichten auf diesen Tag der Ankunft, den Beginn der Ewigkeit Herrschaft Gottes in sichtbarer Weise.

»Wenn nun das Grab Stockmayers auf dem stillen Friedhof in Hauptwil es schmerzlich sagt, daß der Tod noch nicht überwunden ist, so harren wir desto mehr der Stunde, wo auch dieser letzte Feind hinausgetan sein wird und der Herr die Hoffnung seiner Gemeinde, die der treue Knecht in uns neu wach gemacht hat, erfüllt: Bis daß er kommt!« Das waren die letzten Worte eines Freundes bei der Beerdigung Stockmayers. Und das ist die Ermahnung an uns heute, die Herausforderung, die uns das Leben Otto Stockmayers stellt.

Zeugnisse über Otto Stockmayer

Ein Mann für Gott

Otto Stockmayer gehört zu den Vätern des Gnadauer Verbandes und ist eine prägende Gestalt in der Gemeinschaftsbewegung gewesen. Natürlich hatte ein Mann wie er auch seine besonderen Prägungen, seine Ekken und Kanten. Um es gleich vorweg zu sagen: Sein Hauptanliegen ist es gewesen, daß die Gnade Gottes nicht nur als vergebende, zurechtbringende, zudeckende Tat Gottes für unsere Sünden genommen wird, sondern als eine lebensvolle, lebensgestaltende, den Menschen umwandelnde, reinigende, bewahrende und vollendende Kraft. Er war ein lebender Protest gegen Halbheit und bequemes Christentum. Er legte Wert auf ein Leben der Heiligung durch die Gnade Gottes in des Auferstandenen Kraft.

Wenn Sie mich fragen, ob man einen Bibeltext dazu findet, dann würde ich sagen, schlagen Sie doch Titus 2,11-14 auf: »Denn es ist erschienen die heilsame Gnade Gottes allen Menschen und nimmt uns in Zucht, daß wir absagen dem ungöttlichen Wesen und den weltlichen Begierden und besonnen, gerecht und fromm in dieser Welt leben und warten auf die selige Hoffnung und Erscheinung der Herrlichkeit des großen Gottes und unseres Heilandes Jesus Christus, der sich selbst für uns gegeben hat, damit er uns erlöste von aller Ungerechtigkeit und reinigte sich selbst ein Volk zum Eigentum, das eifrig wäre zu guten Werken.« In dem Kind von Bethlehem ist die rettende Gnade Gottes erschienen. Und diese Gnade hat eine Macht, uns zu erziehen und umzubilden; sie will uns dazu bringen, daß wir das ungöttliche Wesen dieser Welt verleugnen und gerecht vor Gott leben. Ein Hauptanliegen von Stockmayer war auch: Warten auf die selige Erscheinung, auf die Wiederkunft unseres Herrn Jesus Christus, der sich für uns geopfert hat, um ein Volk zu schaffen, das fleißig wäre in guten Werken.

Karl Launhardt, in: Große Namen – kurz skizziert Band 3, Lahr-Dinglingen, 1992, Seite 56

Bedeutung für die Gemeinschaftsbewegung

In den siebziger Jahren des vorigen Jahrhunderts wirkten in Deutschland hin und her, sowohl in der Kirche als auch in der Inneren Mission, hervorragend gesegnete Gottesmänner wie z. B. Frommel und Kögel, Bodelschwingh, Fliedner und Stoecker. Durch ihren Dienst sind Kirche, Innere Mission und Volk weithin entscheidend befruchtet und gesegnet worden. Allein die Väter und Träger der Gemeinschaftsbewegung wurden und waren nicht sie, sondern Männer wie Stockmayer und Rappard, Jellinghaus und Schrenk, Christlieb und Jasper von Oertzen, die Grafen von Pückler und von Bernstorff. Dieser geschichtliche Tatbestand an den Quellen unserer Bewegung ruft es uns deutlich und nachdrücklich zu, daß die deutsche Gemeinschaftsbewegung die Antwort Gottes war auf das Hungern und Dürsten vieler Kinder Gottes der damaligen Zeit nach dem Erfülltwerden mit der Kraft des Heiligen Geistes, der zur Heiligung treibt und ausrüstet. Die Gemeinschaftsbewegung war in ihren Anfängen keine Lehrbewegung, sondern eine Heiligungs- und Lebensbewegung.

Friedrich Heitmüller, 1931

Große Schritte

Elias Schrenk hat einmal gesagt: »Der Otto Stockmayer, der macht so große Schritte, wir können ihm nicht mehr folgen.« Die Gemeinde steht nicht in der Verheißung, daß sie den Tod überwindet. Es steht geschrieben: »Er wird den Tod überwinden ewiglich.«
Ein Beispiel einer Episode aus dem Siebenjährigen Krieg in der Schlacht von Kolin: Friedrich der Große hatte selbst einen Trupp angeführt, er ist an der Spitze geritten, hinter ihm waren die Offiziere und die Mannschaften. Aber er ist so schnell vorwärts gestürmt, daß sie ihm nicht folgen konnten. Dann rief ihm der Adjutant in der Gefahrenzone zu: »Majestät, wollen Euer Majestät die feindliche Batterie allein erobern?« Dieses Beispiel hat man auf Stockmayer mit seinen großen Schritten bezogen. Stockmayer hat Buße darüber getan und gesagt: »Der Herr hat mich gestraft für meine Vermessenheit, daß ich so etwas angenommen habe.«

Nach: *Karl Launhardt*, Große Namen – kurz skizziert, Band 3, Seite 75

Eine lautere Persönlichkeit

Wir schauen zurück. Eine der stärksten und der lautersten Persönlichkeiten der neueren Gemeinschaftsbewegung ist vor unserem geistigen Auge vorübergezogen. Wir haben uns ihre Schranken nicht verhehlt.
In einer falschen Aktivität hat Stockmayer wohl nicht nur seiner Naturanlage, sondern auch seiner Zeit den Tribut bezahlt. Und es sei noch einmal offen ausgesprochen, auch im Sinne Stockmayers der letzten Periode: Es ist nichts damit, daß *wir* das Kommen des Herrn herbeiführen könnten durch Selbststeigerung der Heiligung und der Überwindermacht. Es ist auch nichts damit, daß wir Krankheit und Leibesschwachheit unter die Füße treten könnten, wenn wir nur ernsthaft glauben würden. Es ist erst recht nichts damit, daß die Gemeinde verantwortlich wäre, den Tod zu überwinden – in diesem Äon jedenfalls ist der Tod seiner Heiligen wertgehalten vor dem Herrn. Und ich muß gestehen, daß mir bei aller Bewunderung bei Stockmayer doch deutlich geworden ist, daß die Knechte Gottes keine einsamen Heiligen sein dürfen, sondern der Gemeinschaft bedürfen – einer Gemeinschaft, in der man sich gegenseitig immer wieder korrigiert.
Die Wahrheiten aber, die, der Überspitzung entkleidet, aus diesem wirklich gottgeweihten Leben leuchten, seien nochmals festgehalten:
Jagt nach der Heiligung – ohne sie wird niemand den Herrn sehen!
Der Leib dem Herrn und der Herr dem Leibe!
Wartet und eilet, denn der Herr kommt!

Pfarrer *Gottlob Lang*, in: Evangelisches Allianzblatt Nr. 12, Dezember 1951, 54. Jahrgang

Demut und Glaubensernst

Damit ist deutlich geworden, daß Stockmayer zu einem der Hauptförderer der Oxforder Heiligungslehre wurde, die er nicht mechanisch übernahm, sondern in eigenartiger Weise umformte. Er blieb dabei nicht frei von irrtümlichen Entgleisungen und überspannten Zukunftserwartungen.
Stockmayer hat im Lauf der Zeit die Unhaltbarkeit dieser Lehren eingesehen und den Mut zu einem öffentlichen Bekenntnis gefunden.

Dieses Bekenntnis zeigt etwas von der Größe der Stockmayerschen Persönlichkeit, seine Demut und seinen Glaubensernst, womit er auf große Kreise in der Gemeinschaftsbewegung einen nachhaltigen Einfluß ausgeübt hat. Vor allem aber hat er die sich organisierenden Gemeinschaftskreise entscheidend mitgeprägt durch seine zahlreichen Vorträge und Evangelisationen, die er zur Blankenburger Allianzkonferenz und bei den Gnadauer Hauptkonferenzen gehalten hat. Neben seinem Reisedienst hat Stockmayer eine sehr große Zahl erbaulicher Schriften hinterlassen, die zur damaligen Zeit viel gelesen wurden und auch bis heute noch in den Gemeinschaften in Benutzung sind.
Durch seine vielseitige und rastlose Wirksamkeit ist er zu einer der bedeutendsten Persönlichkeiten innerhalb der deutschen Gemeinschaftsbewegung geworden, deren Profil er entscheidend mitbestimmte.

Dieter Lange, in: Eine Bewegung bricht sich Bahn, Gießen, 1979, Seite 52f.

Verschüttete Wahrheiten

Eine Quelle höchster Freude und ungezählter Siege und Erfolge waren für mich selbst, für meine Frau, meine Mitarbeiter und Mitarbeiterinnen, für mein ganzes Haus und alle Gäste, die sich zu dieser Quelle führen ließen, die köstlichen Lehren, welche durch die Glaubensbewegung der letzten 50 Jahre, besonders durch Pfarrer Stockmayer und seine Mitarbeiter und durch Stockmayers Schriften auf den Leuchter gestellt wurden. Es waren dies durch und durch biblische Lehren, zum Teil Wahrheiten, die im Laufe der Jahrhunderte verschüttet worden waren und die nun durch den Geist Gottes in ihrer ganzen Herrlichkeit und Kraft wieder ans Licht gezogen wurden.
Pfarrer Stockmayer hörte ich zum ersten Mal bei den ersten Glaubensversammlungen, die in der Liederhalle in Stuttgart Anfang der siebziger Jahre (des 19. Jahrhunderts) stattfanden. Viele Menschen strömten zusammen. Aus der ganzen Art, wie er diese Versammlungen leitete, bekam ich sofort die Überzeugung: das ist ein Gesandter Gottes, den Gott seiner Gemeinde gegeben hat, um sie tiefer zu führen, in der Heiligung weiterzubringen und biblisches, apostolisches Geistesleben zu fördern. Am letzten Tag der Versammlungswoche geschah etwas Wunderbares:

Ich selbst erfuhr eine wunderbare Kraftmitteilung von oben. Ich war ganz überwältigt, konnte auch in dieser Kraft längere Zeit in meiner Arbeit für den Herrn viel mehr wirken. Doch wollte ich es ganz verschweigen und keinen Menschen etwas davon wissen lassen. Als ich aber beim Abendbrot in der Villa Seckendorff in Cannstatt einem Dr. B. gegenüber saß, lachte mich der an und fragte mich: »Sag mir, was hast du heute gekriegt? Du hast etwas bekommen, ich sehe es dir an; ich hab's auch bekommen.« Gleich nach dieser Glaubensversammlung wurde ferner in Gemeinschaftsblättern berichtet, daß in derselben Stunde, in der wir das bekommen hatten, auf die meisten Versammlungsteilnehmer eine Geistesbeströmung gekommen sei. Es war also eine tatsächliche Mitteilung des Geistes und der Kraft von oben. Ich war aber gar nicht so verwundert darüber. Im Gegenteil, mich hätte es beinahe gewundert, wenn es nicht so gekommen wäre. Denn Gott hat Stockmayer gebraucht, mit fast prophetischer Kraft alle die Hindernisse aufzudecken, die dem Geist Gottes für das Kommen Jesu in die Herzen im Wege stehen, und ebenso mit diesen Hindernissen aufzuräumen. Und wie in den Herzen Bahn gemacht, die Steine aus dem Weg geräumt worden sind, da ist der Herr und sein Geist auch über die Menschen und ihre Herzen gekommen.

Johannes Seitz, in: Erinnerungen und Erfahrungen, 1919

Ein politischer Rat Otto Stockmayers

Im Jahre 1899 war unser heimgegangener Bruder Pfarrer Otto Stockmayer während einer Bibelwoche, die er in meiner damaligen Bielefelder Gemeinde hielt, Gast in meinem Hause, so daß ich vieles in vertrautem Austausch mit ihm besprechen konnte. In der Zeit war Stadtverordnetenwahl in Bielefeld, und zwar Stichwahl. Die Hauptwahl hatte einen Sozialdemokraten und einen Demokraten im Stichwahl gebracht. Sollte ich da überhaupt wählen? Das damalige Organ der Bielefelder Freisinnigen hatte mich wiederholt wegen meiner Predigt- und Seelsorgetätigkeit angegriffen. Die Sozialdemokratie stand damals in besonders scharfem Kampf gegen die Kirche. Was tun? Ich fragte Stockmayer. Er sagte nach kurzem Besinnen: Ich würde den Demokraten wählen, denn seine Partei erkennt noch die bestehende Staatsordnung an.

Wenn einer, so lebte Pfarrer Stockmayer im Gedanken der Zubereitung der Gemeinde auf den Tag Jesu Christi. Wenn eines Blick auf die Wiederkunft des Herrn gerichtet war, so war es der seinige. Die Sachlage in Bielefeld war wirklich nicht verlockend zum Wählen. Aber er sagte nicht: nicht wählen – sondern er riet, das geringste Übel zu wählen. Die verständige, nüchterne Antwort des in so außergewöhnlicher Weise den kommenden Äonen entgegenschauenden Mannes ist mir unvergeßlich geblieben.

Walter Michaelis, in: Gnadauer Gemeinschaftsblatt, 1924, Nr. 7/8

Otto Stockmayer und die Medizin

Otto Stockmayer war großzügig gegen andere Menschen; er machte seine Einstellung niemandem zur Vorschrift. Da war mal eine ängstliche Dame im Haus (in Hauptwil), sie verabschiedete sich von Stockmayer und sagte: »Ja, Herr Stockmayer, mein Hausarzt hat mir eine Reihe von Medikamenten verschrieben, die ich einnehme. Besonders abends muß ich ein paar Tropfen nehmen, daß ich überhaupt zum Schlafen komme. Ich habe mein Leben dem Herrn übergeben, darf ich es denn noch?« Darauf lachte er: »Meinetwegen, wenn es Ihnen Freude macht, trinken Sie doch eine ganze Apotheke aus. Nur, setzen Sie Ihr Vertrauen allein auf den Herrn, und dann wird schon alles richtig.«

Nach: *Karl Launhardt*, Große Namen – kurz skizziert, Band 3, Seite 72

Wie gebetet werden soll

Es gibt ein Lied von Dora Rappard, welches Stockmayer nicht mochte. Es heißt in dem Lied: »Es harrt die Braut so lange schon, o Herr, auf dein Erscheinen. Wann wirst du kommen, Gottes Sohn, zu stillen all ihr Weinen, mit deines Kommens Seligkeit, wann bringst du die Erquikkungszeit, o komme bald, Herr Jesus.«
»Ich kann dieses Lied nicht hören!« sagte er. »Ich kann es nicht singen lassen, denn es erweckt einen völlig falschen Gedanken und Eindruck.

Nach diesem Lied sieht es so aus, als ob die Gemeinde sich in innerer Bereitschaft verzehrt mit Weinen, traurig, daß der Herr nicht endlich kommt. Wie sieht denn die Wirklichkeit aus? Die Gemeinde Jesu ist so weltförmig geworden, so bequem, sie hat sich in der Welt so schön eingerichtet, sie denkt gar nicht daran, daß der himmlische Bräutigam kommen soll. Der Herr zeigt der Braut nicht die kalte Schulter, das sieht so aus, als ob er nicht kommen wollte, als ob er kein Interesse an der Braut hätte. Nein, die Braut muß die brennende Liebe des Bräutigams haben. Er muß rufen können wie Adam: Das ist Bein von meinem Bein, Fleisch von meinem Fleisch. Nur so ist eine Vereinigung der Gemeinde mit Jesus möglich.«

Nach: *Karl Launhardt*, Große Namen – kurz skizziert, Band 3, Seite 73

Eine Prophetengestalt

Wenn wir die ganze Gestalt Stockmayers ins Auge fassen, kommt es uns vor, als habe der Herr der Gemeinde noch einmal, ehe es in den letzten Kampf, in die Zeit der Endentwicklung hineingeht, wo es wimmelt von bisher ungekannten Versuchungen, eine Prophetengestalt vor Augen gestellt, einen Menschen, der seinem Leben einen göttlichen Inhalt gegeben. Er hat uns in ihm einen Anschauungsunterricht gegeben, damit wir es in dem zunehmenden Wirrwarr unserer Zeit auch auf religiösem Gebiet wissen sollen, was ein Werk Gottes und ein Werk des Geistes ist und damit die Gemeinde im Schwanken der Geister unter dem Hochdruck der Verführungsgewalten der Endzeit immer wieder ihres Zieles gewiß und sicher werde. Er hatte einmal selbst gesagt: »Die höchste Reinigung wird dadurch erlangt, daß wir Brüdern begegnen, welche im Licht wandeln. Ich kann niemals, und ihr könnt niemals einem Bruder oder einer Schwester begegnen, die im Licht wandeln und das Wesen des Lammes an sich tragen, ohne gestraft zu werden, wenn ihr noch irgend etwas vom Ichleben in euch habt.«

Alfred Roth

Durch einen 21jährigen vertrauten Umgang und Verkehr mit Stockmayer hat sich seine Botschaft tief in meinen Geist eingesenkt. Sie ist mir ein teures Vermächtnis geworden, nicht nur mir, sondern allen, die seine Botschaft empfangen und aufgenommen haben. Es gilt, daß wir sie nicht nur für uns, für unser persönliches Leben verwerten, um bereit zu sein auf den Tag Jesu Christi, sondern auch mit ihr als mit einem anvertrauten Pfunde handeln, bis der Herr kommt. Durch unser Leben wollen wir die Wahrheit der Botschaft Stockmayers bestätigen, wie er sie durch sein Leben bestätigt hat, und durch unser Zeugnis wollen wir sie weitertragen als ein Licht in dunkler Zeit, daß auch andere sie verwerten und die Gemeinde des Herrn auferbaut und vollendet werde. Möge unserer deutschen Gemeinschaftsbewegung Stockmayers Botschaft aufs neue lebendig werden und möge sie aus derselben die Mahnung hören: »Laßt euch niemand das Ziel verrücken!«

Leopold Wittekindt

Zum Verständnis von Otto Stockmayer

Der Schlüssel zum Verstehen dieses Mannes liegt sicher in seiner Art zu glauben. Seine Verbindung zu Jesus war die eines Kindes, das in allem ein unerschütterliches Zutrauen zu seinem leiblichen Vater hat, von ihm in jeder Lebenssituation Rat und Hilfe in ganz konkreter Weise zu erhoffen weiß und sich ganz seiner Führung und Weisheit überläßt.

Diesen »Glauben wie ein Kind« hat Otto Stockmayer bis ans Lebensende bewahrt, und dies macht seine Größe, Anziehungskraft und Bedeutung für die christliche Welt aus. Das ganze persönliche Verhältnis zu Jesus ist wie das eines Kindes zu seinem Vater, dessen Nahesein jederzeit zu spüren ist und dessen Erscheinen jeden Augenblick erwartet werden kann. Deshalb wird an Otto Stockmayer die Kraft eines kindhaften Vertrauens wieder sichtbar, das wir in unserem Erwachsensein nicht mehr kennen.

Wenn wir von einem solchen »Glauben wie ein Kind« ausgehen, dann werden freilich auch die negativen Seiten sichtbar. Wenn ein Kind sich

anstrengen will, die Liebe der Eltern sich zu verdienen, so finden wir ähnliche Züge bei Otto Stockmayer in der Bewertung der Taufe oder Wiedertaufe, die erst bei Erreichung eines gewissen Glaubensstandes erfolgt. Ähnliches können wir bei der von ihm sehnlichst erwarteten und erbetenen Geisttaufe feststellen: Die Anstrengung des Kindes muß doch endlich belohnt werden. Den Reifungsprozeß der Erkenntnis, daß der Vater dem Kind seine ganze Zuwendung ohne Verdienst schenkt, ohne Vorbedingung, hat diese Stufe kindhaften Glaubens noch nicht durchgemacht. Aber gleichzeitig geht nach einem solchen Reifungsprozeß die ursprüngliche Kraft kindhaften Glaubens verloren. Daß Otto Stockmayer den »Glauben wie ein Kind« Zeit seines Lebens behalten hat, ist seine Stärke und Schwäche zugleich.
Auch sein sehr strenges und einseitiges Verhältnis zu Familie, Ehe und Kindern ist aus dem »Glauben wie ein Kind« zu verstehen. Kindlich sich dem Herrn anvertrauen – das war für ihn Ersatz für Frau, Vater, Kind. So gab es für ihn, außer Jesus, nichts Entsprechendes, so, wie für ein Kind eben nur der Vater ist. Was diesem Vater-Jesus nicht entspricht, darf nicht sein; in diesem Punkt wird ein Kind unduldsam und unnachgiebig. Das führte Otto Stockmayer zu seiner Einseitigkeit, die er auch erkannt hatte und die er durchhielt und durchlitt. Seine Konzentration auf das Durchhalten des »Glaubens wie ein Kind« mußte ihn notgedrungen zur Einseitigkeit bringen, zur Ablehnung dessen, was nicht seinen »Vorstellungen wie ein Kind« entsprach. Eben das ist seine Bedeutung.

Eberhard Stockmayer, Pfarrer i. R.

Schlüsselsätze von Otto Stockmayer

Alltag

Der ganze Lebensgang eines Kindes Gottes durch Kindheit, Jünglings- und Mannesalter hindurch ist vom himmlischen Vater so geordnet, daß alles, was aus unserem adamitischen Wesen stammt, durchkreuzt werde. Solche Durchkreuzung ist ein Salz, das vor Fäulnis bewahrt und mit dem jedes Opfer gesalzen werden muß. Wie lernt man Gott schweigend anbeten, gerade unter den Dingen, gegen die man sich zuvor mit ganzer Macht gewehrt hatte. Wer Gott liebt, unterscheidet sich von den anderen dadurch, daß er sein Tun und Lassen vom Morgen bis zum Abend in das Zeichen des Kreuzes hineinstellt, damit Gottes Gedanken zum Ausdruck kommen. Da gibt es dann nichts mehr in der Welt, das dich scheiden könnte von der Liebe Gottes in Christus Jesus.

Anfechtung

Eine Glaubenssituation ist unerträglich für den, dessen Herz nicht fest geworden ist in Gott. Dann geht's wie bei Lots Weib, man blickt rückwärts. Gott entzieht nie wirkliches Licht; Er macht es aber durch tiefe Krisen hindurch fruchtbar und gibt es uns durch einen neuen Schöpfungstag wieder.

Wir sollen wissen, daß wir nach einem Sieg immer Rückschlägen ausgesetzt sind. Jeder Sieg muß uns völliger zerbrechen – nur gebrochene Leute sind geborgen gegen die Macht der Finsternis; es soll uns tiefer von unserer Hilflosigkeit überzeugen.

Harre des Herrn, mein Bruder, meine Schwester! Laß die Verheißung nicht los; es gibt eine radikale Heilung in den Wunden Jesu. Pharao mußte Israel ziehen lassen, Satan muß dich loslassen.

In Zeiten allgemeinen Gerichtes, in Notzeiten und teuren Zeiten müssen wir uns ganz besonders daran erinnern, daß Kinder Gottes nicht horizontal, sondern vertikal schauen.

Wir wollen uns doch nicht aufhalten lassen, und zwar weniger denn je in einer Zeit wie der unsrigen, wo alles in Bewegung ist in der Völkerwelt.

Da müssen wir auch in Bewegung sein – in Aufwärtsbewegung in die ganze Fülle Gottes hinein.

Dienen

Die Nöte des Dienstes sind die Schule, in der die Kinder Gottes für die Herrlichkeit der oberen Welt erzogen werden.
Je reicher gesegnet unsere Arbeit im Reich Gottes ist, desto größer wird die Schwierigkeit, sich unterzuordnen, und der Teufel wird auf dem Plan sein und alles aufbieten, um irgend etwas hineinzubringen: Trennungen, Reibungen, dein Bruder geniert dich, du kannst keine Unzartheiten von ihm hinnehmen – und deine Freudigkeit ist geschwächt. O sei ein Diener, zeige deinen Adel, indem du alles aus Gottes Hand nimmst und dich darum unterordnen kannst.

Ehe

Des verheirateten Mannes Aufgabe ist vor allem, daß er seine Frau liebt. Ist er einmal verheiratet, so kommt es nicht darauf an, ob die Frau liebenswürdig oder unliebenswürdig ist – auch nicht darauf, wie sich ihr Charakter im Lauf der Jahre entwickelt. Er hat sie zu lieben, so wie sie ist.

Erfahrung

Du kannst dich auf keine Erfahrung verlassen, weder auf deine Bekehrung noch auf deine Fortschritte in der Heiligung. Die gründlich Bekehrten, die wahrhaft in der Heiligung Stehenden bauen einzig und allein auf Jesum Christum, den ewigen Felsen; in ihm kannst du ruhen immerdar.

Erneuerung

Und du, der du vielleicht noch nicht gewagt hast, mit deinem Schaden ans Licht zu kommen und dich noch vor der suchenden Gnade deines Heilandes versteckt hältst wie Zachäus im Baum, komm und öffne Ihm Herz und Haus. Er löst dich von der Vergangenheit und ihren Banden, von eingewurzelten Gewohnheiten, hebt dich aus tiefgegrabenen Geleisen; Er macht alles neu. Er schafft einen Weg für dich, unbefleckt hindurchzukommen durch die Ungerechtigkeit dieser Welt; Er schafft einen Boden, auf dem du mit deinem Gott leben und Ihm dienen kannst – und das »in dieser gegenwärtigen Weltzeit«, in einer Welt, in welcher der Faden des Betrugs und der Ungerechtigkeit sich durch allen Verkehr hindurchzieht.

Familie

Das Familienleben ist eine praktische Schule für die Ausgestaltung unseres Charakters, weil wir in ihr allezeit Umstände und Menschen finden, die uns in der Demut üben. Machst du diese Primarschule nicht durch und bestehst in ihr dein Examen nicht, so erwarte nicht, daß du im Reich Gottes bestehen wirst. Wieviel Demut, Sanftmut, Selbstverleugnung und Adel des Geistes bedarfst du z. B. auch, wenn du siehst, wie andere es ungeschickt und verkehrt machen.

Fülle

Die Liebe, die Demut, das sind die Mittel, voll Geistes zu werden. Damit, daß wir voll Geistes sind, haben wir aber nicht die Fülle – die haben wir nie –, sondern nur so viel, daß das schwache, kleine Gefäß voll wird. Es hat nie die Fülle, und wir müssen uns vor solch törichten Ausdrücken hüten. Die ganze Fülle hat gewohnt in Christus, die ganze Fülle der Gottheit wohnt in der Gemeinde, soll einmal ganz in ihr widerstrahlen, aber nie im einzelnen Christen. Alle diese Dinge müssen wir fernhalten und auch in der Sprache vorsichtig sein, denn sonst setzen sich unbiblische Folgerungen an.

Geduld

Ist zur Stunde manches, worin du noch nicht überwunden hast; bleibe nur fest dabei, dem Herrn zu danken und Ihn zu preisen, daß Er überwunden hat.
Der tiefste Wesenszug des Göttlichen in unserem Charakter besteht darin, warten zu können.

Gefühl

Meine Lieben, hier handelt es sich nicht um Begeisterung oder süße Gefühle, es handelt sich um eine klare, nüchterne Erkenntnis, um einen tiefgehenden Blick in das, was Gott ist und was er getan hat. Schaust du hinein in das, was am Kreuz vorgegangen ist, so kannst du nicht mehr anders als Gott lieben, d. h. dich auf seine Seite stellen, es mit ihm halten gegen dich selber, in die Linie seiner Gedanken eingehen.

Gemeinde

Wie oft kann man bei Gotteskindern in den heiligen Kriegen, in welche sie gestellt sind, noch eine geheime Furcht bemerken. Sie sind oft froh, nach einem ersten oder teilweisen Siege sich zurückziehen zu können. So bleibt aber das Gefühl, daß der Feind doch nicht ganz überwunden ist. Oh, ist denn die Gemeinde Jesu ihrer Sache nicht sicher? Hat nicht Jesus überwunden? Vor wem sollte sie sich fürchten?

Jedes Glied am Leibe Christi ist ein Strahl seiner Herrlichkeit.

Und lebst du inmitten einer Gemeinde, die auf der denkbar niedersten Stufe geistigen Lebens steht, in einer Gemeinde, deren Lauheit dem Herrn bereits zum Ekel wird, so wisse, daß die nach menschlichem Ermessen für deine persönliche Vollendung ungünstigsten Verhältnisse die günstigsten werden können für ganzen, völligen Durchbruch. Bist du von hemmenden und lähmenden Einflüssen umgeben, so brauchst du, um in solcher Stickluft nicht zu verkümmern, einen ganzen Heiland, brauchst fortwährend Luft- und Lebenszufluß aus Gottes Wort. Da erfährst du auf Schritt und Tritt, was du an der Gnade hast. Die Gnade Gottes ist erschienen, und sie scheint heilbringend allen Menschen, aber nirgends besser als im Dunkel, auf einsamem Pfad. Sie füllt alle Lücken aus und deckt alle Mängel, auch unverschuldeten Mangel an brüderlicher Gemeinschaft, die doch an sich so unentbehrlich ist für die Reifung eines gesunden Geisteslebens.

Glaube

Wer glaubt, sieht ab von seinen Stimmungen und Erfahrungen, er kümmert sich weder um seinen Gemütszustand noch um die Schwierigkeiten des Weges: Mit einem Wort Gottes in der Hand geht er vorwärts. Höre einmal auf, um Glauben und Vertrauen zu bitten, lerne deinen Herrn recht kennen, und du wirst bald nicht mehr anders können als ihm vertrauen. Vertrauen lernst du nie durch Streben nach mehr Glauben, nur durch Anschauen dessen, mit dem der Vater uns alles geschenkt hat. Er hat die Schlüssel des Todes und der Hölle; Er ist der Sieger, der den Starken überwunden hat. Nur solange du nach einem größeren Maß von Glauben ausschaust, nach einem Maß, das deinen Aufgaben und Schwierigkeiten entspricht, kannst du von diesem noch erschreckt und entmutigt werden. »Glückselig der Mensch, dessen Stärke in dem Herrn ist« (Ps. 84,5). Es ist dein Vorrecht, dich als »Lebendiges Opfer« deinem Herrn und Haupt darzubieten (Röm. 12,1), bereit zu jedem Dienst, den Er von dir erwartet.

Gnade

In der zweiten Hälfte dieses Jahrhunderts hat der Geist abermals die Schrift in die Hand genommen und hat die Gemeinde des Herrn weitergeführt von der Gerechtigkeit zur Heiligung durch den Glauben. Es war dieses wie eine neue Entdeckung auf dem großen Gebiet der Gnade Gottes. Auch dieses Stück der göttlichen Weisheit hat viel Widerspruch erfahren; aber der Heilige Geist weiß zu Seiner Zeit und in Seiner Weise Gottes Wort empfänglichen Herzen darzubieten, daß sie es durch ihre Aufnahme, d. h. ihren Glauben, versiegeln (Joh. 3,31-36).

Wie der Himmel die ganze Erde überwölbt, so umfaßt die Gnade die ganze Menschheit.

Es ist ein köstliches Ding, ein Evangelium predigen zu dürfen, das für alle Menschen ist und das volle Genüge bringt für jeden, welches auch sein Stand und seine Verhältnisse seien, seine Art und Anlage oder seine Sünde und Gebundenheit. Die Gnade faßt einen jeden da an, wo er gerade ist; sie setzt da ein, wo keine Menschenhand mehr helfen könnte, ja, wo der Sünder an sich selbst verzweifelt. Die Gnade bringt Heilung und Hilfe für alle Schwachheiten und alle Mängel, sie hat Vergebung und Tilgung für jede Schuldenlast – und wäre sie seit Jahrzehnten angehäuft, zurückgehend bis in die Kindheit, bis zum Erwachen des ersten Bewußtseins. Er hat sich selbst für uns alle gegeben (Tit. 2,14), um unsere Schulden zu bezahlen, um uns loszukaufen von aller Gottlosigkeit.

Heiliger Geist

Gehorchen wir dem Heiligen Geist, so verklärt er uns das Wort Gottes und das Blut Christi in ihrer reinigenden und heiligenden Kraft. Dies ist der Weg, auf dem er uns der Vollendung entgegenführt.

Der Geist, der uns durch die Heilige Schrift für den Dienst des Herrn erzieht und ausrüstet, gibt uns mit der Schrift auch das Schwert in die Hand, mit der wir dem Argen siegreich begegnen können. Lebendiger, fruchtbarer Dienst im Reich Gottes ist ein Eingriff ins Reich der Finsternis, und wer da eingreift, der bekommt es in ganz persönlicher Weise mit dem Fürsten der Finsternis zu tun.

Gelingt es uns nicht, das Schwert des Geistes siegreich zu handhaben, wo der Feind im Dienst des Herrn uns versuchend und hindernd entgegentritt, so wollen wir uns fragen, ob es nicht erst einer tiefer gehenden Reinigung bei uns bedarf.

Du hast so viel Heiligen Geist, als du Glaubensleben hast, und soviel du die Welt im eigenen Herzen überwinden kannst, soviel du sie überwinden kannst im eigenen Hause und in denen, mit denen du täglich in Berührung kommst.

Heiligung

Das Opfer Christi ist unabhängig von uns. Wir müssen es einmal wagen, uns an das zu halten, was zwischen dem Vater und dem Sohn geschehen ist. Wer es gewagt hat, sich zu stellen auf die von Christo vollbrachte Gerechtigkeit, der ist geheiligt, geheiligt mit der Rechtfertigung von der ersten Stunde an. Sie sind schon vorher gerechtfertigt gewesen, aber sie haben es nicht erkannt. Durch das ein für allemal geschehene Opfer Christi sind wir geheiligt worden und sind Geheiligte.

Heilig ist alles, was Gott gehört und was wieder in Gottes Hände zurückgebracht ist, worüber Er wieder die Verfügung hat.

Wir müssen Beweise werden für die Autorität des Wortes Gottes damit, daß er unseren Charakter umgestaltet hat.

Selbst das Sehnen nach Heiligung und Bereitung ist ein jämmerliches Ding, wenn es nicht in die Ausgestaltung derselben führt. In all deinem Verlangen nach Reinigung und Heiligung drehst du dich im Kreis, solange du noch in deinen Fortschritten Befriedigung suchst. Hast du denn noch nicht verstanden und durchschaut, daß wir »berufen, gerechtfertigt, geheiligt, verherrlicht« werden (Röm. 8,29), nicht um unsertwillen, sondern weil Einer im Himmel wartet, daß Seine Gehilfin für Ihn bereit werde?

Hingabe

Für einen Arbeiter des Herrn wird es in erster Linie nicht darauf ankommen, wieviel er leistet, sondern darauf, wieviel er seinem Gott Raum läßt, in ihm zu wohnen und durch ihn zu wirken, und ob der Herr sich so mächtig durch ihn offenbaren kann, daß das Werkzeug übersehen wird. Nur Er selber kann Werke wirken, die das Feuer überdauern, die da bleiben in Ewigkeit. Wieviel mehr Arbeit und unvergängliche Arbeit könnte getan werden, wenn die Wirkenden selbst für eine Zeit ihr Werk vergessen könnten, um ihr Ohr dem Ruf des Königs zuzuwenden!

Krankheit

Es gibt zwei Wege, Gott zu verherrlichen. Der eine Weg ist, daß wir geduldig unser Kreuz und unsere Krankheit auf uns nehmen und sie als Gottes Schickung nehmen, an der wir reifen können. Der andere Weg ist, ihn zu verherrlichen, daß wir den Sieg Jesu durch Überwindung der Krankheit durch erfahrene Heilung verkündigen.
Todeskräfte hausen in unserem Leib, in unserem Gehirn, in Blut und Nerven. Solange aber deine Zeit hier unten nicht erfüllt ist, solange du Jesus Schritt für Schritt nachfolgst, auf deinen Gott vertrauend und harrend, solange hält Er seine Hand über dir, daß sein Leben in dir immer wieder siegt, daß sein Geist und die Lichtskräfte seines Worts immer wieder bei dir durchbrechen.

Leiden

Je tiefer eine Not, desto tiefer darf man hineingreifen in den Reichtum des Evangeliums: Fürchte dich nicht, ich habe dich erlöst! Der uns erlöst hat und der deshalb in Wasser und Feuer bei uns ist, hält in seiner Hand den Schlüssel für jede Situation, auch für die erschütterndste.

Unsere Herrlichkeit bemißt sich nach den Leiden, die wir auf dem Weg des Glaubens im Glauben durchgemacht haben.
Schrecke nie vor Leiden zurück. Hinter dem Leid ist Gnade verborgen. Es kann niemand Himmlisches lernen, ohne durch Leidensschulen zu gehen.

Liebe

Je näher ein Glied dem Haupt steht, desto enger schließt es sich mit den anderen Gliedern zusammen. Ist ihm erst die Einheit des Leibes aufgegangen und zum Lebensgesetz geworden, so kann man aus ihm nicht mehr einen Sektierer machen. Verstehen uns die Brüder nicht, so fragen wir nicht danach, was sie uns, sondern was wir ihnen schuldig sind – ihnen, mit denen das Blut und der Geist Christi uns unzertrennlich verbunden hat. Schande und Schmach über uns, wenn wir nur da lieben, wo man uns zustimmt, und wenn wir hängenbleiben an dem, was uns paßt. Das Geheimnis der Liebe ist: »niemand mehr kennen nach dem Fleisch« (2. Kor. 5,16). Dazu aber mußt du am Feuerherd der ewigen Liebe wohnen. Läßt du dich durch die Lieblosigkeit eines Bruders oder einer Schwester erkälten, wodurch sollen sie dann warm werden? Göttliche Liebe hängt nicht davon ab, ob sie erwidert wird, sie triumphiert über alles Erkältende und Verletzende. »Niemand hat größere Liebe denn die, daß er sein Leben lasse für die Brüder« (Joh. 15,13).
Das Lebensgesetz, das den Leib regiert und dessen sämtliche Glieder in eins zusammenbindet, ist die Liebe. Einer für alle und alle für einen. »So ein Glied leidet, so leiden alle Glieder mit.« Ist Fremdes, Eiter oder Gift in ein Glied des Leibes eingedrungen, so wird dem betreffenden Glied nicht der Prozeß gemacht, sondern es vereinigen sich alle Kräfte des Leibes, um das Fremde in einer Weise hinauszuschaffen, bei der das Glied selbst dem Körper erhalten bleibt.

Reinigung

Neben der fortlaufenden Reinigung durch das Blut Jesu Christi darf ein Christ, der im Lichte wandelt, die reinigende Kraft dieses Blutes in besonderer Weise erfahren, wenn der Geist ihn straft. Nicht bloß die Welt wird vom Heiligen Geist der Sünde überführt, nicht bloß laue und den

Heiligen Geist betrübende Kinder Gottes erfahren sein Straf-Amt; auch bei solchen, die im Lichte wandeln, wie Gott im Lichte ist, kann in Bewegungen des äußeren oder inneren Lebens etwas vorkommen, was nicht dem Lichte und der Liebe, was also Christo nicht ähnlich ist, und wäre es ein vorübergehender Schatten.
Kinder Gottes, die nicht unter Geisteszucht wandeln, gewöhnen sich an solche Trübungen und schließlich sogar an Untreue, Unlauterkeiten und Verfehlungen; sie bekennen ihre Sünden in leichtsinniger und oberflächlicher Weise. Die Vergebung ihrer Sünden wie einen Raub dahinnehmend, vergessen sie die Reinigung und verfallen so in fleischlichen, weltlichen Sinn. In geistigem Siechtum kommen sie vom Wege der Vollkommenheit je länger je weiter ab.
Vielleicht siehst du zur Stunde keinerlei inneren Zusammenhang zwischen den äußeren Leiden, Züchtigungen und Demütigungen, die der Herr über dich verhängt, und den inneren Anfechtungen und Versuchungen, denen du besonders ausgesetzt bist, aber beuge dich nur erst unbedingt und jederzeit unter die gewaltige Hand deines Gottes, und du wirst bald inne werden, wie unmittelbar deine äußere Lebensführung reinigend und läuternd auf dein Herz wirken kann bis in dessen verborgenste Falte hinein.

Schwachheit

Und selbst wenn der Leib zerbrochen ist durch schändliche Sünden oder durch unvernünftiges Arbeiten und Schaffen, so erbarmt Er sich der zerbrochenen Gefäße; Er macht sie zu Seinen Tempeln und stärkt sie und verleiht ihnen neue Elastizität. Das sind heilige Sachen und wohl dem, der etwas davon erfahren hat, der, an der Grenze der körperlichen Kraft angekommen, nicht mehr aus dem Vorrat der natürlichen Kräfte schöpfen konnte, sondern aus der Fülle nehmen durfte, die uns allen zu Gebote steht.

Seelisch

Wer sein Leben lieb hat, ist ein seelischer Mensch, und es wird seinem Nächsten nicht durch ihn geholfen. Trotz aller seelischen christlichen Erfahrungen, die du machen magst, kann sich niemand bei dir über Geistesleben orientieren, wenn du nicht den Todesweg gehen willst. Es ist zu viel Mischung von Seele und Geist in dir, als daß sich jemand zurechtfinden könnte.

Alles was nicht wieder zu Gott in Beziehung gebracht und nicht wieder mit Gebet und Danksagung zu Seinen Füßen niedergelegt wird, ist seelisch.

Wir werden immer den Mut verlieren, immer auf einen Punkt kommen, wo uns die Arme sinken, wenn wir von unserer Arbeit, unserem Zeugnis, unserem Auftreten etwas erwarten.

Wer seine Seele lieb hat, dessen Leben hört auf geistlich zu sein. Wer seine Seele pflegt, der nimmt sich aus der Pflege des Geistes und tritt ins Gebiet der Verweslichkeit. »Wer sein Leben lieb hat, wird es verlieren«, das geht durch alle Altersstufen im Christentum hindurch, daß man auch in geistlichen Besitztümern sich nicht mehr sonnt; sonst wird der Friede faul, unsere eigene Person tritt in den Vordergrund. Alles aus Ihm und alles zu Ihm!

Sorge

Es liegt nicht am Sammeln oder am Anhäufen von Vorräten irdischer und geistlicher Güter, nicht am Frühaufstehen oder Spätzubettgehen, nicht am Sorgen und Einrichten, Gott gibt jedem, was und wieviel er braucht, dem einen wenig, dem anderen viel. Es ist das Allertörichtste, andere zu beneiden, die Häuser bauen, Vermögen ansammeln, Schätze des Wissens und der Erkenntnis aufspeichern können. Gehe du einfach deinen Weg, arbeite, wenn es Zeit ist zum Arbeiten, und ruhe, wenn es Zeit ist zum Ruhen. Tritt Gott dir in den Weg, daß du nicht ausführen kannst, was du gern gewollt, so laß die Sache in deines Gottes Hand, und es wird sich finden am Schluß des Tages, der Woche oder des Jahres, daß dein Gott dir genau gegeben hat, was du brauchst, nicht mehr und nicht weniger. Die Leute, die nie satt werden, nie stillstehen können, immer anspruchsvoller Genuß auf Genuß häufen, haben schließlich doch nicht mehr als du in deinem Dachstübchen, oder wo sonst dein Plätzchen sein mag. Du hast vielleicht nur wenige Minuten zwischen der Tagesarbeit fürs Bibellesen, während andere stundenlang daran sitzen können; schließlich haben sie nicht mehr bekommen, als dein Gott dir gibt. Können andere Bäder besuchen, in ein warmes Klima gehen, Bergluft genießen, sich schonen: dir bleibt Golgatha, da strömt deinem Leibe, den du deinem Heiland zur Pflege übergeben hast, Bergluft zu, Auferstehungs- und Lebenskräfte nach deinem Bedürfnis, und du kommst noch besser weg als die anderen. Es gibt reich ausgestattete Naturen, reiche Lebensläufe, und es gibt weniger ausgestattete Naturen, einfältige Leute, die still ihren Gang gehen. Sie kommen zum gleichen Ziele, die Reichen und die Armen, die Kleinen wie die Großen, die Schwachen wie die Starken.

Stand des Menschen

Der Mensch ist ein abgedankter König. Damit, daß er seinem Gott Vertrauen und Gehorsam kündigte, hat er seine Krone weggeworfen und hat sich, als nächste Folge seiner Auflehnung gegen Gott, an seine eigenen, mit dem Fall erwachenden Triebe und Leidenschaften verkauft. Daß er damit sofort seine Stellung als König der Schöpfung verlor, war die notwendige weitere Folge. Andere beherrschen kann nur, wer sich selbst zu beherrschen vermag, und König in einer Welt, die Gott gehört, kann nur sein, wer Gottes Vasall und geschworener Untertan bleibt. Sollte der Mensch seine Herrscherkrone wiederbekommen, so mußte das ewige Wort, als gottgezeugter Menschensohn, in unsere gefallene Natur heruntersteigen und in einem Menschendasein Gott gegenüber die Stellung einnehmen, aus der der erste Adam gefallen war, eine Stellung rückhaltlosen Vertrauens und unbedingtem Gehorsam.
Erlangen wir in der Hingabe an Christus und in der Abhängigkeit von seinem Wort die Herrschaft über uns selbst und die Herrschaft in immer weiteren Kreisen, so kann uns der Herr in dieser Stellung auch die für alles Regieren unentbehrliche Gabe anvertrauen, nämlich Einsicht, Weisheit und Erkenntnis.

Sünde

»Ich habe mein schwieriges Temperament von meinen Eltern ererbt«, sagst du. Und was hast du von deinem Jesus ererbt? Hat er nicht die Sünde annulliert: Ist darin nicht ein wirksames Gegengift gegen das traurige Vermächtnis, das du von deinen Eltern übernommen hast?

Führt uns die Aufrichtung vom Fall nicht näher zu Gott zurück, als uns der Fall von ihm entfernt hat?

Tod

Was uns Kinder Gottes persönlich anbelangt, so ist es in unser aller tiefstem Interesse, daß es dem Herrn endlich gelinge, eine Erstlingsschar, wie klein sie auch sei, ohne Tod auf den Thron zu erheben und so das letzte Wort seiner am Kreuz vollbrachten Erlösung in die Erscheinung zu bringen: seinen Sieg über den Tod. Wohl denen, für die die Sünde keine Macht mehr hat, weil sie nicht mehr unter dem Gesetz sind, und für die damit auch der Tod seinen Stachel verloren hat (1. Kor. 15,56); aber damit ist der Tod noch nicht verschlungen in den Sieg (Vers 54).

Umkehr

Es haben schon manche im Gefängnis der Schwermut, wie Jona im Bauch des Fisches, klagen müssen: Ich habe um nichtiger Eitelkeiten willen meine mir anvertraute Gnade verlassen! Wie manche haben, um einer ihnen lästigen Zucht im Elternhaus oder einer schweren Stellung im Geschäft zu entgehen, eigenwillig sich einen »leichteren« Weg gesucht und haben nachher mit Schmerz und Scham ihre Torheit erkennen müssen. Aber für die alles gutmachende und zum Ziel führende Gnade ist es nie zu spät, wenn nur erst Erkenntnis und gründliche Beugung vorhanden ist.

Verkündigung

Wenn wir anderen das Wort bringen wollen, so muß das Wort in uns Gestalt gewonnen haben. Wir müssen in unserem Leben ein Beweis davon sein, was das Wort vermag, dann werden wir eine Autorität.

Versuchung

Es kann uns alles zur Versuchung werden, Freude oder Trauer; es kann uns alles von Gott ab- und ins Eigene hineinziehen, Mißlingen und Gelingen. Der Teufel steht sozusagen vorn und hinten und geht darauf aus, alles zu vergiften und zu verderben. Es sind immer zwei Seiten: Gott will uns erproben, und der Teufel will uns vergiften und von Gott abziehen. Darum bete: »Herr ich befehle meinen Geist in deine Hände, meine Sinne und Gedanken, Augen und Ohren; am Tag und in der Nacht sei zwischen mir und den Menschen! Bewahre mich vor mir selbst!«

Vertrauen

So oft du deinem Gott vertraust – magst du dich auch noch so schwach fühlen und denken, du seist kaum imstande, auch nur einen Nadelstich zu ertragen, so oft du dich unter solchen Umständen deinem Gott anvertraust, führt Er dich einen Schritt tiefer ins Geistesleben hinein.
»Mein Gott, ich stehe in deiner Hand! Du kannst mich weder an meine eigene Natur noch an das Wohl- oder Übelwollen der Menschen hingeben. Du verkaufst mich weder an das Wetter noch an die klimatischen oder politischen Verhältnisse eines Landes, noch an die in meiner Stadt oder in meinem Dorf herrschenden Zustände. Ich stehe in deiner Hand, mein Gott, und es kann mir nichts widerfahren ohne deinen Willen.«

Vollendung

Allem ist der Stachel genommen, sobald wir den Mut haben, Jesum zu vertrauen, Gott zu lieben, das eine im Auge zu behalten: Es geht der Vollendung entgegen.

Vollkommenheit

Wenn Gott Besitz von uns nimmt, so wird sein Geist die treibende Kraft unseres Lebens. Jetzt können wir nicht mehr anders, als uns danach ausstrecken, den Christum, der uns alles geworden ist, näher und völliger zu erkennen, Ihm und der Kraft seiner Auferstehung und der Gemeinschaft seiner Leiden gleichgestaltet zu werden bis hin zu seinem Tode, um auch seiner Auferstehung von den Toten teilhaftig zu werden. Ein Vollkommener kann nicht anders als sich ausstrecken nach Vollendung; es ist der unaufhaltsame Trieb seiner neuen Natur, innere Notwendigkeit. Ist der Heilige Geist bei uns eingekehrt, so ist dadurch auch die Liebe Gottes ausgegossen in unser Herz, und wir haben jetzt Macht zu lieben, wie

Gott liebt. Das eigentliche Wesen der Vollkommenheit ist Liebe. Nach Kolosser 3,12 und 13 können wir in einzelnen Fällen als Gottes Auserwählte, Heilige und Geliebte, herzliches Erbarmen anziehen, Gütigkeit, Demut, Sanftmut und Geduld, können einander ertragen und einander vergeben, wie es Christus getan hat. Aber die Liebe selbst, aus der diese einzelnen Tugenden als reife Frucht hervorgehen und sie wie mit einem Bande zusammenfaßt, die Liebe, die nicht das Ihre sucht und deren Natur und Wesen es liegt, für andere zu leben – die Liebe ist noch etwas anderes und steht nach Vers 14 »über allem«. »Die Liebe ist das Band der Vollkommenheit.« Vollkommen ist, in wem die Liebe Gottes nicht nur ausgegossen ist durch den Heiligen Geist, sondern wer in der Macht dieser in ihm ausgegossenen Liebe nun auch liebt, wie Gott liebt.

Wachstum

In der Schule des Lammes werden wir zum einfältigen, unmündigen Kind, dem der Geist auch die Tiefen der Gottheit offenbaren kann; und in der gleichen Schule wachsen wir zum Mann heran, der mit geübten Sinnen unterscheidet Gutes und Böses – aber ganz anders, als die Kinder des Ungehorsams in der Schule der Schlange es lernen. Das Zepter, mit dem der Herr Jesus uns leitet, ist ein Zepter der Geradheit und Aufrichtigkeit; und dem Aufrichtigen geht immer wieder Licht auf in der Finsternis. Die Wege des Lügners sind krumm und führen in immer tiefere Nacht.

Wiederkunft Jesu

Das reinste, göttlichste Resultat aller Arbeit im Reiche Gottes ist, wenn das brennende Verlangen nach dem Meister selbst, wenn der Ruf: »Komm, Herr Jesu, komme bald!« immer mächtiger wird, wenn wir alles vom Herrn erwarten. So werden auch die glänzendsten Siege uns nicht blenden, wir werden nicht vergessen, mit welchen Mächten wir zu kämpfen haben und bleiben dann bewahrt vor einem Rückschlag.

»Herr, komm, komm, es wartet alles auf Dich! Komm, um die Zügel der Weltregierung in Deine königliche Hand zu nehmen, die den Regierenden je länger, je mehr aus den Händen fallen! Komm, um über der stets hoffnungsloser werdenden Zerrüttung der Völkerwelt dein Zepter auszubreiten! Das Geflüster des Seufzens und Sehnens in der Schöpfung, das Geflüster der Schlachtopfer der Sünde, das Geflüster aus den finsteren Stätten der Erde zeugt von dem Verlangen nach Dir, o Herr Jesu! Herr ich danke dir, wenn du mir vergönnt hast, auch nur einem Sünder aus seiner Sünde zu helfen und auf deine Zukunft warten zu lehren!«

Wort Gottes

Im Wort Gottes ist uns alles geboten, was zur Frömmigkeit und Gottseligkeit gehört, was nötig ist, um göttlicher Natur teilhaftig zu werden, um unserem Gott zu dienen in Heiligkeit und Gerechtigkeit Tag für Tag. Macht uns das Kreuz Christi zu Gottes Geheiligten, für den Dienst Gottes Abgesonderten, so erlangen wir erst durch Gottes Wort Fähigkeit und Geschick, diesen Dienst wirklich zu treiben, Fertigkeit für jedes gute Werk, das Gott uns vorbehalten haben mag.

Quellenangaben

Michael Diener, Kurshalten in stürmischer Zeit – D. Walter Michaelis, Ein Leben für Kirche und Gemeinschaftsbewegung, Gießen, 1998

Joachim Drechsel, Das Gemeindeverständnis in der deutschen Gemeinschaftsbewegung, Gießen, 1984

Eugen Edel, Der Kampf um die »Pfingstbewegung«, Erfurt, o. J.

Paul Fleisch, Die deutsche Gemeinschaftsbewegung seit Auftreten des Zungenredens, 1. Teil, Leipzig, 1914

Paul Fleisch, Die moderne Gemeinschaftsbewegung in Deutschland, 3. Auflage, 1. Band, Leipzig, 1912

Gnadauer Gemeinschaftswerk, Stimmen der Väter, Zeugnisse aus den Anfängen der Gnadauer Gemeinschaftsbewegung, Berlin, o. J.

Ernst Giese, Und flicken die Netze, Dokumente zur Erweckungsgeschichte des 20. Jahrhunderts, 2. Auflage, Metzingen, 1987

Friedhelm Jung, Die deutsche Evangelikale Bewegung, Grundlinien ihrer Geschichte und Theologie, Bonn, 1994

Johannes Jüngst, amerikanischer Methodismus in Deutschland und Robert Pearsall Smith, Gotha, 1875

Friedrich Kaiser, Ist die sogenannte Versammlung in ihren Lehren und Einrichtungen biblisch?, Bonn, 1911

Otto Kaiser, Erlebnisse und Erfahrungen mit der Pfingstbewegung, Gießen, 1948

Christian Krust, 50 Jahre Pfingstbewegung, Altdorf bei Nürnberg, o. J.

Dieter Lange, Eine Bewegung bricht sich Bahn, Gießen, 1979

Karl Launhardt, Große Namen – kurz skizziert, Lahr, 1992

Otto Melle, 50 Jahre Blankenburger Konferenz, Bad Blankenburg, 1936

Ernst Modersohn, Er führet mich auf rechter Straße, 6. Auflage, Stuttgart, 1949

G. F. Nagel, Eine heilige christliche Kirche, Mitteilungen aus der Geschichte der Evangelischen Allianz, Bad Blankenburg, o. J.

Elisabeth Oehler-Heimerdinger, Otto Stockmayer – Ein Gott geopfertes Leben, Basel, 1952

Jörg Ohlemacher, Die Gemeinschaftsbewegung, Quellen zu ihrer Geschichte 1887-1914, Gütersloh, 1977

Jonathan Paul, Verhandlungen der 5. Gnadauer Pfingstkonferenz, Berlin 1896
J. G. Pfleiderer, Verhandlungen der Gnadauer Pfingstkonferenz, Gnadau, 1888
Alfred Roth, Quellen aus dem Heiligtum, Die Oxforder Bewegung im Lichte der Geschichte vor 50 Jahren, Neumünster, 1924
Alfred Roth, Otto Stockmayer, Ein Zeuge und Nachfolger Jesu Christi, 2. Auflage, Marburg, 1938
Alfred Roth, 50 Jahre Gnadauer Konferenz in ihrem Zusammenhang mit der Geschichte Gnadaus, Gießen, 1938
Hans von Sauberzweig, Er der Meister, wir die Brüder, Geschichte der Gnadauer Gemeinschaftsbewegung, Offenbach, 1959
Pfarrer Sartorius, Verhandlungen der 11. Allgemeinen Deutschen Gnadauer Pfingstkonferenz, Stuttgart 1907
Paulus Scharpff, Geschichte der Evangelisation, Giessen, 1964
Johannes Seitz, Erinnerungen und Erfahrungen, Chemnitz, 1919
Leopold Wittekindt und Alfred Roth, Dienen und warten, Zum Gedächtnis Otto Stockmayers, 2. Auflage, Gotha, 1918

Wichtige Lebensdaten

21.10.1838	Geburt in Aalen / Württemberg
1860	Theologisches Examen in Tübingen
1862	Bekehrung
1862-1866	Pfarrer der freien Gemeinde in Tavannes
1866	Einsegnung in den Dienst der Freien Kirche des Waadtlandes
1866-1870	Evangelist am Oratoire in Genf
24.1.1871	Hochzeit mit Marie Henriette Glardon
21.10.1871	Umzug nach L'Auberson, dort Pfarrstelle
7.5.1873	Geburt von Samuel
1874	Konferenz in Oxford
1874	Geburt von Elisabeth
1875	Konferenz in Brighton
1875-1878	Freier Evangelist
November 1875	Umzug nach Peseux
1878	Umzug nach Hauptwil in der deutschen Schweiz
1886	1. Blankenburger Allianzkonferenz
1896	5. Gnadauer Konferenz, Thema: »Christliche Vollkommenheit« (26.-28.5.)
1898	6. Gnadauer Konferenz, Thema: »Das Blut Jesu Christi reinigt uns von allem Selbstbewußtsein und bringt das Gnadenbewußtsein hervor« (31.5.-2.6.)
1898	Blankenburger Allianzkonferenz, Thema: »Die eine Gemeinde Gottes«
1899	Blankenburger Allianzkonferenz, Thema: »Die Evangelisation der Welt«
1899	Tod des Sohnes Samuel
1900	7. Gnadauer Konferenz, Thema: »Geistesleitung«
1900	Blankenburger Allianzkonferenz, Thema: »Der göttliche Heilsplan mit der Menschheit geht durch Tod zum Leben«
1901	Blankenburger Allianzkonferenz, Thema: »Christus, der gekreuzigte, auferstandene, erhöhte und wiederkommende Heiland«

1902	8. Gnadauer Konferenz in Schönebeck »Die Kraft des Heiligen Geistes im ewigen Wort« (20.-22.5.)
24.7.	Tod von Schwester Emilie Schläpfer
1902	Blankenburger Allianzkonferenz, Thema: »Die überschwengliche Erkenntnis Jesu Christi nach Philipper 3«
1903	Blankenburger Allianzkonferenz, Thema: »Verbalinspiration und Unantastbarkeit der Schrift«
1903	Beginn der Erweckung in Wales
1904	9. Gnadauer Konferenz in Schönebeck, Thema: »Sündlosigkeit« (24.-26.5.)
1904	Blankenburger Allianzkonferenz, Thema: »Entrückung«
1905	Erweckung beginnt in Deutschland
1906	10. Gnadauer Konferenz in Schönebeck, Thema: »Taufe mit dem Heiligen Geist« (5.-8.6.)
1906	Blankenburger Allianzkonferenz, Thema: »1. Thessalonicher 1,9-10«
1907	Beginn der »Zungenbewegung« in Kassel
1907	Barmer Kompromißbeschluß
1907	11. Gnadauer Konferenz, Thema: »Die Herrlichkeit des Knechtes Gottes, des ewigen Sohnes und die königliche Stellung der Kinder Gottes in der Welt« (21.-24.5.)
1907	Blankenburger Allianzkonferenz, Thema: »Das Volk Gottes«
1908	12. Gnadauer Konferenz in Wernigerode, Thema: »Die Zubereitung der Gemeinde Gottes auf den Tag Jesu Christi« (9.-12.6.)
1908	Blankenburger Allianzkonferenz, Thema: »Die Ziele Gottes und die Verantwortung der Gläubigen in der Gegenwart nach Epheser 3 und 4«
1909	Widerruf Otto Stockmayers
15.9.1909	Berliner Erklärung
1910	Blankenburger Allianzkonferenz, Thema: »Prüfe die Fundamente deines Glaubens«
1914	Tod von Marie Henriette Stockmayer (Dezember)
12.4.1917	Tod von Otto Stockmayer

Biografien über Otto Stockmayer

Elisabeth Oehler-Heimerdinger, Otto Stockmayer – Ein Gott geopfertes Leben, H. Mayer, Basel, 1952 (Neu aufgelegt im Exodus-Verlag, Lüdenscheid, 2002)

Jakob Vetter, Otto Stockmayer, Lebenserinnerungen, Geisweid, 1917

Alfred Roth, Otto Stockmayer, ein Zeuge und Nachfolger Jesu Christi, Geisweid, 1925

Leopold Wittekindt und Alfred Roth, Dienen und Warten, Zum Gedächtnis von Otto Stockmayer, Gotha, 1917

Schriften von Otto Stockmayer (Auswahl)

Die Gnade ist erschienen, Tägliche Andachten, 9. Auflage, Gießen, 1975

Abraham, der Vater der Gläubigen, Gotha, 1921

Gnade und Sünde, ein Wort an Kinder Gottes, Basel, 1881 (9. Auflage, Marburg, 1975)

Krankheit und Evangelium, Basel, o. J. (8. Auflage, Marburg, 1975)

Die Gabe des Heiligen Geistes, Basel o. J. (6. Auflage, Marburg, 1976)

Der Blick auf Jesus, Basel, 1897 (21. Auflage 1961; 25. Auflage, Gießen, 1984)

Der Unglaube Israels auf dem Weg vom Roten Meer zum Sinai, Basel, 1893

Die Überwindung des Satans, Gernsbach, 1895

Aus den Hausandachten (Nachschriften), Gernsbach, 1895

Das »Vater Unser« (Andachtsnachschriften vom Mai 1904), Marburg, 1958

Kampf und Sieg in der Christusnachfolge, Gießen, 1978 (3. Auflage)

Das Gebetsleben der Kinder Gottes, Gießen, 1978 (11. Auflage)

Glauben ohne zu fühlen, Gießen, 1986 (15. Auflage)

Die Vollendung des Leibes Christi, 1895, Neuauflage, Lüdenscheid, 1995

Lothar Bertsch
Freude am Denken und Wirken
Das Leben des Pfarrers und Mechanikers Philipp Matthäus Hahn
3. Auflage, 182 Seiten, Paperback € 10,–
Das Berechenbare und das Unberechenbare sind die beiden Pole seines Lebens: als Mechaniker baut er die erste für alle vier Rechenarten geeignete Rechenmaschine; als Theologe dringt er tief in die Geheimnisse der göttlichen Offenbarung ein.

Martin Brecht (Hg.)
Gott ist mein Lobgesang
Friedrich Philipp Hiller (1699-1769), der Liederdichter des württembergischen Pietismus (unter Mitarbeit von Walter Stäbler, Thilo Dinkel, Wolfgang Schöllkopf, Wolfgang Wischmayer, Reinhardt Breymayer u. a.).
240 Seiten, Paperback € 12,–
Ein vielseitiges, informatives Buch, das dazu anregen möchte, Hillers Lebenswerk selbst zu entdecken.

Paul Gerhard Eberlein
Ketzer oder Heiliger? Caspar von Schwenckfeld
Der schlesische Reformator und seine Botschaft
248 Seiten mit vielen Abbildungen, Paperback € 14,–
Mit dieser gut lesbaren Biographie ist es dem Autor gelungen, Caspar von Schwenckfelds Gedankenwelt verständlich zu machen.

John W. Kurtz
Johann Friedrich Oberlin
Sein Leben und Wirken
3. Auflage, 262 Seiten, mit zahlreichen Bildern und Farbtafeln, Paperback € 13,–
Johann Friedrich Oberlin ist ein Beispiel dafür, wie praktisch und ganzheitlich das Evangelium verkündigt und gelebt werden kann.